開運 九星気学入門

賢く、吉方位で願いを叶えよう！

はじめに

九星気学とは、その名にある通り「気」をテーマにした占いです。「気」とは、全宇宙にたえず漂うエネルギーであり、生命の原動力となるものです。私たちは日頃、気力、勇気、天気、空気など、目には見えなくても確かに存在しているエネルギーを自然に感じ取って暮らしています。

九星気学は運勢を占うだけでなく、「自分の力」で運を切り開いていくことができます。誰もが、悪い運勢を好転させ、良い運勢をさらに向上させることができるのです。

その方法はとてもシンプルで、「自分を知り」、「吉方位に出かけて良い気を取り入れる」、このふたつのことを実行するだけです。九星気学は世の中のあらゆるものを九つの「気」に分類して、**「九つの気＝九つの星＝九星」**として表しています。私たちも生まれながらにそれぞれ異なる「気」を持っていて、それが人と人、ひいては社会の中で作用し合っています。「気」が合う人、合わない人がいるというのは、この**「九星」**の質の違いによるといえます。

自分の持つ九星がどんな特性を持っていて、どんな強みと弱みがあるのかがわかると、人や社会との関わり方の最善策が見えてきます。自分の「気」を最大限に有効活用する方法を知る。これが「自分を知る」ことであり、「静」の開運法です。

ふたつ目は「吉方位に出かける」ことです。吉方位は自分にとって心地の良い自然の気が充満している方位のことで、そこへ出かけていくと良い気が体内に充満し、運勢が向上します。旅行や出張、買い物などの際に目的地を吉方位にすれば、用事を済ませるついでに開運もできてしまいます。これが「動」の開運法です。

この「静」と「動」の開運法を組み合わせると、相乗効果で最強の開運法になります。

九星気学は、自分の意志と行動力次第で運を開いていくことができる素晴らしい占いです。幸運が来るのをただじっと待っているのではなく、積極的に「運」をつかみに行きましょう。

本書は、そのエッセンスをわかりやすく紹介しつつ、すぐに実践に使えるように工夫しています。皆様が本書をフル活用して、より良い人生を作り上げていかれることを心より願っております。

著者一同

九星気学用語

おもな九星気学用語をまとめました。
読み方を覚えましょう。

◆九星の名称

一白水星（いっぱくすいせい）
二黒土星（じこくどせい）
三碧木星（さんぺきもくせい）
四緑木星（しろくもくせい）
五黄土星（ごおうどせい）
六白金星（ろっぱくきんせい）
七赤金星（しちせききんせい）
八白土星（はっぱくどせい）
九紫火星（きゅうしかせい）

◆運命の星

本命星（ほんめいせい）
月命星（げつめいせい）
日命星（にちめいせい）
刻命星（こくめいせい）

◆五行（ごぎょう）

木／火／土／金／水

◆気学方位盤

年盤（ねんばん）
月盤（げつばん）
日盤（にちばん）
時盤（じばん）
後天定位盤（こうてんじょういばん）
宮（ぐう・みや）

◆十二支（じゅうにし）

子（ね）
丑（うし）
寅（とら）
卯（う）
辰（たつ）
巳（み）
午（うま）
未（ひつじ）
申（さる）
酉（とり）
戌（いぬ）
亥（い）

◆相性

相生（そうしょう）
比和（ひわ）
相剋（そうこく）
生気（しょうき）
退気（たいき）
殺気（さっき）
死気（しき）

◆八卦（はっけ）

＊（はっか）ともいう
坎（かん）
艮（ごん）
震（しん）
巽（そん）
離（り）

坤（こん）
兌（だ）
乾（けん）

◆方位

吉方位（きっぽうい）
最大吉方位（さいだいきっぽうい）
凶方位（きょうほうい）
七大凶殺（ななだいきょうさつ）
五黄殺（ごおうさつ）
暗剣殺（あんけんさつ）
破（は）
歳破（さいは）
月破（げっぱ）
日破（にっぱ）
時破（じは）
本命殺（ほんめいさつ）
本命的殺（ほんめいてきさつ）
対冲殺（たいちゅうさつ）
小児殺（しょうにさつ）
対冲（たいちゅう）

◆傾斜宮（けいしゃきゅう）

坎宮（かんきゅう）
艮宮（ごんきゅう）
震宮（しんきゅう）
巽宮（そんきゅう）
離宮（りきゅう）
坤宮（こんきゅう）
兌宮（だきゅう）
乾宮（けんきゅう）
＊（かんきゅう）ともいう

◆重要語（五十音順）

陰遁（いんとん）
陰陽（いんよう）
傾斜法（けいしゃほう）
象意（しょうい）
節入り（せついり）
線路（せんろ）
地方時差（ちほうじさ）
同会法（どうかいほう）
土用（どよう）
二十四節気（にじゅうしせっき）
間日（まび）
万年暦（まんねんれき）
祐気取り（ゆうきとり）
陽遁（ようとん）
立春（りっしゅん）

◆八方位の呼び方

本書では、
南、西南、西、西北
北、東北、東、東南
としています。

目次

九星別目次

目次

南
午
九
南
未
西
申
二
南
巳
東
辰
四
東
卯
三
五
七
酉
西
八
寅
東
丑
一
北
子
北
六
戌
西
亥
北

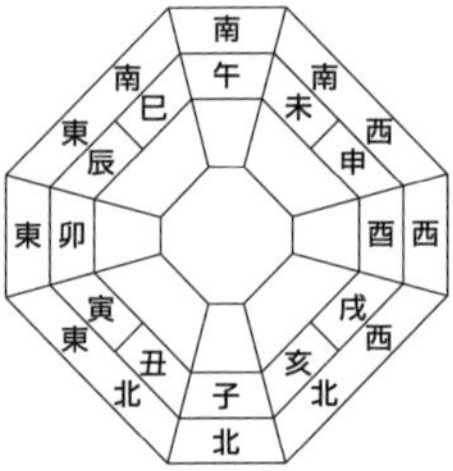
南
午
南
未
西
申
南
巳
東
辰
東
卯
酉
西
寅
東
丑
北
子
北
戌
西
亥
北

第1章　自分の九星《きゅうせい》を知る

人はそれぞれの性格や運勢を持って誕生します。生まれ持った性格や運勢を知って最大限活用すると、人生をとても豊かにできます。本命星で、まだあなたが知らない才能や開運のヒントを明らかにしましょう。

九つの星の名前を覚えたら、第一段階クリアだね。

第1章 ① 九星《きゅうせい》とは

1 九星の名称

九星気学は自分の性格や運勢の傾向、相性、運勢のバイオリズムを知り、さらに方位を使って積極的に開運できる占いです。九星気学によって自分の力で幸運の扉を開き、現状を変えて開運できます。

九星気学はこの世のあらゆるものを、一白水星、二黒土星、三碧木星、四緑木星、五黄土星、六白金星、七赤金星、八白土星、九紫火星という「九つの星」に分類して表します。

この「九つの星」は実際の天体ではなく、想像上の目に見えない星のようなものです。この「九つの星」を総称して「九星」と呼びます。

九星気学は「九つの星」つまり九星を知ることから始まります。まずは九星の名称をしっかり覚えましょう。

ところで、九星の名称を見て何かお気づきになりませんか。頭に「一」「二」……「九」と漢数字があります。この数字がそれぞれの九星を表しています。その次には「白」、「黒」、「碧」……「紫」と色がついています。さらにその下に「水」、「土」、「木」、「金」、「火」など自然の五つの要素があります。

数字	色	五行《ごぎょう》	読み方
一	白	水星	いっぱくすいせい
二	黒	土星	じこくどせい
三	碧	木星	さんぺきもくせい
四	緑	木星	しろくもくせい
五	黄	土星	ごおうどせい
六	白	金星	ろっぱくきんせい
七	赤	金星	しちせききんせい
八	白	土星	はっぱくどせい
九	紫	火星	きゅうしかせい

九星の名称にある色の
由来については諸説あるよ。
深く考えず、まずは名前だけ
覚えてね。

五行は
「もっか
どきんすい」
覚えたかな

2 九星と五行《ごぎょう》

ポイントとなるのは星の名称に入っている「木」、「火」、「土」、「金」、「水」の五つの要素です。これが九つの星それぞれの「性質」を表します。たとえば、一白水星は「水」の性質を持ち、九紫火星は「火」の性質を持っています。この五つの要素を専門用語で「五行」といいます。木・火・土・金・水の順序で**「もっかどきんすい」**と、ゴロよく覚えるとよいでしょう。五行の要素別に九星を分けると次のようになります。

木の五行は三碧木星と四緑木星のふたつ
火の五行は九紫火星ひとつ
土の五行は二黒土星・五黄土星・八白土星の三つ
金の五行は六白金星と七赤金星のふたつ
水の五行は一白水星ひとつ

さて、この五行は「水」なら水のようなエネルギー（気）を表しています。水のエネルギーを持てば、性質も水のようになります。

具体的に説明しましょう。一白水星の五行は水。水のような性質を持つ星です。みなさんは水からどんなイメージが湧《わ》くでしょうか？ 冷たい、クリア、形がない、潤すなどなど思い浮かぶと思います。それらすべてが、一白水星の性質になります。水のような性質を持つというわけです。

同様に「木」には芽生え、伸びて成長するという性質と働きが、「火」には光と熱のよう

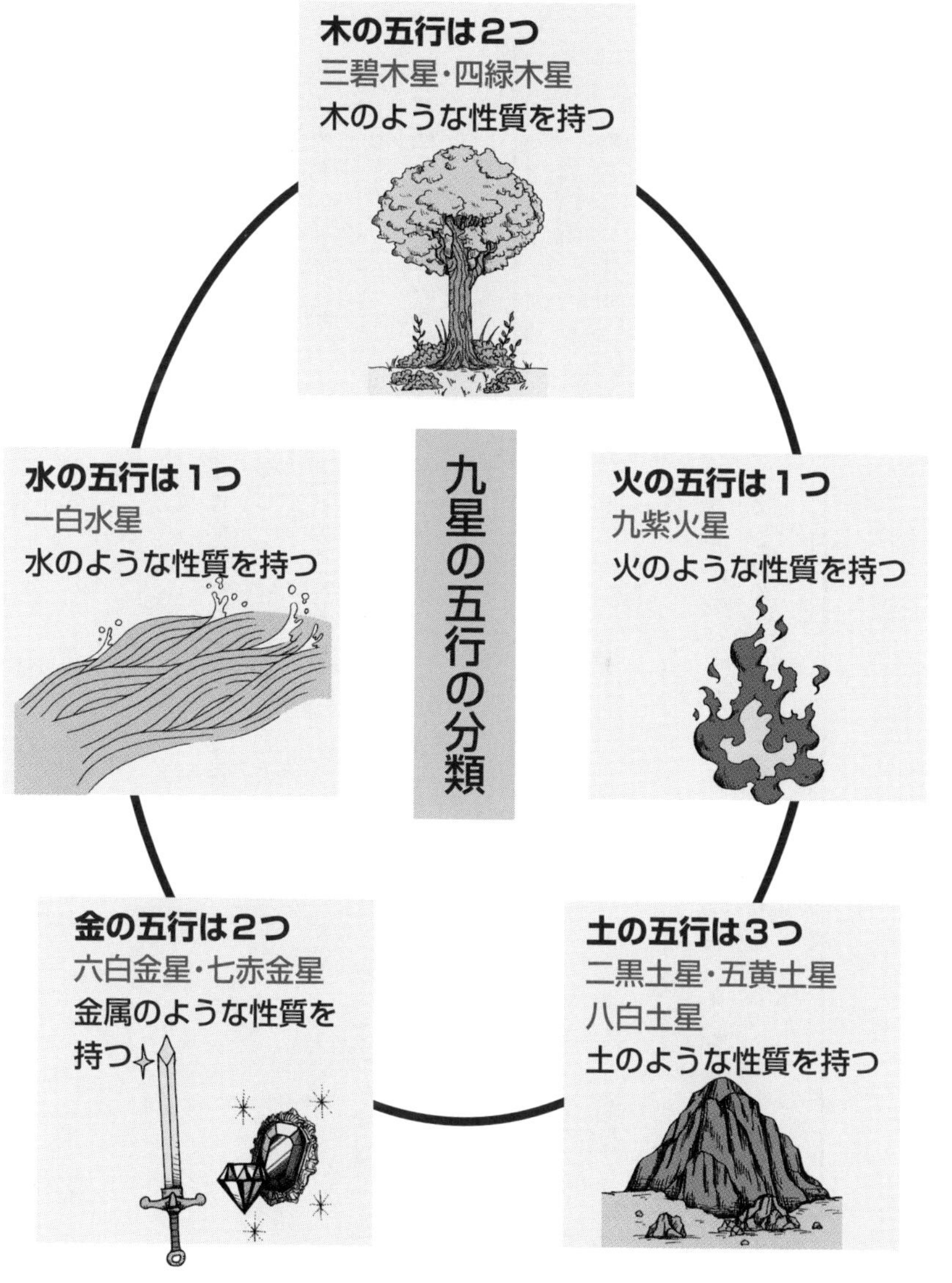
九星の五行の分類
木の五行は２つ
三碧木星・四緑木星
木のような性質を持つ
水の五行は１つ
一白水星
水のような性質を持つ
火の五行は１つ
九紫火星
火のような性質を持つ
金の五行は２つ
六白金星・七赤金星
金属のような性質を持つ
土の五行は３つ
二黒土星・五黄土星
八白土星
土のような性質を持つ

な性質と働きが、「金」には金属や鉱物のように固いとか、刃物のように鋭い性質と働きが、「土」には養分を蓄えて植物を育むと同時に枯葉などを分解するなどの性質と働きがあります。


木の五行の三碧木星と四緑木星は樹木や草のような性質です。

火の五行の九紫火星は、火、炎、その最たる太陽のような性質です。

土の五行の二黒土星・五黄土星・八白土星は土壌、大地、山、岩のような性質です。

金の五行の六白金星・七赤金星は、金属や鉱物、それから作られる刃物のような性質です。

水の五行の一白水星は、川や水、液体のような性質です。

豆知識・**五行説**

五行は古代中国でうまれた考え方で、この世のすべては木火土金水の五つの要素に分類され、それらが相互に作用し合って森羅万象《しんらばんしょう》が存在するというものです。実は私たちは身近なところで自然とこの五行説に触れており、曜日（火曜日、水曜日、木曜日、金曜日、土曜日）や火星、水星…などの惑星の名称に垣間見えます。

3 九星は年、月、日、時を司る

それぞれの九星は一年、一か月、一日…と、それぞれ一定の期間を、一定のルール（↓p130）にもとづいて交代で司っています。

●本命星《ほんめいせい》

一年間を司る九星を「本命星」といいます。たとえば、２０２５年は二黒土星が司るので、九星気学の用語では「２０２５年の本命星は二黒土星である」と表現します。

●月命星《げつめいせい》

一か月間を司る九星を「月命星」といいます。たとえば、２０２５年10月は三碧木星が司るので、「この月の月命星は三碧木星である」と表現します。

●日命星《にちめいせい》

一日を司る九星を「日命星」といいます。たとえば、２０２５年10月21日は七赤金星が司るので、「この日の日命星は七赤金星である」と表現します。

九星はそれぞれに年、月、日と時を司るので、その中を生きる私たちは少なからずその影響を受けると考えます。つまり、その年は本命星の影響を受け、その月は月命星の影響を受け、その日は日命星の影響を受けるのです。

２０２５年の一年間は、本命星である二黒土星の影響を受け、10月の一か月間は月命星の三碧木星の影響を受け、21日は七赤金星の影響を受けて活動します。

4　運命の星

私たちはこの世に誕生した瞬間の年、月、日を司る九星の性質を持って生まれてきます。そしてその人自身の性質も人生もその誕生したときの九星の特徴が深く刻み込まれ、生まれた年の本命星と、生まれた月の月命星がその人自身の運命の星となるのです。

ですから、自分の本命星と月命星を知ることが、運命開運の第一歩になります。

生まれた年の本命星
生まれた月の月命星

この本命星と月命星は運命の星ですから、一生を通じて影響します。本命星からは、その人の先天的な性格、才能、運勢傾向、また誕生時の背景などを知ることができます。月命星も先天的な性格、才能、運勢傾向を示してくれますが、本命星が主であり土台であるのに対して、月命星はそれに次ぐ副であり、土台の上に立つ構造物のような意味合いを持ち、年齢とともに強く働いてきます。

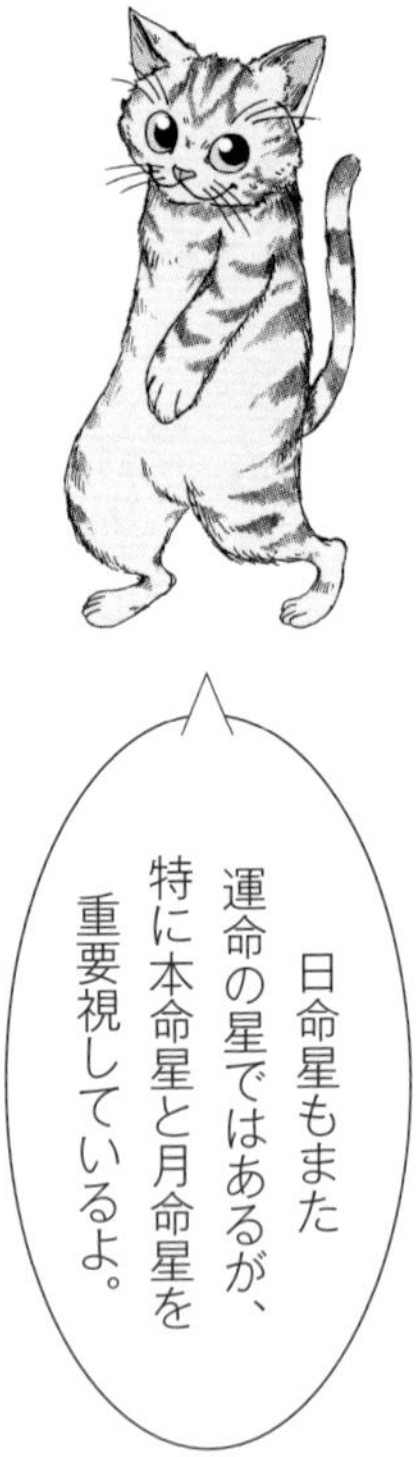
日命星もまた
運命の星ではあるが、
特に本命星と月命星を
重要視しているよ。

私たちの運勢は、運命の星である自分の本命星と月命星の先天的な性格やエネルギー、運勢と、毎年、毎月、毎日を司る九星の性格やエネルギーとの相互関係で後天的な運勢が決定づけられます。

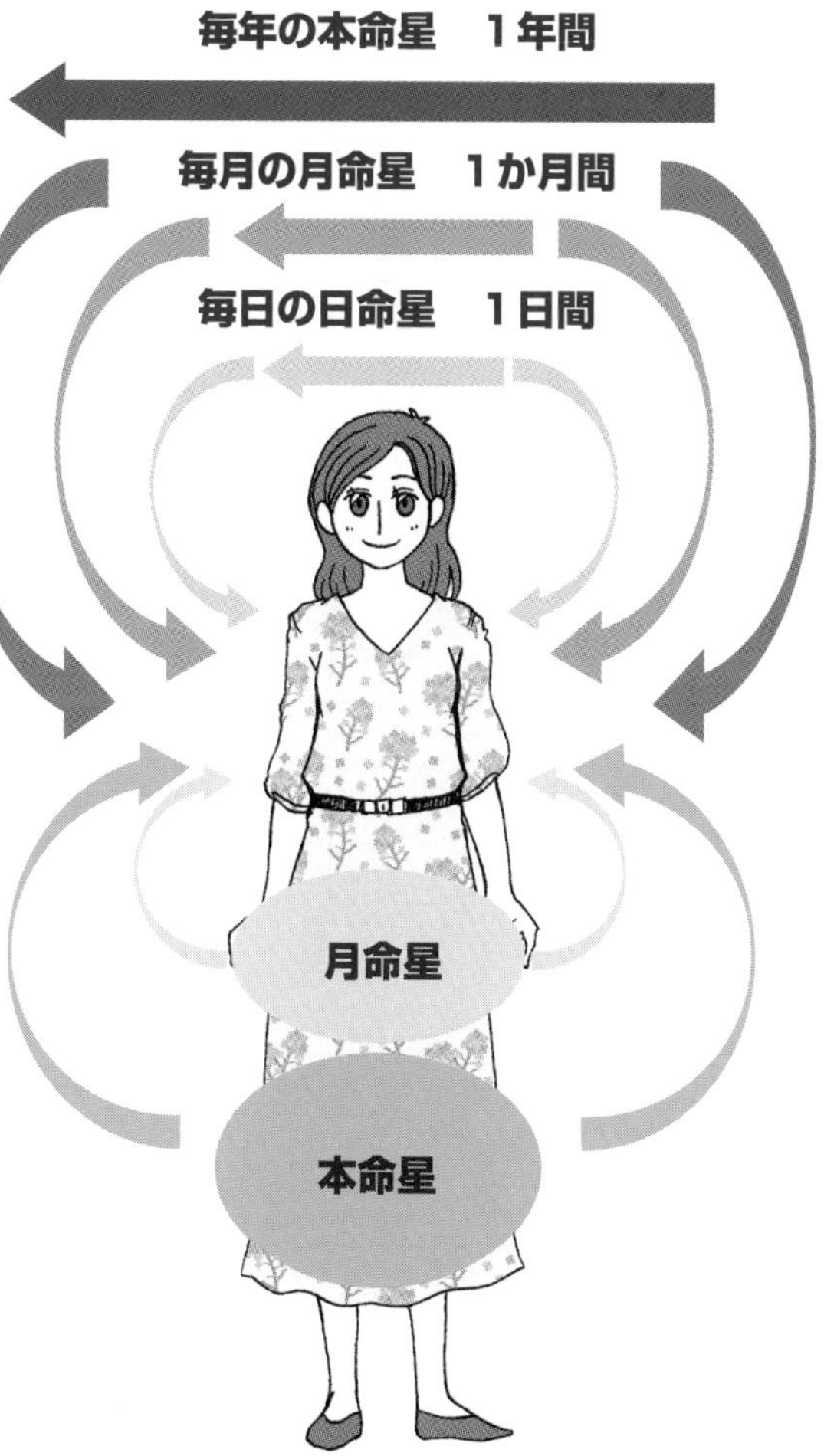

本命星	１年を司る九星	生まれた年の九星
月命星	１か月を司る九星	生まれた月の九星
日命星	１日を司る九星	生まれた日の九星

豆知識・**刻命星**《こくめいせい》

気学では一日を子《ね》の刻、丑《うし》の刻、寅《とら》の刻というように十二支に割り当てて12分割しています。一刻は2時間。十二支×2時間で、合計24時間になります。この一刻（2時間）も九星が交代で司っていて、これを刻命星といいます。刻命星は特殊な場合に使うので本書では詳細には取り上げませんが、名前だけは知っておきましょう。生まれ持った性格や運勢は本命星と月命星が圧倒的に大きく影響します。

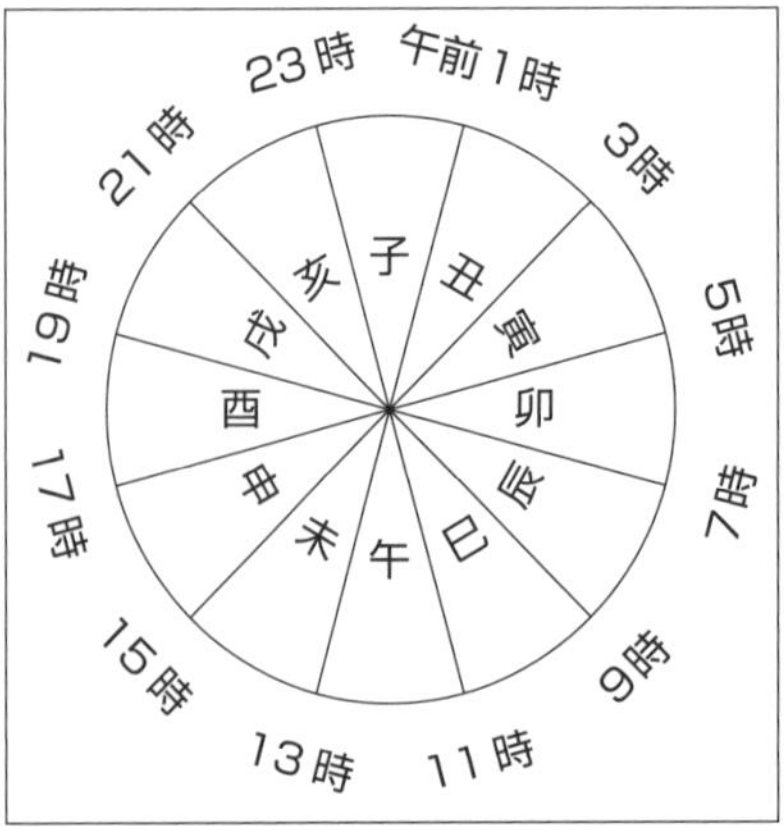

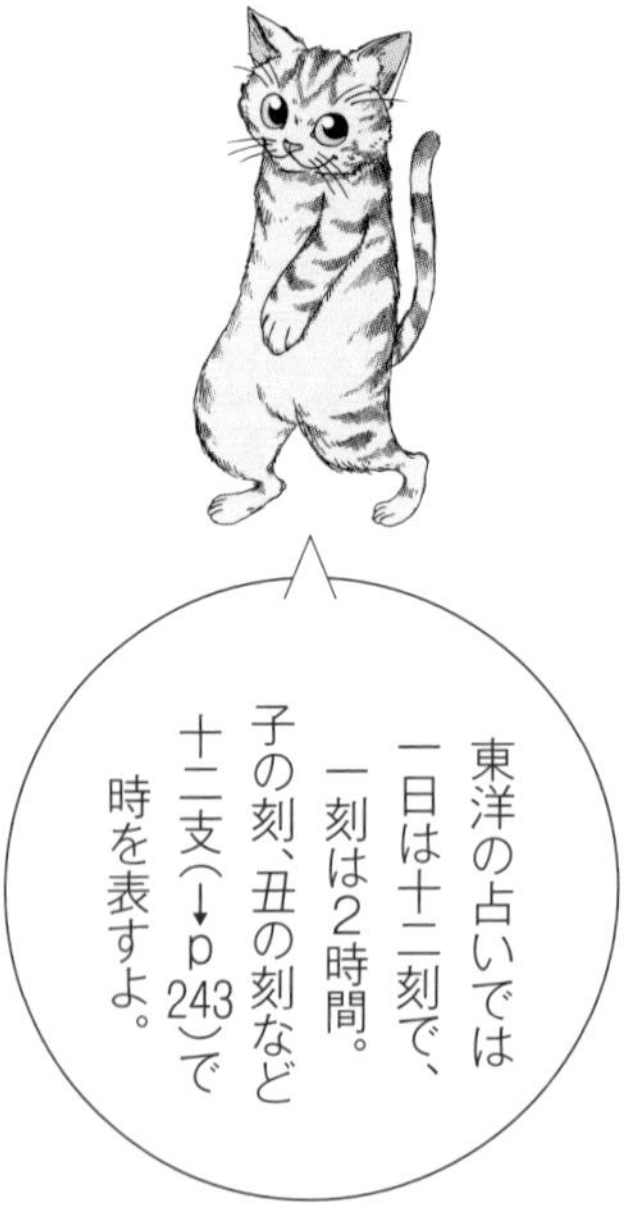

いよいよ
運命の星が
わかるよ！

第1章 ② 自分の九星を知る

人の性質や人生に大きく影響する本命星と月命星。あなたはどの星の下に生まれてきたのでしょうか。早速調べてみましょう。

自分の本命星と月命星を知るためには、あなたの生年月日と生まれた時間、生まれた場所のデータが必要です。そして、年の境目、月の境目、日の境目前後に生まれた人は、正確に星を知るために調整します（↓p26）。まずは自分の星を知る大まかな手順を覚えましょう。

1 本命星《ほんめいせい》を調べる

調べ方は簡単です。次ページの「本命星早見表」をごらんください。あなたが生まれた年の右横の欄に記された九星があなたの本命星になります。

例をあげましょう。平成７年生まれのAさんの本命星は、平成７年（１９９５年）の欄を見れば、五黄土星が本命星だとわかります。

例題1 では、１９８７年生まれのBさんの本命星は何でしょう。答えは［　　］です。

本命星早見表

和暦(西暦)	本命星	和暦(西暦)	本命星	和暦(西暦)	本命星
昭和2年(1927)	一白	昭和40年(1965)	八白	平成14年(2002)	七赤
昭和3年(1928)	九紫	昭和41年(1966)	七赤	平成15年(2003)	六白
昭和4年(1929)	八白	昭和42年(1967)	六白	平成16年(2004)	五黄
昭和5年(1930)	七赤	昭和43年(1968)	五黄	平成17年(2005)	四緑
昭和6年(1931)	六白	昭和44年(1969)	四緑	平成18年(2006)	三碧
昭和7年(1932)	五黄	昭和45年(1970)	三碧	平成19年(2007)	二黒
昭和8年(1933)	四緑	昭和46年(1971)	二黒	平成20年(2008)	一白
昭和9年(1934)	三碧	昭和47年(1972)	一白	平成21年(2009)	九紫
昭和10年(1935)	二黒	昭和48年(1973)	九紫	平成22年(2010)	八白
昭和11年(1936)	一白	昭和49年(1974)	八白	平成23年(2011)	七赤
昭和12年(1937)	九紫	昭和50年(1975)	七赤	平成24年(2012)	六白
昭和13年(1938)	八白	昭和51年(1976)	六白	平成25年(2013)	五黄
昭和14年(1939)	七赤	昭和52年(1977)	五黄	平成26年(2014)	四緑
昭和15年(1940)	六白	昭和53年(1978)	四緑	平成27年(2015)	三碧
昭和16年(1941)	五黄	昭和54年(1979)	三碧	平成28年(2016)	二黒
昭和17年(1942)	四緑	昭和55年(1980)	二黒	平成29年(2017)	一白
昭和18年(1943)	三碧	昭和56年(1981)	一白	平成30年(2018)	九紫
昭和19年(1944)	二黒	昭和57年(1982)	九紫	平成31年 令和元年(2019)	八白
昭和20年(1945)	一白	昭和58年(1983)	八白		
昭和21年(1946)	九紫	昭和59年(1984)	七赤	令和2年(2020)	七赤
昭和22年(1947)	八白	昭和60年(1985)	六白	令和3年(2021)	六白
昭和23年(1948)	七赤	昭和61年(1986)	五黄	令和4年(2022)	五黄
昭和24年(1949)	六白	昭和62年(1987)	四緑	令和5年(2023)	四緑
昭和25年(1950)	五黄	昭和63年(1988)	三碧	令和6年(2024)	三碧
昭和26年(1951)	四緑	昭和64年 平成元年(1989)	二黒	令和7年(2025)	二黒
昭和27年(1952)	三碧			令和8年(2026)	一白
昭和28年(1953)	二黒	平成2年(1990)	一白	令和9年(2027)	九紫
昭和29年(1954)	一白	平成3年(1991)	九紫	令和10年(2028)	八白
昭和30年(1955)	九紫	平成4年(1992)	八白	令和11年(2029)	七赤
昭和31年(1956)	八白	平成5年(1993)	七赤	令和12年(2030)	六白
昭和32年(1957)	七赤	平成6年(1994)	六白	令和13年(2031)	五黄
昭和33年(1958)	六白	平成7年(1995)	五黄	令和14年(2032)	四緑
昭和34年(1959)	五黄	平成8年(1996)	四緑	令和15年(2033)	三碧
昭和35年(1960)	四緑	平成9年(1997)	三碧	令和16年(2034)	二黒
昭和36年(1961)	三碧	平成10年(1998)	二黒	令和17年(2035)	一白
昭和37年(1962)	二黒	平成11年(1999)	一白	令和18年(2036)	九紫
昭和38年(1963)	一白	平成12年(2000)	九紫	令和19年(2037)	八白
昭和39年(1964)	九紫	平成13年(2001)	八白	令和20年(2038)	七赤

月命星早見表

生まれ月	本命星が 一白　四緑　七赤	本命星が 二黒　五黄　八白	本命星が 三碧　六白　九紫
2月	八白	二黒	五黄
3月	七赤	一白	四緑
4月	六白	九紫	三碧
5月	五黄	八白	二黒
6月	四緑	七赤	一白
7月	三碧	六白	九紫
8月	二黒	五黄	八白
9月	一白	四緑	七赤
10月	九紫	三碧	六白
11月	八白	二黒	五黄
12月	七赤	一白	四緑
1月	六白	九紫	三碧

2　月命星《げつめいせい》を調べる

月命星も「月命星早見表」で簡単に調べられます。生まれた月と自分の本命星の欄をたどって交差した欄に書いてある九星があなたの月命星です。

例をあげましょう。本命星が五黄土星で4月生まれなら、交差した欄には「九紫」とありますから、月命星は九紫火星だとわかります。

例題2　本命星が四緑木星で12月生まれのCさんの月命星は何でしょうか。

答えは［　　］になります。

＊自分や気になる人の本命星と月命星を調べて、メモしておきましょう。

例題1の答え
四緑木星
例題2の答え
七赤金星

3 本命星、月命星を正確に調べる

多くの場合、本命星、月命星は早見表から簡単に調べることができます。ところが、年の境目、月の境目、日の境目前後に生まれた人は、正確に自分の星を知るために調整作業が必要になります。というのも、九星気学での年、月、日の境目は、私たちが一般的に使っているカレンダーの境目と異なるからです。一年の始まりといえば、1月1日ですが、九星気学では2月3日頃の「立春」が一年の始まりになります。つまり、春が始まる季節を一年の始まりとしているのです。したがって、2月3日前後の立春の日に生まれた人は、場合によっては前年の生まれになることも考えられるので、注意が必要なのです。

【年の境目】

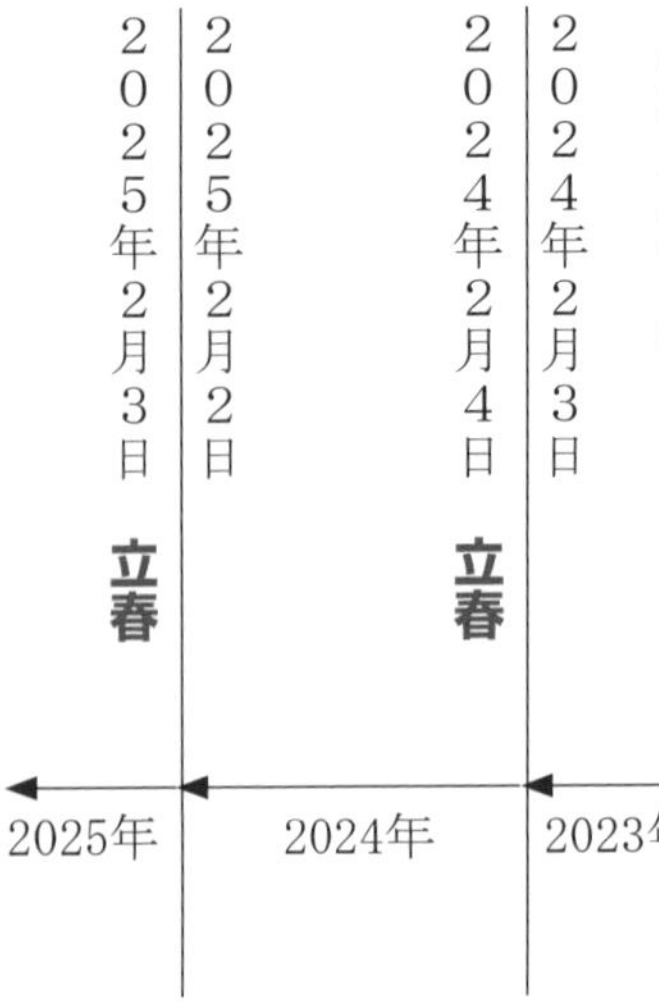

1年の境目は立春

＊立春は毎年同じ日ではない。

毎年の立春は
万年暦（→ p251）
で調べる。

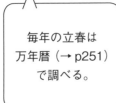

豆知識・**なぜ一年の始まりは「立春」なのか**

私たちが日頃利用しているカレンダーは太陽の運行を元に作られたグレゴリオ暦ですが、明治５年以前、日本では太陰太陽暦が用いられていました。いわゆる「旧暦」と呼ばれている暦です。この暦は何より季節の移り変わりを重視して作られていました。なぜなら、農業にとって季節を知ることが最も重要だからです。

季節の移り変わりを明確に知るために、一年を24等分しました。これを二十四節気《にじゅうしせっき》と呼びます。一年のうち、最も夜が長くなる日を「冬至」、最も昼が長くなる日を「夏至」として半分に分け、また昼と夜が同じ長さになる日を「春分」、「秋分」として二分し、さらに分割して最終的に24に分けました。季節を知るためのものですから、二十四節気は大雪、小暑などその季節を表す名称になっています。

ところで、なぜ２月が一年の始まりなのかという疑問がわくかもしれません。そもそも２月の「立春」を一年の始まりとするのは中国の漢の時代に遡《さかのぼ》ります。立春の頃は気温が最も低くなるのですが、同時にここを転換点として次第に暖かくなっていきます。暖かくなれば農作業が始められます。また、暖かくなるのは、太陽が復活して再び活力を取り戻していくことと考え、その意味から一年の始まりを立春としたといわれています。気学は「気」を扱う占いなので、季節の持つ「気」に合わせているのです。なお、月の区切りである「節入り」のタイミングが一定でないのは、天文学的理由によります。

【月の境目】

月ごとの区切りは、それぞれの月の**「節入り」**と呼ばれるタイミングで、たとえば15時50分というように中途半端な時刻に訪れます。そして、節入りのタイミングを含む日を**「節入り日」**と呼びます。節入りはだいたい各月の３～８日頃で、一定ではなく毎年微妙に違います。例で説明しましょう。２０２４年３月の節入りは３月５日の11時22分です。これより前は、前月の２月になります。

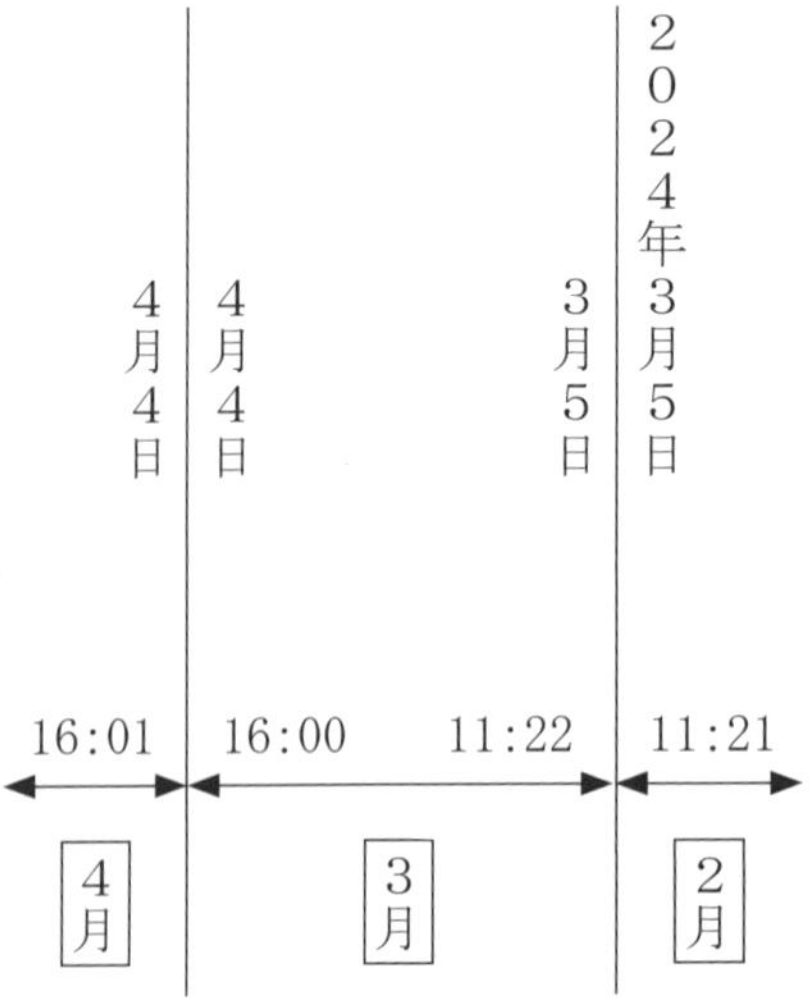

月の境目は節入り

３月５日は３月の節入り日。
11:22を境に月が変わる。
４月４日は４月の節入り日。
16:01を境に月が変わる。

　つまり、たとえ同じ3月5日生まれであっても、九星気学では節入りのタイミングの前と後で2月生まれと3月生まれに分かれることになります。ですから、節入り日に生まれた人は十分な注意が必要です。節入りの前か後かで、月命星が異なってきます。

　誕生日が2月の節入り日にあたる人はさらに注意が必要です。というのも、一年の境目は立春ですから、2月の節入りのタイミングが年の境にもなるからです。

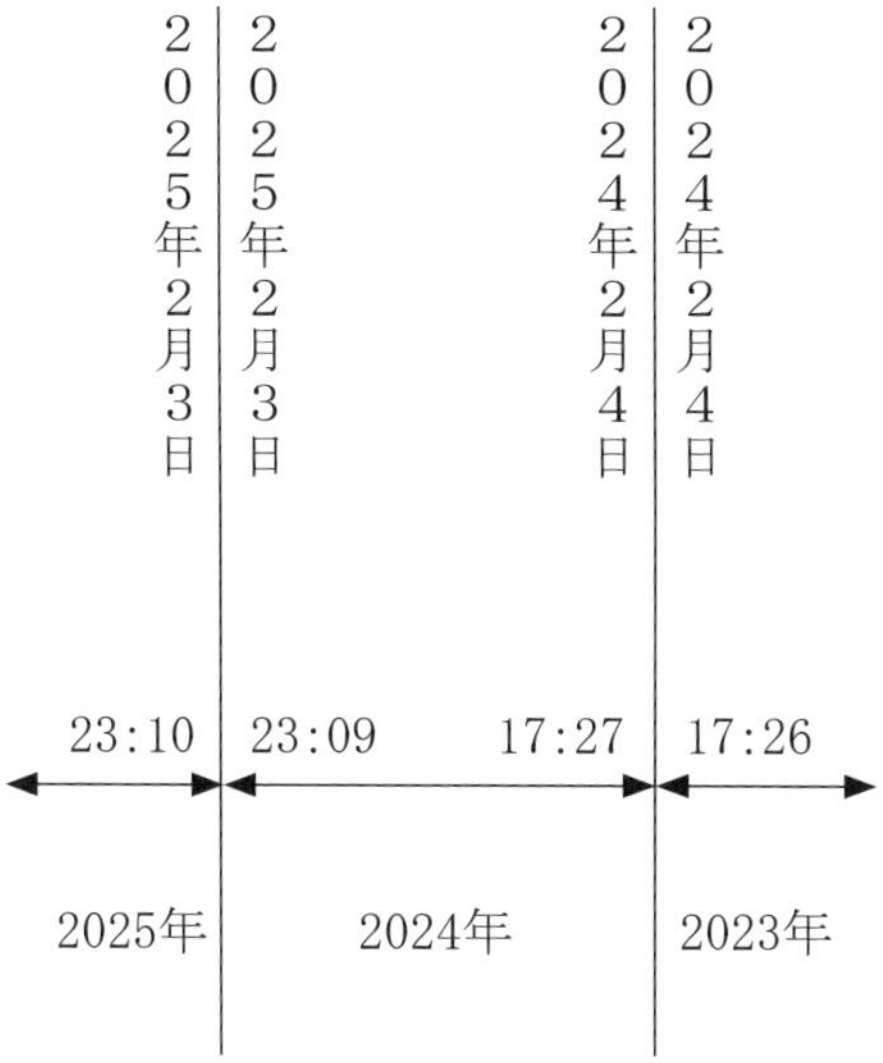

2月の節入りは立春

年の境目と月の境目が同時に来る。

左の表で、2024年と2025年の節入りのタイミングを比較してみるとわかりやすいでしょう。

節入り日は
巻末の万年暦で
わかるのよ。

2025年		
	二十四節気	
2月	立　春《りっしゅん》	3日23:10
3月	啓蟄《けいちつ》	5日17:07
4月	清明《せいめい》	4日21:48
5月	立夏《りっか》	5日14:56
6月	芒種《ぼうしゅ》	5日18:56
7月	小　暑《しょうしょ》	7日05:04
8月	立　秋《りっしゅう》	7日14:51
9月	白露《はくろ》	7日17:52
10月	寒露《かんろ》	8日09:41
11月	立冬《りっとう》	7日13:04
12月	大雪《たいせつ》	7日06:04
2026年 1月	小　寒《しょうかん》	5日17:23

2024年		
	二十四節気	
2月	立　春《りっしゅん》	4日17:27
3月	啓蟄《けいちつ》	5日11:22
4月	清明《せいめい》	4日16:01
5月	立夏《りっか》	5日09:09
6月	芒種《ぼうしゅ》	5日13:09
7月	小　暑《しょうしょ》	6日23:19
8月	立　秋《りっしゅう》	7日09:09
9月	白露《はくろ》	7日12:11
10月	寒露《かんろ》	8日03:59
11月	立冬《りっとう》	7日07:20
12月	大雪《たいせつ》	7日00:17
2025年 1月	小　寒《しょうかん》	5日11:32

2024年と2025年の各月を比べてみてください。
節入り日と節入り時刻は毎年違っていることがわかります。

年、月、日、時間の境目と開運効果

節入りなど、年、月、日、時間を司る九星が入れ替ってすぐに、その九星の作用が現れることはありません。九星の開運効果が実際に現れるのはややファジーです。

このことはよく、器にはいった熱湯に水を注いでいくときの温度変化に譬《たとえ》られます。熱湯は徐々に温度が下がっていきます。仮に40度のラインを節入りと考えると、熱湯は突然40度になるのではなく、時間をかけて温度が下がり、ある時点で40度となり、さらに温度が下がって、やがて冷めた水となります。節入りもこのように時が移っていく中での節目と考えます。

経験的に、年の場合はおよそ10月過ぎ頃から、月の場合はカレンダー（西洋暦）の１日過ぎ頃から、日の場合は夜８時過ぎ頃から徐々に変化の兆しが現れ始めるように感じます。

ですから、節入り直前で吉方位に出かけると次の九星の気が混ざってしまい、思ったような開運効果が期待できないことがあるのです。吉方位への旅行などはできるだけ純粋な気が満ちて安定している時期を選ぶとよいでしょう。月であれば、節入り後１週間～10日間くらいが安定した時期です。しかし、あまりこだわりすぎると実践がむずかしくなってしまいますから、参考までに覚えておいてください。

【日の境目】

続いて日の境目について説明しましょう。通常は午前0時に日付が変わりますが、九星気学では23時で日付が変わります。生まれた時間が22時30分～0時30分までに該当するなら、ちょっと注意してください。

なぜ22時30分～0時30分と幅があるのでしょうか。23時を境に日付が変わるのであれば、23時を過ぎたら次の日になるはずです。ところが、そういうわけにはいかないのです。実は、たとえ日本国内であっても、生まれた場所によって微妙に「**時差**」があるのです。これを「**地方時差**」と呼びます。次の図を見てください。

地方時差

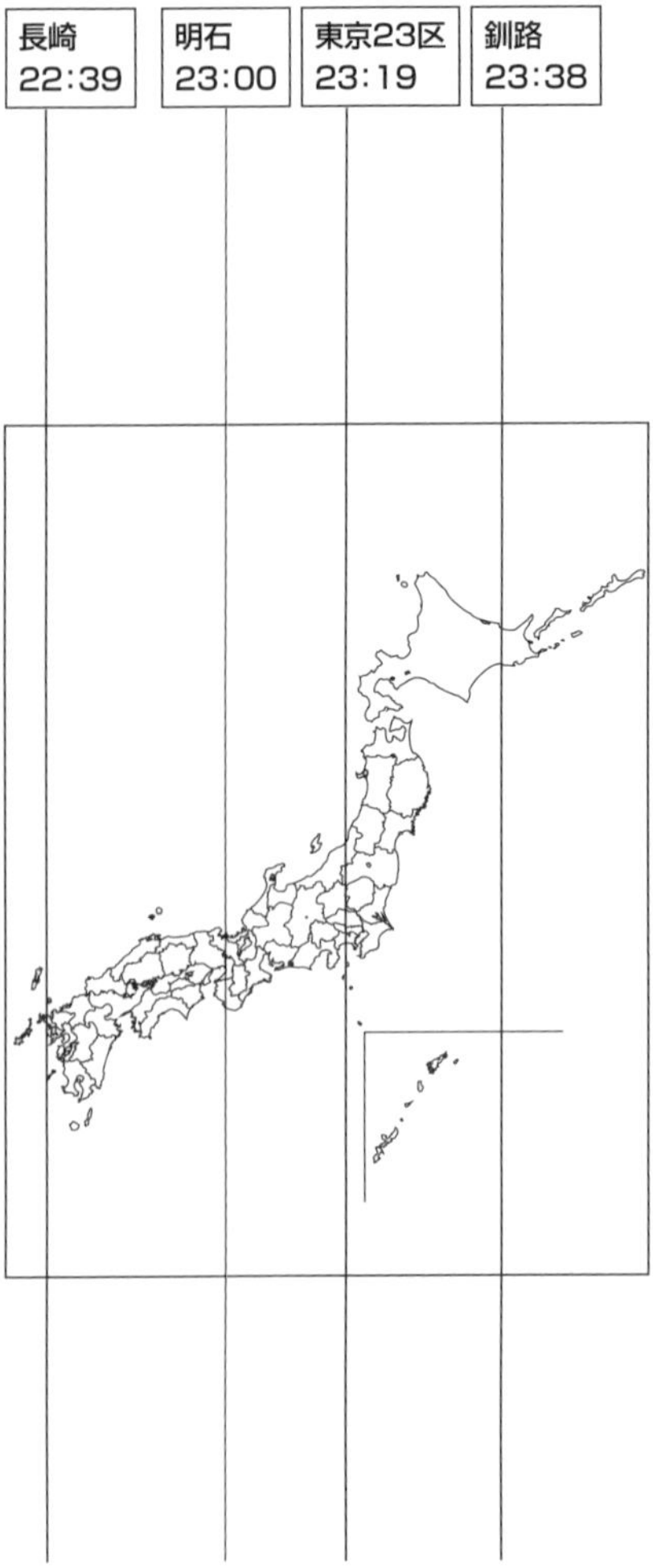

日本国内の時間は兵庫県明石市を標準としています。西より東の方が先に太陽が上がりますので、東に進むにつれて時間はプラスで増えていきます。たとえば、東京23区は明石市より19分進んでいますから、東京23区で23時に生まれたとしても、実際には23時19分に誕生したことになります。（経度１度あたり約４分の時差がある）

反対に、西に進むにつれて時間はマイナスになっていきます。たとえば、長崎は明石市より西にあって21分遅れていますから、長崎で23時に生まれたら、実際は22時39分に誕生したことになるのです。

今ここに、同じ誕生日の人が３人いたとします。３人ともクリスマス・イブの12月24日生まれです。

Ａさん　東京都中央区　23：00生まれ
Ｂさん　兵庫県明石市　23：00生まれ
Ｃさん　長崎県長崎市　23：00生まれ

３人の中で一人だけ、九星気学では前日の23日生まれになる人がいます。

正解はＣさんです。地方時差を考慮すると、Ｃさんは長崎生まれで地方時差はマイナス21分、前日の12月23日の22：39分生まれとなるのです。まとめてみましょう。

●年が変わるタイミングは立春。
●月が変わるタイミングは節入り。
●日付が変わるタイミングは23時。（生まれた場所の地方時差を足し引く）

さて、総まとめとして、本命星と月命星の調べ方を復習しましょう。フローチャートに沿って確認してください。

STEP 1

あなたの生年月日 □年□月□日

出生時間 □時□分

生誕地 □市（町） 地方時差□

STEP 2

時差表（↓p244）から生まれた時刻を調整する。調整後の生まれた時刻が23：00を過ぎていたら生まれた日は翌日となります。

出生時間は24時制で記述する

例 1985年12月18日22：45、東京生まれの場合

●地方時差＋19分（時差表から最も生誕地に近い都市を選ぶ）

↓22：45＋19分＝23：04

生まれた時間が23時を超過

九星気学では12月19日生まれとなる

あなたの生年月日は① □年② □月③ □日

④ □時⑤ □分

STEP 3

ＳＴＥＰ２で修正後の生年月日をもとに、次のチャート図の質問に答えて本命星、月命星を確定してください。

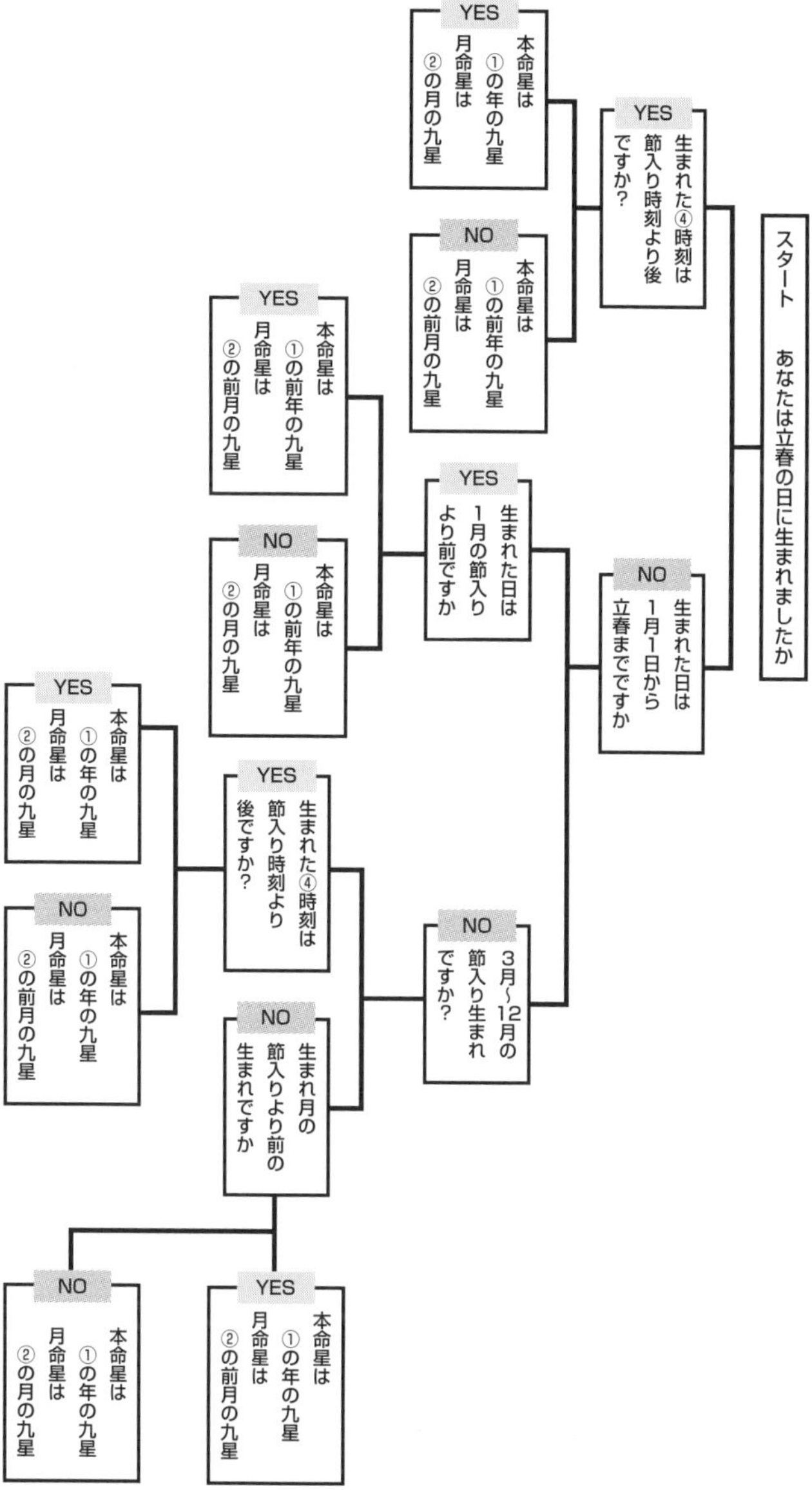
スタート　あなたは立春の日に生まれましたか
YES
生まれた④時刻は節入り時刻より後ですか?
YES
本命星は　①の年の九星
月命星は　②の月の九星
NO
本命星は　①の前年の九星
月命星は　②の前月の九星
NO
生まれた日は1月1日から立春までですか
YES
生まれた日は1月の節入りより前ですか
YES
本命星は　①の前年の九星
月命星は　②の前月の九星
NO
本命星は　①の前年の九星
月命星は　②の月の九星
NO
3月～12月の節入り生まれですか?
YES
生まれた④時刻は節入り時刻より後ですか?
YES
本命星は　①の年の九星
月命星は　②の月の九星
NO
本命星は　①の年の九星
月命星は　②の前月の九星
NO
生まれ月の節入りより前の生まれですか
YES
本命星は　①の年の九星
月命星は　②の前月の九星
NO
本命星は　①の年の九星
月命星は　②の月の九星

4 万年暦《まんねんれき》

ところで、「節入りの時刻や地方時差」はどうやって調べるのでしょうか。地方時差については、巻末（↓p244）に掲載しています。節入りの時刻については、「万年暦」が必要になります。

干支《えと》、九星、二十四節気《にじゅうしせっき》などの何十年分のデータを一冊にまとめたものが「万年暦」です。万年暦は数社から発行されており。本書では「東洋書院発行の万年暦」を参考にしています。最近ではインターネット上でも暦のデータを入手できます。しかし、九星気学をフルに使いこなしていくには、万年暦を持っていると非常に便利です。

万年暦には本命星、月命星、そして節入りの日付と時刻が明記されています。「日命星」も一目瞭然です。日付の欄の横にある九星がその日の日命星です。本書では２０２０年から２０２９年までのデータを、巻末（↓p251）に載せてあります。

自分に使いやすい
万年暦を選んでね。

【練習問題】

では、正確な本命星や月命星を算出する練習問題にチャレンジしてみましょう。問題①は素直に考えればＯＫ。問題②と③は少しむずかしいかもしれません。細かいところに注意をはらいながら、じっくり考えてみてください。

問題①　2001年 7月15日 午後1時、兵庫県明石市生まれの人の本命星と月命星は？

問題②　2024年 5月5日 午前10時、長崎県長崎市生まれの人の本命星と月命星は？

ヒント１　２０２４年５月の節入りは、５月５日午前９時９分。地方時差も考慮して。

ヒント２　この日は節入り日なので、生まれたのが節入り時刻の前と後では月命星が変わってきます。

問題③　2026年 2月4日 午前3時、東京都中央区生まれの人の本命星と月命星は？

ヒント１　２０２６年２月の節入りは、２月４日午前５時２分です。

ヒント２　この日は節入り日なので、生まれたのが節入り時刻の前と後では月命星が変わります。

ヒント３　この日は立春でもあります。年の変わり目です。

◆気になる人の本命星、月命星をメモしましょう

氏名	生年月日	生まれた時刻	生まれた場所 市町村	本命星	月命星
あなた					

第１章 ③ 九星の象意《しょうい》

１ 象意とは

九星にはそれぞれ個別の特徴があります。固有の性質や性格といってもよいでしょう。一白水星には一白水星にしかない独自の性質があり、二黒土星や三碧木星などの九星もそれぞれにその星の個性ともいうべき性質が備わっています。

本命星と月命星はその人の運命の星であり、一生を通じてその星の影響を受けますが、人それぞれの性格や運勢の違いは九星の違いでもあります。

たとえば本命星が三碧木星の人と本命星が六白金星の人では、影響を受ける九星の違いから性格が異なります。三碧木星は「木」の五行の九星ですから、樹木のように上へ上へと伸びようとする性質です。そのため、この星を本命星に持つ人は、向上心が強くて生き生きしたタイプになります。六白金星は「金」の五行の九星ですから、剣のように強固で鋭い性質で、本命星が六白金星の人は意志が強く勇ましい性格になります。また、二黒土星と九紫火星では運勢傾向が異なります。二黒土星は「土」の五行ですから不動の大地のようにゆっくりと運が開けていく大器晩成型で、「火」の五行の九紫火星は火が付けばパーッと運が開ける傾向があります。

この九星の特徴や性質をはじめ、九星が示す事柄を**「象意」**と呼びます。

練習問題の答え
問題①
本命星
＊八白土星
月命星
＊六白金星
問題②
本命星
＊三碧木星
月命星
＊二黒土星
問題③
本命星
＊二黒土星
月命星
＊九紫火星

象意は性質や性格だけでなく、具体的な事物や事柄もふくみます。たとえば、水に関係する海や川、湖、魚、雨などは、水のエネルギーを持つ一白水星の司るものと考え、一白水星が示す事柄＝象意とするのです。関係するということは、その事象と九星につながりがあると考えます。木に関係するものはすべて三碧木星と四緑木星の象意です。しかし、一白水星と九紫火星はひとつの五行にひとつの九星ですが、「木」の五行には三碧木星と四緑木星、「金」の五行には六白金星と七赤金星、「土」の五行には二黒土星、五黄土星、八白土星が所属しています。そのため、たとえば三碧木星と四緑木星は同じ五行で、同じように木のエネルギーと性質を持ちますが、三碧木星は「若木や新芽」で、四緑木星は「成長した木」を示すというように、象意が違います。

なぜ違うかというと象意は五行だけでなく、「八卦」もベースにしているからです。

2 九星と八卦《はっけ》

八卦とは次のような記号で、どこかで目にされたことがあるのではないでしょうか。

☰（乾《けん》）☱（兌《だ》）☲（離《り》）☳（震《しん》）☴（巽《そん》）☵（坎《かん》）☶（艮《ごん》）☷（坤《こん》）

八卦は古代中国の思想にもとづく自然や宇宙を構成する要素であり、それを記号化したものです。言葉では表現し尽くせない森羅万象《しんらばんしょう》を、八つの記号（卦）が表しています。

この八卦と九星が対応しているのです。たとえば八卦の☶（艮）は八白土星に対応しています。☶（艮）は山や高い建物、背中、停滞などを表すので、八白土星にも同じ象意があります。☳（震）は木や雷、音を表して三碧木星に対応しているので、三碧木星にも雷や音などの象意があります。☴（巽）は木や風、長くしなやかなものを表し、対応する四緑木星も同じことを表します。同じ木の性質を持っていても、対応する八卦の違いで象意が違うのです。九星と八卦の対応は次のようになります。

九星と八卦対応表

九星	五行	八卦
一白水星	水	☵（坎《かん》）
二黒土星	土	☷（坤《こん》）
三碧木星	木	☳（震《しん》）
四緑木星	木	☴（巽《そん》）
五黄土星	土	なし
六白金星	金	☰（乾《けん》）
七赤金星	金	☱（兌《だ》）
八白土星	土	☶（艮《ごん》）
九紫火星	火	☲（離《り》）

八卦にも五行があり、九星と対応しています。

◆五黄土星の特殊性

五黄土星は八卦と対応していません。五黄土星は特別な星なのです。五黄土星は宇宙の中

五黄土星は
ボス猫のように
最強なのだ。

心的存在であり、再生と破壊、生と死をも司る巨大なパワーを持つ星です。あまりに強すぎるため、象意も大統領とホームレスというように極端で、普通ではない状況や事柄を表します。

この世のすべてを表す八卦に対応する九星は、すべての事柄を表します。性格、運勢、現象、物品、天候、季節などなど…あらゆるものが九星の象意になります。

九星の細かな象意がわかれば、運勢や性格もより詳細にわかります。金運や収入をアップさせたいなら、お金や仕事に関係する象意の九星のパワーを取り入れ、人間関係を円滑にしたいなら穏やかさや和合の象意を持つ九星を活用します。それぞれの九星の象意のイメージは44ページにあります。じっくり見て九星の象意をつかみましょう。巻末にもさらに詳細な「九星別象意（→p245）」があります。自分自身のことや友人、知人、気になる人を思い浮かべながらイメージをふくらませてみるとよいでしょう。

豆知識・**八卦は東洋系の占いの土台**

八卦の考え方は実は東洋系の占いの基本中の基本です。東洋系の占いとは、九星気学をはじめ、周易《しゅうえき》や四柱推命《しちゅうすいめい》、断易《だんえき》などいろいろあります。これらすべての占いのベースにあるのが八卦ですから、八卦を勉強することはとても大切です。研究してみましょう。

象意と開運

象意は自分自身のこと、友人や知人、家族、職場の同僚や上司など、「人」をより深く理解して開運するヒントを与えてくれます。また、目的が叶う開運方位も教えてくれます。たとえば、仕事で出世したい、取引を成功させたい、職場の人間関係を円滑にしたい、活躍したいなど願いはさまざまです。もし活躍したいと願うなら「活躍」の象意を持つ九星を探します。すると、六白金星が「活躍」、「活動」という象意を持っていますから、六白金星の吉方位か、六白金星の定位《じょうい》（↓p111）である西北へ出かけると開運効果がアップします。その際、吉方位の九星の象意のアイテムを持って行ったり、場所へ出かけるとさらに効果的です。たとえば、一白水星の吉方位なら「ペン」を持ったり、行き先で「スープ」や「塩辛いもの」をいただいたり、「海」や「水族館」へ出かけたりするのです。象意のキーワードを自由にアレンジして、活用しましょう。

象意は自分で実感してこそ本物になります。たとえば、特に目的を定めずに東や三碧木星の吉方位に出かけたら、行った先でいかにも三碧木星のイメージに当てはまる現象に出くわしたり、三碧木星の性質にピッタリの人物に出会ったりすることがあります。このような実感を伴ったリアルな象意体験をすると、九星気学の理解が深まります。象意を実感しに出かけるのも、九星気学を学ぶ中での楽しさのひとつです。

◆九星のイメージ

一白水星

五行　水

〈象意〉

冷たい水や液体から連想できる事柄

冬　北　水　雨雲　寒冷　暗い　穴隠れる　裏　苦労　智慧　研究　耳

二黒土星

五行　土

〈象意〉

柔らかい土や大地から連想できる事柄

晩夏～初秋　西南　大地　曇天　古い　従順　柔和　勤勉　育成　貢献消化器

三碧木星

五行　木

〈象意〉

勢いのよい若木から連想できる事柄

春　東　雷　新しい　震動　芽吹く動きだす　伸びる　成長　発展　賑やか　声帯

四緑木星

五行　木

〈象意〉

風に揺れる成木から連想できる事柄

晩春～初夏　東南　風　整う　広がる　優しい　交際　信用　結婚　旅行　股

五黄土星

五行　土

〈象意〉

マグマを秘めた土から連想できる事柄

四季の土用　中央　天変地異　荒れる　爆発　破壊　腐敗　激しい　支配　闘争　五臓六腑

六白金星

五行　金

〈象意〉

貴金属や天空から連想できる事柄

晩秋～初冬　西北　晴天・太陽　広い　高い　尊い　神仏　活動　完全剛健　施す　心臓　首

七赤金星

五行　金

〈象意〉

きらきら光るものや貸幣から連想できる事柄

秋　西　小雨・新月・星　悦ぶ　笑う　話す　娯楽　飲食　恋愛　金融　欠ける　口・舌

八白土星

五行　土

〈象意〉

固い岩石や岩山から連想できる事柄

晩冬〜初春　東北　変わりやすい天気　山　変化　継承　再起　停滞　蓄積　背中

九紫火星

五行　火

〈象意〉

太陽や燃え盛る火から連想できる事柄

夏　南　晴天・虹・太陽　熱い　明るい　燃える　火　華やか　名誉　芸術　文化　文明　頭　眼

3　象意の活用

運勢を占ったり開運したりする上で、象意はとても大きな役割を担《にな》います。人や物がどんな性質か、今後どんなことが起こるのかなど、象意から具体的なことがわかるからです。

たとえば、四緑木星の象意は木と風に関係する事柄です。木や風からイメージできることといってもよいでしょう。風は「風の便り」というように、どこからともなくやってきて去っていく感じがあり、また、噂《うわさ》のことを風評というように伝搬《でんぱん》し広がることを表します。四緑木星の象意に記載されているキーワードは基本的に木と風のイメージから生み出されたもので、「信用」という象意は相手の心に風のように入り込んでいく感じに由来しています。この象意を事象、現象、性格、運勢などに当てはめていきます。

象意から
いろいろなことを
イメージしてね。

◆「人」を知る

たとえば、気になる人の性格を知りたくなったとします。その人の本命星が四緑木星なら、四緑木星の象意を性格におきかえればよいのです。木と風から、そよ風に揺れる木をイメージして、柔軟でどんなことにもしなやかに対応できるタイプだと推測することができます。

もちろん、自分の性格をより詳しく知ることもできます。あなたの本命星が五黄土星なら、激しい一面があるとか、一度爆発するととんでもないパワーを発揮する人かもしれません。

「当たっていない」と思っても、すぐに否定せずに少し待ってください。自分では意識できていない部分を本命星が教えてくれているのです。あなたの前では口には出さないけれど、身近な人は「当たっている」と思っているかもしれません。本命星を知れば、自分の知らない自分を発見できます。それはより素敵な自分への改革の第一歩であり、開運の第一歩でもあります。そして、身近な人の本命星を知ることも開運につながります。相手の本命星の象意からその人の新たな一面が見えてきて、新たな交友関係を築けるでしょう。本命星は人の本質を示してくれているのです。

◆未来を占う

象意は未来の出来事を教えてくれます。たとえば四緑木星が支配する年や月、日には四緑木星の象意に関連する出来事が起こると予測できます。「旅行」の象意を当てはめて考える

象意は
曖昧《あいまい》だからこそ
何にでも応用
できるのだ。

なら、海外の人と縁ができるとか、旅行の計画が持ち上がるかもしれません。突然の連絡やうれしい知らせがくることも考えられます。「結婚」の象意から婚活が成功するかもしれません。象意はこのように活用できるのです。

◆イメージをふくらませよう

象意は固定していません。つまり、木や水、山や雷など基本的な象意をもとに自分でイメージをふくらませて発展させていくもので、決まりきったキーワードや意味があるわけではないのです。ですから、一見関連性のないキーワードが並んでいることもあります。最初はなかなか象意のイメージをふくらませることがむずかしいと思います。巻末に「九星別象意」を載せてありますので、そちらも参考にしてイメージをふくらませましょう（↓p245）。

第1章 ④ 本命星で性格と運勢を知る

1 本命星による性格と運勢

自分を知ることは人生を切り開いていくのにとても大切なことです。そのために、本命星の理解を深めましょう。本命星は人の性格や運勢を表します。本命星による性格や運勢傾向、開運アドバイスをチェックして、自分をさらに深く知る手がかりをつかんでください。また、開運アドバイスは自分らしい生き方のヒントになるでしょう。

自分のことばかりではなく、気になる人やご家族のこと、友人、知人、職場の同僚、上司など身のまわりの人も本命星でみると、新たな発見があるかもしれません。

本命星が　一白水星　の人の性格と運勢

深淵をみつめる賢者

開運アドバイス
困難や苦労はすべて人生を花開かせるための糧。
好きなことを極め、才能や技術を磨きましょう。

〈性格〉

★水が変幻自在に姿形を変えるように、どんな状況にも順応できる。
★人に柔軟に合わせられるので好かれやすい。
★さみしがり屋で神経質なところも。
★人には見せない陰の部分や気苦労がある。
★クリエイティブな才能に恵まれて研究熱心。
★根気があり、ひとつのことをつきつめると大成功する可能性が。

〈運勢傾向〉

両親と縁が薄いなど、人生の早い段階で苦労する傾向があります。しかしその苦労は、中年期に訪れる最盛運で花開きます。数々の失敗や経験が生かせるので、困難は自分の才能を育むチャンスと考えましょう。たとえ両親が力になってくれなくても、他人が味方になり、助けてくれる運です。早いうちから独立心を持って家を出るなどして、進んで厳しい環境で努力することを選ぶと、さらによいでしょう。さみしさを感じたり悩んだりしたら、一人で抱え込まず、ときには胸の内を打ち明けてみるのも大切なことです。

本命星が　**二黒土星**　の人の性格と運勢

補佐役という名の影の実力者

開運アドバイス
人と比較しないで自分のペースでコツコツと。サポート役で力を発揮しましょう。

〈性格〉

★じっくり時間をかけて手掛けることが得意でスローペース。
★思い切ったことや派手なことは苦手。
★手先が器用で、細かいところによく気が付く。
★何事も適当に対処できないため、要領が良い方ではない。
★裏方的な作業や役割で力を発揮できるタイプ。
★堅実で、地道な努力を惜しまない。
★表面はソフトでも芯はしっかりしていて、案外強情な側面がある。

〈運勢傾向〉

複雑な家庭環境に育つ傾向がありますが、勤勉さとまじめさで道を開いていきます。徐々に努力が実る大器晩成型。幸運期も晩年です。じっくりと自分の運勢を育てていく気持ちでいると開運します。また、誰かの下で幸運をつかむタイプなので、ついていく人やパートナーをしっかり見極めることが大切です。補佐役で手腕を発揮し、成功をつかめるでしょう。柔よく剛を制すというように持ち前の謙虚さと細やかさで荒削りな大物を育て、味方にすることも可能です。

本命星が　**三碧木星**　の人の性格と運勢

潔く頼もしい若きリーダー

開運アドバイス

正直さと潔さは大きな魅力。寛容さとバランス感覚を身につけると完璧《かんぺき》。

〈性格〉

★勢いよく伸びる若木のように明るく、若々しい。
★思い立ったら即行動。じっとするのが苦手で、常にアクティブ。
★一本気で決断力に富み、前向きでいつまでも失敗を気にしない。
★いささか短気で慎重さに欠け、軽挙妄動《けいきょもうどう》しやすい。
★正直で率直、気前がよくて親切なので人気がある。
★好き嫌いが明確で、あいまいさが嫌い。白黒をつけないと気が済まない。

〈運勢傾向〉

生い立ちや幼いころに不運に見舞われることがあり、父親との縁が薄いといわれていますが、かりに人生のスタート時期に苦労があっても、早期に開運できます。青年期が幸運です。困難があっても、持ち前の行動力と決断力で打開していきます。果敢《かかん》に新たなことに挑戦し、勢いに乗って早い段階で社会に認められますが、直球過ぎて失敗する心配も。適度なバランス感覚と配慮が運気アップの鍵です。

本命星が　**四緑木星**　の人の性格と運勢

優しい笑顔の敏腕ネゴシエーター（交渉人）

開運アドバイス
柔軟さとバランス感覚を生かしつつ、一度決めたことは最後まで貫き通しましょう。

〈性格〉

★そよ吹く風のように、たおやかで柔和。ソフトな印象を与える。
★優れたバランス感覚の持ち主。
★多少好き嫌いがあっても、分け隔てなく付き合える交際上手。
★状況や相手に柔軟に合わせられる。
★つかみ所がない。
★面倒なことや争いが嫌い。面倒に感じると、途端に適当になる。
★迷いやすく、ＹＥＳ・ＮＯの基準も状況によってかわる。

〈運勢傾向〉

早くから上昇運に乗れますが、何より人や社会のために尽くすことが幸運の鍵になります。生来の社交性に加えて奉仕的であれば、おのずと人が寄ってきます。誠意をもって付き合っているうちに信用も評価も高まり、思わぬところから援助を受けて成功するでしょう。風のように軽やかな生き方こそふさわしく、こだわりが強まると行きづまります。しかし、何事も最後までやり通せない弱さもあるので、一度決めたことは根気強く続けるように心がけてください。

本命星が　**五黄土星**　の人の性格と運勢

個性も情けも桁違いの帝王

開運アドバイス

持ち前のパワーを生かすには、間違いを素直に認め、他人の意見を聞き入れる謙虚さが大切。

〈性格〉

★いろいろな顔を持つ複雑な性格。
★強烈なパワーの持ち主。
★極端なことをする割に慎重、威圧的なのに涙もろいなど、他から見て意外な面が多い。
★気性が激しいので敵が多いが、愛情深いので味方も大勢。
★欲は強い方で、ほどほどでは満足できない。
★何が何でも目標や希望を叶えようとして、無理をしやすい。
★基本的に強気で強情、人の助言に耳を傾けない。

〈運勢傾向〉

幸運期は、早いか遅いかどちらかで、人生の波の振り幅が大きく、大成功か大失敗か極端になりやすいようです。早いうちから開運して順調路線をたどると、その後に苦労します。逆に苦労を重ねてきた人は、晩年に報われて花開くでしょう。幼少期に生家が苦しい状態であることも。往々にして、辛いことを乗り越えることで素晴らしい才能と人格が培われ、ゆるぎない地位を手にできるでしょう。

本命星が　**六白金星**　の人の性格と運勢

近寄りがたい程の品格のある指導者

開運アドバイス
思いやりと親しみやすさを心がけて。笑顔の素敵なリーダーなら、みんなが力を貸してくれるでしょう。

〈性格〉

★頭脳明晰《めいせき》のクールな切れ者タイプ。
★高尚な志とタフさを兼ね備えたリーダー的性質の持ち主。
★意志が強く、向上心が高い。その分、プライドも高い。
★精神性が高く、知的で品格がある。理想家肌。
★負けず嫌いで、人に頭を下げたり指図されるのは大嫌い。
★能力が高いが、愛嬌《あいきょう》に乏しい。
★打算的な面も強く、謙虚なふりや演技ができる器用さがある。

〈運勢傾向〉

人生のスタートは安定路線。人の上に立つという運勢を持っているので、その意味での苦労は多いですが、若いうちから社会で活躍する可能性を大いに秘めています。40代初めから運勢が開けてくるので、20〜30代は人脈づくりを意識するとよいでしょう。引き立てられてチャンスをつかめます。社会や家庭や仕事で大きな責任を担《にな》う中年期が一番の幸運期です。しかし、打算的になり過ぎたり、謙虚さに欠けたりすると運気は低迷するので気を付けましょう。

本命星が　**七赤金星**　の人の性格と運勢

派手に遊んでいるようで実は切れ者のアイドル

開運アドバイス

気分や雰囲気に流されず、自分を厳しく律することを忘れずに。人の縁を大切にすることこそ最高の開運法。

〈性格〉

★明るく、愛嬌《あいきょう》たっぷり。

★常に楽しく華やかなことを求める楽天家。

★頭の回転が速く、おしゃべり上手で話題も豊富。人気がある。

★華やかなことが大好きで、地味で貧乏くさいのが大嫌い。

★享楽的《きょうらくてき》になって、贅沢《ぜいたく》しやすい。後先考えず浪費する傾向も。

★面白そうな方へ流されやすく、根気がないのが欠点。

★口先ばかりで実行力に欠ける一面も。

〈運勢傾向〉

不思議と周囲から援助されるのが七赤金星生まれの人の強み。生家が盛運のときの生まれといわれます。幼少～青年期に厳しく育てられたり、苦労したりするとその後は順調路線に乗れますが、甘やかされたり努力せずに過ごすとむずかしい人生に。いずれにせよ、良い出会いで運勢が大きく開けますから、縁のある人を大切にしましょう。気分に流されず、有言実行で信頼を得てください。基本的には晩年に幸運期が。特に40代初めからの出会いがポイントです。

本命星が **八白土星** の人の性格と運勢

起死回生の大逆転を起こす大物実業家

開運アドバイス
考えることのスケールの大きさと意志の強さが強み。我欲を制御しつつ、目標に向かって焦らず一歩ずつ前進を。

〈性格〉

★重厚な山のように落ち着いて穏やかな雰囲気の持ち主。
★実直で、我慢強い。意志も強く、冷静沈着。
★かなり頑固《がんこ》で、決めたことは一切妥協せず、テコでも動かない。
★頑固な割に気が変わりやすく、凝《こ》り性で飽きっぽいなど、ムラがあり多面的性格。
★保守的で閉鎖的。人となかなか打ち解けることができない。
★急に大胆な行動を取る。

〈運勢傾向〉

生まれながらに後継者になる運命の持ち主といわれ、何かしらの形で相続や継承に関わりやすい傾向があります。人生においては二度三度の大きな変化があり、40代を迎えるまではなかなか安定しないようです。何かを引き継ぐ時や節目のタイミングでトラブルや災難が起こりやすいので、その際は細心の注意を。詰めの甘さが後悔のもとになりかねません。晩年に運気が開け、不動産関係にツキがあります。

本命星が　**九紫火星**　の人の性格と運勢

ダイナミックな発想と熱い心の研究家

開運アドバイス
表面に惑わされず、本質をとらえることが大切。短気は損気、人付き合いも長い目でみて。

〈性格〉

★燃える炎のように、明るく激しい性格。
★喜怒哀楽や好みがはっきりしてわかりやすい。
★頭脳明晰《めいせき》で先見の明があり、明敏。
★短気で極端、熱しやすく冷めやすい。あきらめも早い。
★持続性に欠け、何事も表面的になりやすい。
★じっくり関係を育むことが苦手。人間関係は浅くなりやすい。
★見栄を張ったり、体裁を気にして飾ったりする。

〈運勢傾向〉

30代中頃から幸運期を迎えますが、学術や専門分野に邁進《まいしん》すると開花が早いといわれています。しかし、人の上に立とうとして他を押しのけたり自己本位になったりすると、途端に運気は急降下。表面的な付き合いしか残りませんし、いざというときに助けてもらえません。つまり、人との関わり方が運勢を大きく左右するということです。早くから信頼関係を築き、30代から50歳過ぎまでの良い運勢の時期に、一気にチャンスをつかみましょう。

2 月命星による性格と運勢

月命星もまた、性格や運勢をみる上では大切な位置づけです。本命星と合わせて判断するのですが、その際、本命星を主とし、月命星は副として考えましょう。たとえば、本命星が六白金星で月命星が四緑木星なら、クールなリーダータイプ（六白）に見えても迷いやすい（四緑）とか、人当たりがよくソフト（四緑）でも実はプライドが高く打算的（六白）といった感じです。本命星の性質（象意）と月命星の性質（象意）を組み合わせて考えるのです。

本命星が一白水星で月命星が九紫火星のAさんと、同じく本命星が一白水星で月命星が七赤金星のBさんを例にしてみましょう。

組み合わせによるイメージには、特に正解があるわけではありません。あなたのイメージしたことが正解です。近しい人の本命星や月命星を参考にしながら、イメージトレーニングをしてみてください。

本命星と月命星のどちらの性質が表に出やすいか、影響が強いかはケースバイケースです。本書では基本的に成人してから徐々に月命星の影響が強くなると考えます。

また、本命星と月命星の組み合わせには「**傾斜法**《けいしゃほう》」という特別な方法もあります。この傾斜法を使うと、さらに詳細な性格と運勢判断ができます。これについては、第5章で紹介いたします。

Aさん

本命星

一白水星
智慧《ちえ》　研究　暗い
裏　苦労

月命星

九紫火星
熱い　明るい
華やか
名誉　芸術

Aさんは、運勢的に少し苦労が多い方だが、芸術肌で研究熱心。内面は熱い情熱を秘めたタイプ。

Bさん

本命星

一白水星
智慧　研究　暗い
裏　苦労

月命星

七赤金星
悦ぶ　笑う
話す　娯楽
飲食　恋愛

Bさんは運勢的に少し苦労が多い方だが、持ち前の愛嬌《あいきょう》の良さや話術で運気を切り開くタイプ。

土用《どよう》期間

季節と季節の間に入って、四季の変化を調整する役目を持つ期間のことを土用期間といい、九星気学では注意が必要な期間として考えられています。

もともと土という五行は「つなぐ」という役目を持っていますから、土用期間は季節をつなぐ期間になり、次の季節への変わり目でもあるのです。季節が変わるときは、体もそれに応じて変わろうとするので、体調を崩したり抵抗力が落ちたりしやすい傾向があります。この時期に体に負荷をかけたり、極端な行動をとったりすれば、当然何が起こるかは容易に想像できるでしょう。

ですから、土用期間は生肉や傷みかけの食品を食べてはいけないとか、大きなことをせずに無難に過ごすのが良いといわれています。

九星気学は自然の理にかなった占いなのです。ちなみに土用の「用」は「はたらき」を意味しますから、土用は「土」の働きという意味になります。

【土用期間】

立春・立夏・立秋・立冬の前日までの約18日間。

春の土用（辰《たつ》月）、夏の土用（未《ひつじ》月）、秋の土用（戌《いぬ》月）、冬の土用（丑《うし》月）と、年4回あります。

第2章 相性を知る

人生における大きな悩みの一つは人間関係です。誰にだって気の合う人と苦手な人がいます。けれど、お互いの相性を知り、互いに補って助け合うなら、きっと大きな喜びとなるでしょう。

猫同士にも、九星同士にも相性があるんだ。

第2章 ◇1 九星の相性

1 相生《そうしょう》、比和《ひわ》、相剋《そうこく》

九星は星同士の間で助け合ったり、刺激しあったり、弱めたり強めたり、互いに作用します。助け合う星同士は相性が良いと考え、反発し合う星同士は相性が悪いとしますが、相性はそれぞれの星に備わっている五行で決まります。たとえば、水は火を消してしまいますから、水の五行の一白水星と火の五行の九紫火星は相性が良くありません。しかし、火が燃えるための材料となる木の五行の三碧木星と四緑木星は九紫火星にとっては大切な相手ですから、良い相性となります。

詳しく説明しましょう。

相手を助け育む関係を「相生」、相手の働きを妨害し試練を与える関係を「相剋」、同じ性質同士が助け合う関係を「比和」といいます。相生と比和は吉であり、相剋は凶の関係となります。これは人との相性や方位の吉・凶を判断するのにとても重要ですから、しっかり理解しましょう。

【相生】

片方がもう片方を生む関係です。

木は擦れて火を生みます。
火は灰となり、土を生みます。
土は土中で金を生みます。
金は空気中の水分を冷やし、
水滴を生みます。
水は木を生かし育みます。

【比和】

同じ五行同士の関係です。

木は木を助けます。
火は火を助けます。
土は土を助けます。
金は金を助けます。
水は水を助けます。

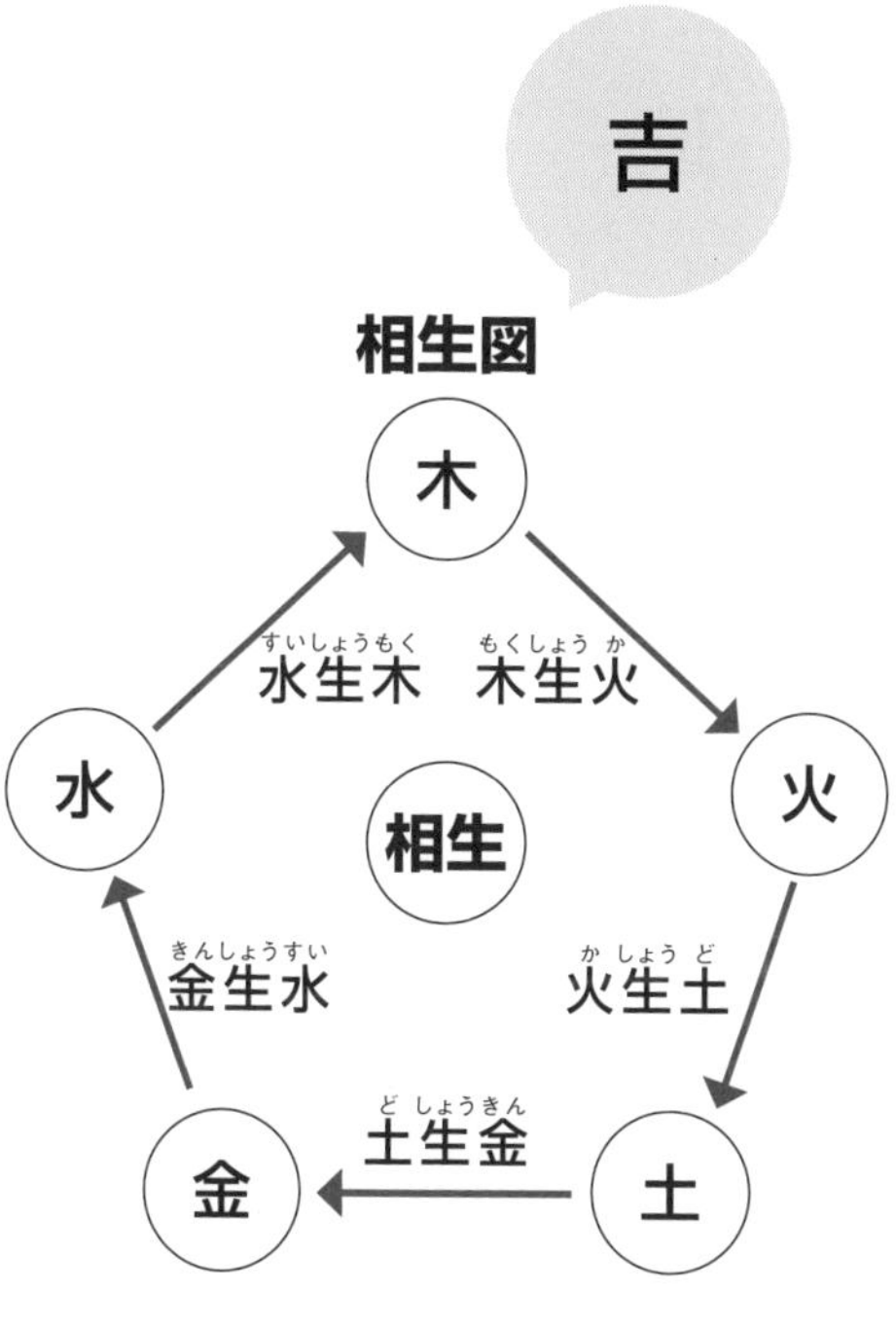

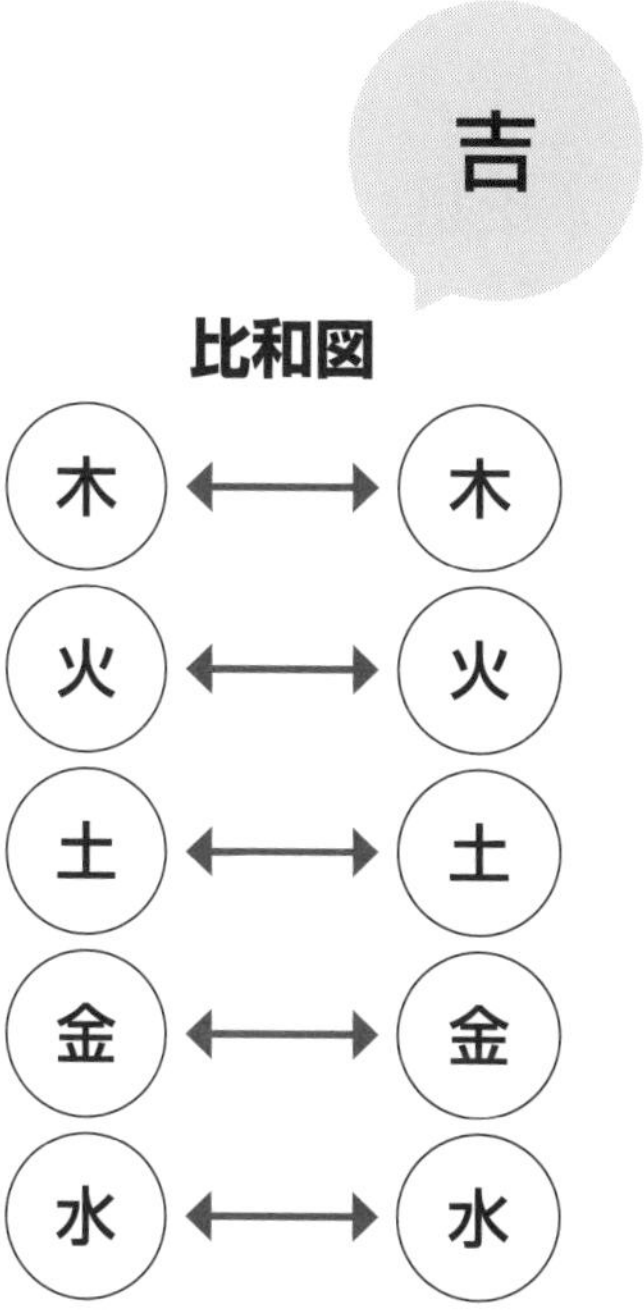

【相剋《そうこく》】

片方がもう片方を妨害する関係です。

木は土を侵食して崩します。
火は金を溶かします。
土は水をせき止めます。
金は木を伐《き》ります。
水は火を消します。

相剋図

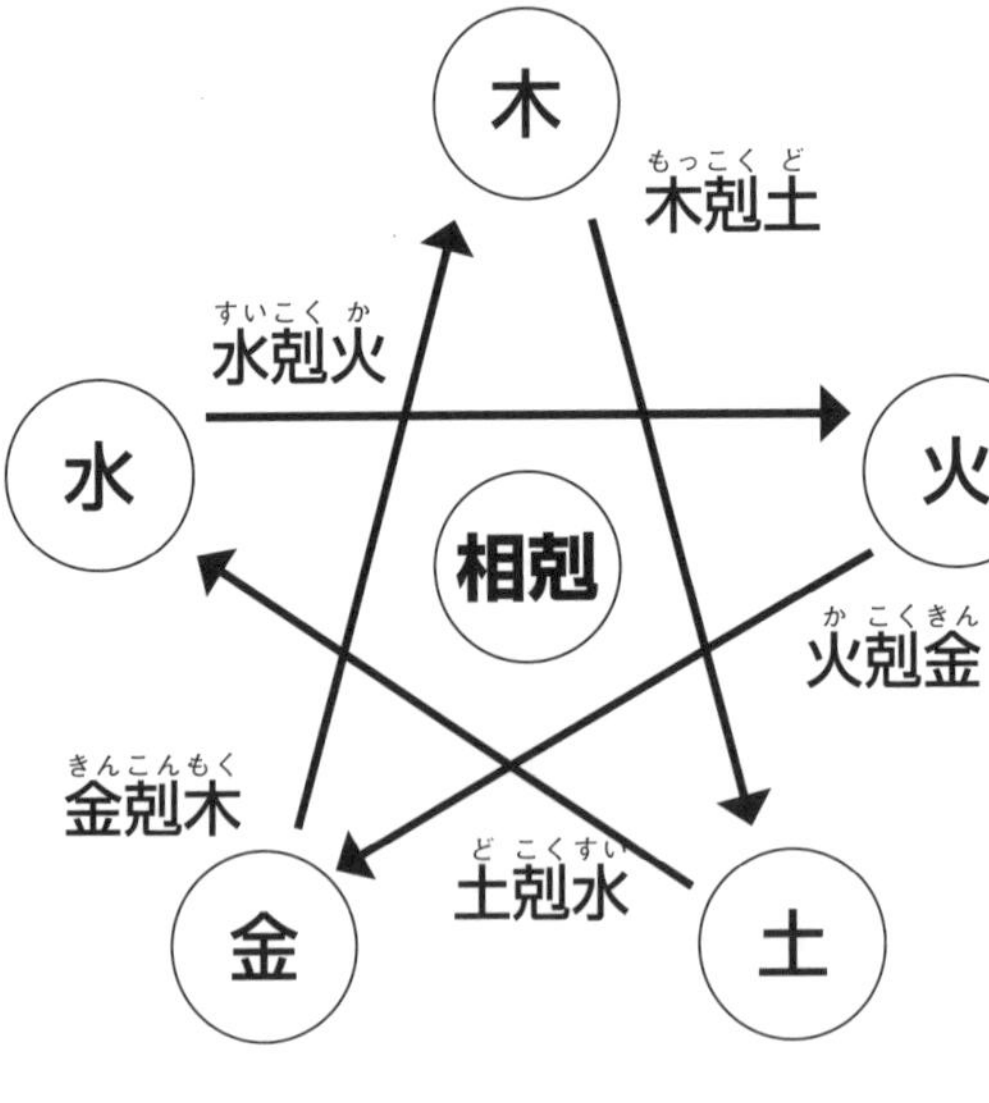

九星の五行はその名称の通りです。

木　…　**三碧木星**　**四緑木星**
火　…　**九紫火星**
土　…　**二黒土星**　**五黄土星**　**八白土星**
金　…　**六白金星**　**七赤金星**
水　…　**一白水星**

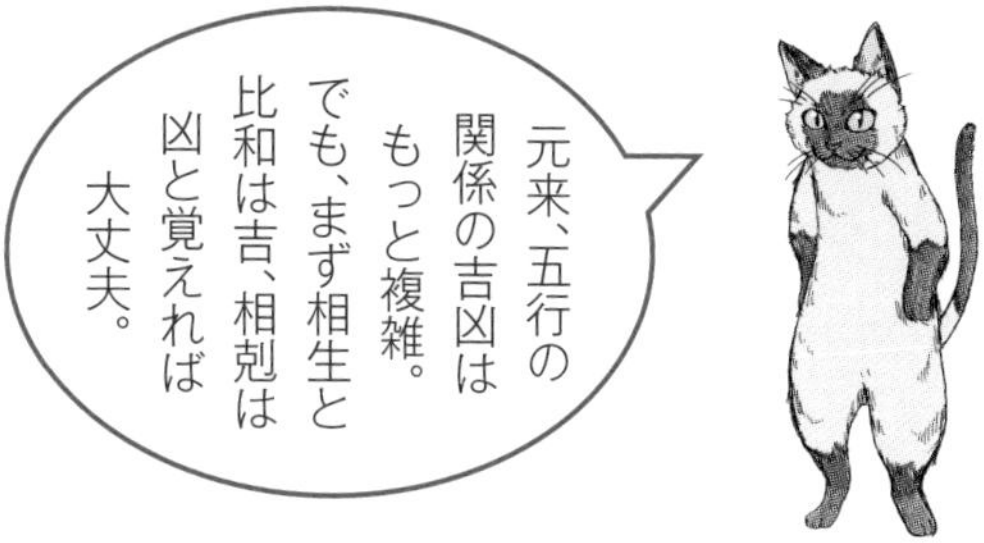

たとえば、一白水星の五行は水ですから、生じてくれる（相生）金の五行の六白金星と七赤金星との関係が吉になります。逆に土の五行である二黒土星や五黄土星、八白土星とは相剋の関係で凶になります。九星の相生、相剋関係をまとめると、左の図のようになります。

九星の相生・相剋図

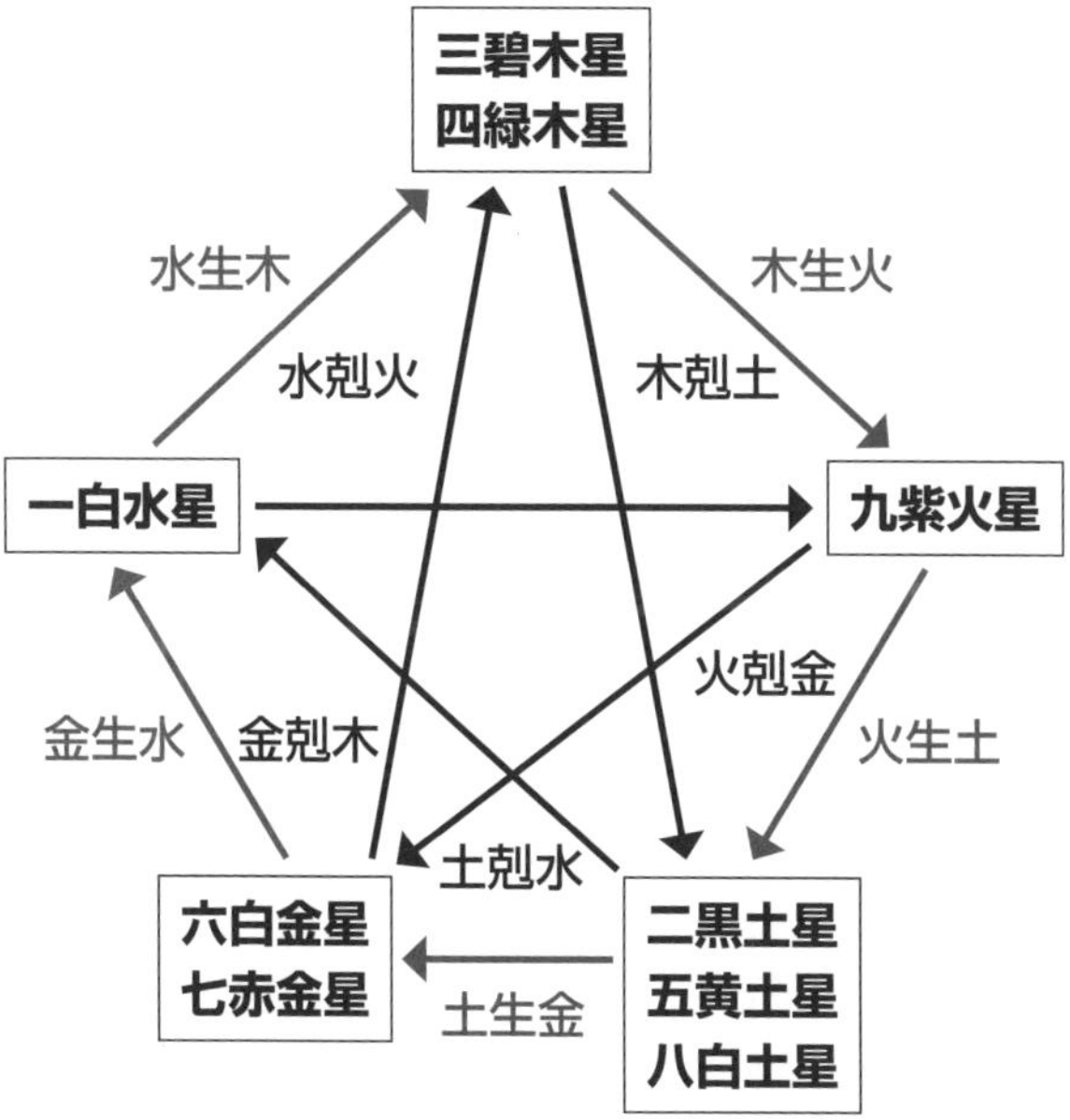

九星の吉・凶図

	一白	二黒	三碧	四緑	五黄	六白	七赤	八白	九紫
一白	○	▲	○	○	▲	◎	◎	▲	▲
二黒	▲	○	▲	▲	○	○	○	○	◎
三碧	◎	▲	○	○	▲	▲	▲	▲	○
四緑	◎	▲	○	○	▲	▲	▲	▲	○
五黄	▲	○	▲	▲	○	○	○	○	◎
六白	○	◎	▲	▲	○	○	○	◎	▲
七赤	○	○	▲	▲	◎	○	○	◎	▲
八白	▲	○	▲	▲	○	○	○	○	◎
九紫	▲	○	◎	◎	○	▲	▲	○	○

生気、退気、殺気、
死気は頭の片隅に
あればOK。

2 生気《しょうき》、退気《たいき》／死気《しき》、殺気《さっき》

相生《そうしょう》と相剋《そうこく》の働きをさらに細分化したものとして「生気」、「退気」、「死気」、「殺気」があります。

【相生】

生気〈大吉〉

木は水によって生み出されるように、自分を生み出してくれる星との関係です。木にとっては水が自分にパワーをくれる相手。他からの助力が得られることで吉の現象が起こります。

退気〈吉〉

木が火を生み出すように、自分が生み出す星との関係です。自分の努力によって、または他人を助けることで吉の現象が起きます。

【相剋】

死気〈凶〉

木が土に根を張って侵食するように、自分が痛めつけ、剋する星との関係です。エネルギーを消耗するなどの凶の現象が起こります。先の「相剋図」の星形においては矢印の始点が自分となる関係。

殺気〈大凶〉

木が金属の刃に切り倒されるように、自分が痛めつけられ、剋される星との関係です。妨害にあう、災難にあう、傷つけられるなど凶の現象が起こります。前出の「相剋図」の星形においては矢印の終点が自分に向かっている関係。

3 相性を占う

九星の相性を応用すると、人の相性を占うことができます。本命星が一白水星の人は相生関係の六白金星や七赤金星、比和関係の一白水星の人と相性が良く、相剋関係の二黒土星と五黄土星、八白土星の人とはむずかしい相性だと判断します。

日常生活において、悩みの大半は人間関係だといっても過言ではありません。ですから、相手の性格を知り、相性を知って対策を立てることで悩みを解決し、トラブルを避けることができるのです。

気になる人や日頃付き合いのある人との相生、比和、相剋関係の表を作ってみましょう（↓p68）。人間関係を円滑にするヒントになります。

〈一白水星の人の例〉

相手の 氏名	相手の 本命星	相性			コメント
		相生	比和	相剋	
山田さん	三碧木星	◎			
佐藤さん	一白水星		○		
鈴木さん	九紫火星			▲	

※気になる人との相性をまとめてみましょう。

周りの人との
相性はとても
気になるね。

第2章 ◇2◇ 本命星による相性・人間関係

では、実際に気になる人や周りの人たちとの相性をみてみましょう。あなたと相性の良い人は、どの九星を持つ人でしょうか。

あなたの本命星と相手の本命星が、相生《そうしょう》や比和《ひわ》の関係にあれば良い相性です。その人とは不思議と気が合い、元気の受け渡しができるので、スムーズに付き合えるでしょう。一方、相剋《そうこく》の関係なら、互いにパワー（気）を奪ったり奪われたりするので、相性が悪いと考えます。理解し合うのに時間がかかったり、一緒にいると疲れてしまったりするかもしれません。しかし、相性が良くないからといって、決して悪いことばかりではありません。それをわかった上で理解しようと努め、交際の中で学習することで、自分を大きく成長させてくれる相手になるのです。

相性の良い相手は誰なのか、努力が必要な相手は誰なのか、一覧表にまとめてみましょう。相性をチェックするときに、九星の吉・凶図（↓P65）を参考にするとよいでしょう。表の◎と○は良い相性、▲は苦手だとか努力が必要な相性です。基本的に、自分の本命星を生み出してくれる九星との相性は◎で、自分の本命星が生み出す九星とは○ですが、それぞれの星の性質を加味して総合的に相性のよしあしを判断してください。

一白のボクは
知性派。
でも、案外
フィーリングを
大切にするんだ。

本命星が　**一白水星**　のあなたと相性の良い人は？

◎最高の相性の人　○良い相性の人　▲付き合うのに努力を必要とする人

※ここに記述されていることは一例です。いつもとは違う角度から新たな発見をしましょう。

◎六白金星の人

まじめで責任感の強い六白金星。誠実な姿勢に信頼を寄せるようになりそう。ただ、相手は完璧主義者。一緒にいると相手に比べて自分が見劣りするようで落ち込む場合も。趣味でも遊びでも、あなた自身が誰にも負けない「何か」を持つと、最高の関係になれます。

◎七赤金星の人

華やかで遊び好きな印象の七赤金星ですが、案外素直な正直者。話をすると思いのほか気があって親近感を覚えます。周囲に気を使って自分の本音を隠しがちなあなたも、七赤金星の人の影響をうけて自分を出せるようになるでしょう。一緒に楽しむ時間を増やすと吉。

○一白水星の人

似たもの同士の二人。趣味などの共通点が関係を縮めてくれるでしょう。特に悩み事の話題や打ち明け話は二人のきずなを深める特効薬になります。ただ、距離が近くなりすぎるとぶつかることも増えそう。ほどほどの距離感を保って良いお付き合いを。

○三碧木星の人

フィーリングがぴったり合います。あなたが望んでいることをまるで知っているかのように、先取りして実行するのが三碧木星。性別や世代の違いを乗り越えて親しくなれる人です。基本的に、あなたが裏方役を担うとうまくいくでしょう。ちゃっかりしている一面は大目に見てあげて。

○四緑木星の人

感受性が強く、人の好き嫌いが多いあなたも、協調性があり社交的な四緑木星とはスムーズに親しくなれます。悩んだときや迷ったときはよき相談相手になってくれるでしょう。違う視点から問題点を分析し、あなたの視野を広げてくれるはず。発展的な相性関係です。

▲二黒土星の人

現実的な二黒土星に窮屈さを感じることが多いでしょう。ただ、仕事関係は二黒の働きに助けられ成果が上がることに。恋愛ではあなたの秘められた情熱に相手はたじろいでしまうかも。言葉を惜しまず、密なコミュニケーションを心がけていい関係を保ちましょう。

▲五黄土星の人

いるだけで存在感バッチリの五黄土星。二人で行動すると相手のペースに乗せられ、言いたいことや、やりたいことができない場合が多そうです。でも、ビジネスの場面では、その傾向がプラスに。独立起業を目指すなら、五黄上司の下で修業を重ねるとよいでしょう。

▲八白土星の人

感性を大切にする情緒的なあなたと違って、八白は金銭感覚がシビアな現実派。付き合うほど性格の違いが目立ってくるでしょう。余計な干渉はしない、同じ土俵に立たないのが、うまくやっていく秘訣。カップルの場合、金銭感覚の違いが関係悪化の原因になりがちです。

▲九紫火星の人

持ち前の資質が全く異なる二人。自分にない部分に魅了されるでしょう。同じ目標に向かって協力し合う場面では、互いの欠点を補い合って良い結果を出せます。長く一緒にいると疲れることもありますが、グルメ同士なので一緒に食事を楽しみましょう。

＊気になる人との相性は？

二黒の私は、
一歩引いて
みんなのために
頑張るの。

本命星が　二黒土星　のあなたと相性の良い人は？

◎最高の相性の人　○良い相性の人　▲付き合うのに努力を必要とする人

※ここに記述されていることは一例です。いつもとは違う角度から新たな発見をしましょう。

◎九紫火星の人

九紫火星はあなたに刺激を与える存在。「こんな世界もあるのだな！」と目を見開かれる思いをするでしょう。関わることで状況が動き出す場合も多く、それはあなたの人生を発展させるチャンスになります。相手の迅速なピッチに合わせ、ついていきましょう。

○二黒土星の人

似た者同士で気が合う二人。相手の反応が予測でき、安心して付き合えます。ただ、それだけに刺激不足で面白みはないかも。就職や多大なノルマなど、乗り越えるべき目標があると一致団結して、最高のペアに。共通の趣味や夢を見つけると良い関係が長続きします。

○五黄土星の人

考え方など共通点が多い二人。最初は、相手の持つ「濃さ」に違和感を抱くかもしれませんが、会話を重ねる毎に魅了されそう。五黄土星の言葉には、あなたを勇気づけ、鼓舞する力があります。慎重派で出遅れることが多いあなたには、見習うところが多いようです。

○六白金星の人

まじめで誠実な六白金星。一度親しくなると関係は急接近。特に相手が年下の場合、力を合わせて良い仕事ができるでしょう。ただ、六白金星は自分にも人にも厳しい一面が。うまくやって行くには「これくらい…」といういい加減さや甘えは禁物です。

○七赤金星の人

あなたから見た七赤は、人はいいけどなんだか頼りない印象。遊び相手としては最高でも、仕事や金銭が絡む場面では、少々不安を感じそう。良い関係でいるには、許容限度をきっちり決めること。特に男女関係の場合、あなたの優しさが相手を増長させる恐れも…。

○八白土星の人

相手の思考回路が手に取るようにわかって、スムーズに親しくなれる二人。ビジネスなど実利が伴う場面では、互いに利益を与えあえる関係が作れるでしょう。スポーツのペアとしても最高。男女の場合は、甘いムードが不足気味に。可愛らしい演出を心掛けて。

▲一白水星の人

表面は穏やかだけど意外に気が強い一白水星。思いのほか厳しい相手の発言に傷ついたり、真意がわからず悩むことがありそうです。たいていの場合、相手は深刻に考えていないので、気にしないのが一番です。仕事ではあなたがフォロー役に回ると良いコンビに。

▲三碧木星の人

あなたからみると三碧木星は気まぐれでせっかち。振り回されることが多く、「いつもいうことが違う」と、混乱することもしばしば。でも、情報通でサバサバした三碧木星。正確さや確実さを求めなければ気楽に付き合えます。過度な期待をしないことが大切。

▲四緑木星の人

ソフトな人柄でも、調子がよくてつかみどころがないのが四緑木星。ただ、人脈豊富なので、仲良くすると自然と自分の交友関係も広がります。特に四緑木星の上司や先輩の誘いは受けるべき。ささいなことに目くじらを立てず、相手の自由な感性を尊重しましょう。

＊気になる人との相性は?

三碧のボクは、
とっても素直。
好き嫌いも
はっきりして
いるよ。

本命星が **三碧木星** のあなたと相性の良い人は？

◎最高の相性の人　○良い相性の人　▲付き合うのに努力を必要とする人

※ここに記述されていることは一例です。いつもとは違う角度から新たな発見をしましょう。

◎一白水星の人

一見大人しく見える一白水星は、親しくなると驚くほど毒舌で強い個性を見せるようになります。行動ペースは違っても、刺激的で楽しいペアになれるでしょう。良い関係を保つためには、あらゆる面で不公平を感じさせないこと。互いに対等なお付き合いを心がけましょう。

○三碧木星の人

良いところも悪いところもそっくり。楽しく盛り上がったかと思えば激しくぶつかり合い、周りを混乱させる二人。でも時間がたてば何事もなかったかのように元通りの仲良しに。けんかしても、気にせずに話しかけましょう。ライバルとして競い合うと本物の実力がつきます。

○四緑木星の人

おしゃべりで情報通なあなたに、乗せ上手な四緑木星が加われば鬼に金棒。会話と笑いが絶えないペアになりますが、どちらも先のことを考えて備える周到さはありませんから、「計画」や「実行」を意識してお付き合いしましょう。また、相手の優しさに乗じて悪乗りは禁物です。

○九紫火星の人

明るく華やか、向上心あふれる九紫火星は刺激的な存在。相手に負けまいと努力することで、お互いに成長する素晴らしい組み合わせです。九紫火星の友達やパートナーがいればいつまでも若々しくいられるでしょう。ただし、相手のプライドを傷つけないように。

▲二黒土星の人

行動ペースが違うため親近感がわきにくい関係です。もっとはっきり言ってほしい、素早く動いてほしい、と相手にいら立つこともしばしば。けれど、実はあなたの方がせっかちなのかも。相手に合わせることも大切です。特に妻や母として頑張りたい女性はおおらかに。

▲五黄土星の人

せっかちなあなたが投げ出したチャンスをさらっと持ってゆくのが五黄土星。五黄土星と付き合うと、その手のことが多く納得できない気分になりがち。対抗心を燃やさず、自分に足りないところを相手から学びましょう。また、五黄の人は素直に甘えると可愛がってくれます。

▲六白金星の人

六白金星はどこか共通点を感じる、気になる存在でしょう。でも、勢いで行動するあなたに対し、相手は裏付けを得て動くタイプ。また、プライドの高い六白金星は、あなたが気にするほどあなたを意識していないことも。知的好奇心を満たす趣味が二人を結び付けます。

▲七赤金星の人

派手で面白いものに飛びつく二人。遊びの場で出会い、急接近というパターンも多いよう。お互い移り気なので、恋愛では浮気や三角関係などトラブルが起こりやすいようです。関係改善を図りたいなら、相手に期待せずあなたが考え方を変える方がよいでしょう。

▲八白土星の人

好き嫌いがはっきりした二人。悪口や愚痴で共感しやすく、職場などで出会うと、話に花が咲いて急接近しそう。けれど、もともとの性格が違うため、接点がなくなると縁も自然消滅することが多いよう。なお、財運アップには八白土星のアドバイスは効果的です。

＊気になる人との相性は?

四緑の私は
社交上手。
どんな人とも
仲良くできるの。

本命星が　**四緑木星**　のあなたと相性の良い人は？

◎最高の相性の人　○良い相性の人　▲付き合うのに努力を必要とする人

※ここに記述されていることは一例です。いつもとは違う角度から新たな発見をしましょう。

◎一白水星の人

穏やかで聞き上手な一白水星。何につけ心地よさを優先するあなたには、ぜひとも身近にいてほしい存在です。疲れたとき、凹んだときも相手のフォローにいやされるでしょう。友達や家族としての相性は最高です。ただ、結果が求められるビジネスパートナーとしては、少々物足りないかも。

○三碧木星の人

反応が早く「打てば響く」印象の三碧木星は、社交的なあなたの良きパートナー。出会いから親密になるまでのスピードも速いでしょう。互いの欠点を補い合い、協力し合える良い相性です。気になる相手が三碧木星なら、ぜひとも誘ってじっくり語り合うとよいでしょう。

○四緑木星の人

気心が通じ合い、スムーズに親しくなれる二人。何かあってしばらく離れていても、再会すればすぐに元通りの仲に。ただ、互いに優柔不断で人任せなところが。恋愛やビジネスで決断を求められるシーンでは答えを出せず迷走することに…。間に入る第三者の存在が鍵です。

○九紫火星の人

頭の回転が速くセンスも良い九紫火星。あなたのよきパートナーになれる人です。ただ、白黒はっきりさせたい相手に対してあなたは事を荒立てたくないタイプ。決める時はバシッと決めないと、見限られてしまうかも。同性の場合、遊び友達として末永く付き合えるでしょう。

▲二黒土星の人

まじめで堅実な二黒土星は、経済的安定や実績を上げたいときに頼りになる相手。地に足がついたアドバイスは、低迷状態を打開してくれます。ただ、ロマンスには欠けます。どちらかというと、あなたが相手から受ける利点の方が多い傾向なので、感謝を態度や形に示して。

▲五黄土星の人

強い個性を持つ五黄土星はあなたの好奇心を刺激する存在。ですが、押しの強い五黄土星と一緒だと息苦しく感じるかもしれません。それでもピンチのときは誰よりも頼りになるのが五黄土星の人。前途を迷うあなたに指針を与え、背中を押してくれます。

▲六白金星の人

尊敬できる部分がたくさんある六白金星。自分の存在を認めてもらいたい、親しくなりたいと、いろいろ頑張ってしまいそう。でも、余計なことをしなくてOK。意外にも不器用なところがある六白金星にとって社交的なあなたは尊重すべき人。時間をかけて関係を築きましょう。

▲七赤金星の人

社交性のある者同士、会話が弾んで表面的には親しくなれる二人。でも、基本的な性格が異なるので、次第に相手の言動に違和感が募るでしょう。七赤の紹介で出会う人脈は、あなたの世界を広げてくれますから、違いを自覚して上手に付き合うとよいでしょう。

▲八白土星の人

バイタリティーにあふれ豪胆な気質の八白土星。接点は少なくても頼れる雰囲気にひかれる場合が多いでしょう。ただ、金銭感覚やモノに対する執着が全く違う二人。お金の絡むビジネスで一緒になるとストレスがたまるばかり。お金やモノの貸し借りはやめるのが正解です。

＊気になる人との相性は?

本命星が　**五黄土星**　のあなたと相性の良い人は？

◎最高の相性の人　○良い相性の人　▲付き合うのに努力を必要とする人

※ここに記述されていることは一例です。いつもとは違う角度から新たな発見をしましょう。

◎九紫火星の人

頭がよく感性も豊かな九紫火星の鋭い発言に、「すごいな」と一目置くことが多いでしょう。ただ、相手はあなたがどんな立場でも、特別扱いしたりはしません。遠慮なく厳しい事を言われて落ち込むこともありそう。でも、それこそが信頼の証。そこを理解してあげて。

○五黄土星の人

個性の強い似た者同士の二人。お互いの手の内が見えてしまい反発心が先立ってうまく行きづらい傾向が。でも、共通の目標があれば一致団結、きずなが深まります。役割分担や上下関係が明確な職場やスポーツの場では良い関係でいられます。なお、五黄土星の相手に遠慮は禁物です。

○二黒土星の人

強引な印象のあなた。少し地味でも包容力のある二黒の前では素直になれるでしょう。年齢差のあるカップルでも、この組み合わせならうまくいきます。職場や学校で関われば、勤勉な二黒土星に感化されて努力する習慣がつきそう。二黒土星はあなたの人生の「恩人」になるかもしれません。

○六白金星の人

どちらも向上心あふれる頑張り屋。相手の姿に力を貰い、エールを送り合うようになれそう。男女なら、ひかれ合うのは時間の問題かも。ただ、照れ屋で優しい言葉をかけるのは苦手な二人。メロディアスな音楽や美しいアートに託して気持ちを伝えるのがおすすめです。

○七赤金星の人

一緒に楽しく盛り上がれる二人。出会いから交際開始もスムーズでしょう。七赤金星は大胆なあなたの言動を驚きつつ楽しんでくれますが、意外とデリケートなので、調子に乗らないように。やり過ぎたと感じたら素直に謝りましょう。仲良し夫婦のお手本になる場合も。

○八白土星の人

情は濃いのに恋愛となると照れてしまう二人。長い春になる場合も多いようです。交際が始まれば、自然な流れでゴールインを意識することになるでしょう。なお、ビジネスで新規開拓を目指したいなら、八白土星をチームに加えると大きな力に。推進力が加わります。

▲一白水星の人

考え深く自分の意見を持っている一白水星。一白を力で動かそうとしても、うまく行きません。最悪の場合、やったりやられたり、バトルが勃発することになりそう。それでも、壁にぶつかったときに話をすると、自分では気づかなかった突破口を教えてもらえます。

▲三碧木星の人

活発で行動力のある三碧木星は、良きライバルになれる人。他の人と違い、あなたに面と向かって意見したり反発する態度にイラつきますが、相手の言葉には一理あるはず。聞き流さず耳を傾けてみて。特別なイベントを仕掛けて一緒に楽しむといい関係が保てます。

▲四緑木星の人

何を考えているのかはっきりつかめず、何かをいうとスルリと身をかわす四緑木星はあなたにとっては謎だらけ。上から目線な発言は反発を買うだけなので、可能な限り対等な関係を心がけましょう。同様に、決めつけた言い方もトラブルの元なので注意を。

＊気になる人との相性は？

六白のボクは
理想が高い。
みんなボクについて
こられるかな？

本命星が　六白金星　のあなたと相性の良い人は？

◎最高の相性の人　○良い相性の人　▲付き合うのに努力を必要とする人

※ここに記述されていることは一例です。いつもとは違う角度から新たな発見をしましょう。

◎二黒土星の人

言葉足らずで誤解されやすいあなた。尽くすタイプで優しい二黒土星は得難くも最高のパートナーです。二黒土星が身近にいるだけで、穏やかに過ごすことができるでしょう。ただ、相手の優しさに甘えてわがままにならないように気をつけて。感謝の言葉を忘れないように。

◎八白土星の人

プライドが高く思い切りが悪いあなたにとって、ときに大胆なことをする八白土星は、憧れの存在。一致団結したなら、互いを補い合って最高の結果を出せるペアに。八白土星からの援助や応援の申し出に遠慮は禁物。あなたの世界を広げるきっかけになります。

○一白水星の人

繊細な感性を持つ一白水星とは身振りや目配せで気持ちを伝えあうことが可能。大人の恋ができる二人です。一白水星を恋人候補としてチェックしておくとよいでしょう。いい関係を保つには会話を絶やさないこと。腹が立つときほど会話を密にして。

○五黄土星の人

上昇志向の強い二人。友達や同僚など対等な立場でいるうちは切磋琢磨し合えてよいのですが、一方の立場が変わると関係が崩れてしまいがち。あなたが先に上の立場に立ったなら、それまでの関係を壊さぬよう、気配りを。本音で話せる貴重な相手です。

○六白金星の人

価値観やバイオリズムも一致する組み合わせ。スムーズに親しくなれるでしょう。ただ、一緒にいると良くも悪くも運気が増幅します。最近ついていないと思ったら、しばらく距離を置くか、他の友人に加わってもらいましょう。なお、自慢話は控えること。

○七赤金星の人

肩ひじ張らず付き合える好相性。一流志向・高級志向のあなたと、楽しむことや遊びに貪欲な七赤は良いパートナー。ただ、共に金銭感覚に危うい面があるので、背伸びをしないことです。男女の場合、同世代だと友達止まりになりがち。年齢差が愛を育む鍵。

▲三碧木星の人

ゴールを見越して布石を打つのを信条にするあなたと、ノリや感情で衝動的に動く三碧木星。お互いに尊敬し認め合うところがある一方、受け入れがたいところもある相性。思い切りのよさなど、相手に見習うこともあるので敬遠せず、積極的にお付き合いを。

▲四緑木星の人

如才なくスマートな四緑木星。会話は弾み楽しいプランやアイデアが次々と浮かびますが、話だけで終わることが多いようです。何かを頼んでも、体よく断られてしまうことも。相手が年上だから、優秀だから…と相手に期待せず、あなたが主導権を握ると順調です。

▲九紫火星の人

九紫火星は物事の本質を鋭く見抜く人。考えをズバリ指摘されて怖くなりそう。また、恋愛では先手を取られて悔しい思いをすることが多いようです。ただ、九紫火星の言動はあなたの欠点をあぶりだしてくれます。本当に向上したいなら進んでお付き合いを。

＊気になる人との相性は？

七赤の私は
楽しいことが大好き。
みんなが集まってくるの。

本命星が　**七赤金星**　のあなたと相性の良い人は?

◎最高の相性の人　○良い相性の人　▲付き合うのに努力を必要とする人

※ここに記述されていることは一例です。いつもとは違う角度から新たな発見をしましょう。

◎五黄土星の人

ガッツがある五黄土星。楽しいこと好きなことをして日がな一日暮らしたいというあなたとは好相性。頼れる上、手厳しい本音をバシバシぶつけても懐深く受け止めてもらえて安心感が得られます。うまくやるコツは遠慮せずに常に100%の自分でぶつかることです。

◎八白土星の人

派手な言動に隠れて目立ちませんが、七赤金星には繊細な一面が。人情派で正直者の八白土星の前なら、安心して素顔の自分を出すことができるでしょう。ただ、何でも最初の勢いが続かないのが七赤金星の欠点。お互いに関心をなくすのが早い場合も。金銭問題にも注意が必要。

○一白水星の人

七赤は人間関係や恋愛などで意外と失敗が多いタイプ。そんなとき、相談役に最適なのが一白水星。プライドが高く半端な事を言われると反発してしまうあなたも、一白の言葉は素直に聞けるはず。ただ、男女の場合は、相談のつもりが不倫や三角関係の始まりになる危険があります。

○二黒土星の人

まじめで堅実な二黒土星と遊び好きのあなた。気が合いそうにない二人ですが、意外や意外、優しく誠実なところにいやされて二黒への評価は良好。ただ、金銭感覚の面でぶつかると厄介です。相手の言葉には反論の余地がなく、怒りが溜まることに。

○六白金星の人

同じ金星同士、気持ちがスムーズに通じ合う相性です。お互いにプライドが高く、最高のものを求めるタイプ。旅行やレジャーなどお楽しみの場面では最高のペアに。ただ、仕事に対するスタンスは違うので、職場でしか接点がないと親近感はわきづらいかも。

○七赤金星の人

「人生は楽しむためにある」が信条の二人。おしゃれの上級者でもあり、初対面で「なかなかできるな」とお互い敏感に反応。趣味や美容の話題で盛り上がり、マニアックに突き進む場合も。カップルなら二人の世界へまっしぐら。金銭問題でつまずかないように注意。

▲三碧木星の人

可愛いものや話題のニュースはいち早くチェックしたいあなた。行動派でフットワークの軽い三碧木星は、あなたの良き助っ人です。でも、基本的に二人のペースは合いません。感情的になった相手にひどく攻撃され当惑することも多そう。いい意味での割切りが大切。

▲四緑木星の人

社交的で如才ない四緑木星。話しやすく、おしゃれで親近感がわいてくるでしょう。でも、性格の本質が異なるため、付き合ってみると違和感があるかも。問いかけを軽くかわされて寂しくなることも。男女の場合、四緑木星の対外的評価が高すぎて不安になったりイラつく原因に。

▲九紫火星の人

才色兼備を地で行く九紫火星。さっそうとした姿に目を奪われそう。ただ、何より雰囲気重視のあなたに対して、九紫は細部にも目を光らせる完璧主義者なので相性はいまひとつ。一緒にいると息が詰まるかも。人間として向上したいなら九紫火星の上司が最適。

＊気になる人との相性は?

いろいろな面を持つ八白の僕は、案外気むずかしいところがあるんだ。

本命星が **八白土星** のあなたと相性の良い人は？

◎最高の相性の人　○良い相性の人　▲付き合うのに努力を必要とする人

※ここに記述されていることは一例です。いつもとは違う角度から新たな発見をしましょう。

◎九紫火星の人

明るく華やかな雰囲気の九紫火星。自分と違うその資質は憧れの的に。初恋相手が九紫火星だったという場合も多いようです。現実的なあなたと、理想を追求したい九紫火星。たまにあつれきはありますが、相手の意見には耳を傾けるだけの価値があります。協力し合うと多くの恩恵を得られるでしょう。

○二黒土星の人

共通点が多くて相性は良好。頑固で偏屈といわれることが多いあなたを二黒土星は持ち前の包容力で支えてくれます。恋愛もビジネスも発展的な展開に。ただ、どちらも保守的で遊び下手。経済面や生活面では問題ありませんが、マンネリにご用心。退屈すぎると浮気の心配が。

○五黄土星の人

強さの裏に隠された五黄土星の涙もろさも、あなたにはお見通し。理解し合える良い組み合わせです。特に上司と部下とか、取引先などビジネスで関わる場合は縁が深くなるでしょう。恋愛の場合、落ち着きすぎてしまうのが心配。イベントなどで盛り上げる努力を。

○六白金星の人

理想が高く努力家の六白金星。信念を大切にするあなたとは共通点が多いでしょう。「この人を応援したい」とほれ込んでしまうかもしれません。また、あなたが加勢することで相手は更に活躍、幸運をつかみます。ただ、欲張りすぎると逆効果。最初のときめきをお忘れなく。

○七赤金星の人

互いを補い合える良い相性です。遊び好きで口数の多い七赤金星はあなたに人生の楽しみ方を教えてくれるはず。意外にデリケートな相手には、いつもどっしり構えたあなたの存在感がプラスに働いています。ささいなこともおくせず語り合うことが仲良くなる秘訣です。

○八白土星の人

似た者同士の二人。多くを語らずともわかり合えるため、一緒にいて楽ですが、強烈にひかれあう要素はありません。男女の場合、「再会」が交際開始のきっかけになることが多いようです。友人関係の場合はぶつかることもありますが、時間を経て自然ときずなが深まります。

▲一白水星の人

情が厚い八白のあなたは、親しい相手のことは何でも知りたがり、一白水星は、親しい仲だからこそ一定の距離を保ちたいと思うタイプ。関係が深まるほど溝も深まってしまいそう。でも、根気よく長いお付き合いを。互いの成長につながります。

▲三碧木星の人

性急な三碧木星。意外と進取の気性に富み、いざというときは打って出る八白と通じるものがあります。ただ、相手は軽挙妄動で、できない約束をするようなタイプ。大切な人には誠実でありたいあなたには言語道断。考え方が違うと割切ってお付き合いを。

▲四緑木星の人

社交上手で雰囲気のいい四緑木星。慣れない場面だと上手に自分が出せないあなたにとっては憧れの存在。けれど、付き合ってみると八方美人なところや優柔不断ではっきりしない面にイラつきそう。面倒で大変なことばかり押し付けられてウンザリすることも。

＊気になる人との相性は？

九紫の私は
よくもわるくも、
とてもさっぱり
しているよ。

本命星が　**九紫火星**　のあなたと相性の良い人は?

◎最高の相性の人　○良い相性の人　▲付き合うのに努力を必要とする人

※ここに記述されていることは一例です。いつもとは違う角度から新たな発見をしましょう。

◎三碧木星の人

正直ではっきりした気質の三碧木星。通じ合う部分が多く、出会いからすぐ急接近となることが多いペアです。ただ、どちらも気が強く、自分の意見を曲げないタイプ。執着心が薄いこともあり、勢いでたもとを分かつこともあるようです。良い関係でいるには妥協や協調も学んで。

◎四緑木星の人

社交上手でスマートな四緑木星。何かと目立つあなたとは、人目をひくほどお似合いのペアに。優柔不断でノーと言えない相手にイラつくこともありますが、そんなときこそあなたの出番。助け合い協力し合うよう発想を変えましょう。なお、可能性を試したいときは四緑木星と組んでみて。

○二黒土星の人

穏やかで堅実な二黒土星。感受性が強く気持ちの上下が激しいあなたと気質は違いますが、相性は良好。怒りが収まらないときも、相手の一言でふっと冷静になれるでしょう。特に、人生の岐路で迷ったときに思い出したい相手。仕事で成功したいなら二黒土星の堅実さを見習って。

○五黄土星の人

納得できないことは全員を敵に回しても絶対にやらないという潔さがあるため、九紫火星は意外と孤立しがち。少々強引で親分肌の五黄土星は、そんなあなたのよきフォロー役に。特に、再婚や再就職など、もう一度頑張りたいときに力を貸してもらうと好結果につながります。

○八白土星の人

一見強く見えても、あなたは繊細な心の持ち主。八白土星は、そんなあなたに安心感をあたえてくれます。少々極端な意見を口にしても、太っ腹な八白土星は受け入れてくれるでしょう。相手もあなたに刺激をもらって楽しんでいます。二人の世界を大切に守りましょう。

○九紫火星の人

同じ星同士、よくも悪くも理解しあえる二人です。でも、長所も短所も、ブラックな心の動きもわかってしまうので、敵になったり味方になったり関係が交錯することも。お互いを高めあう意識を持つと､さらに良い関係になります。鋭い分析力で相手を深く理解しましょう。

▲一白水星の人

クールで冷静な一白水星。情熱的なあなたとは対照的です。自分にない謎めいた一面にとてもひかれることがありますが、次第に違和感が強まってしまうでしょう。うまく付き合いたいなら、あなたの常識にこだわらずに相手を受け入れ、柔軟な心で接してゆくことです。

▲六白金星の人

プライドの高さは共通しますが、その背後にあるものはかなり違う二人。どちらも、人懐こく振る舞うタイプではないので、関係はなかなか深まりません。親しくなってからも、互いの言動を批判することが多いでしょう。六白金星の責任感の強さは学ぶべきです。

▲七赤金星の人

当たりが柔らかく、優しい印象の七赤金星。気分のアップダウンが激しいあなたをそっと受け止めてくれるでしょう。ただ、それに甘えてばかりではダメ。心配をかけたと思ったら、時間を置かずに感謝の言葉を伝えて。心配りを怠ると、縁が先細ってしまうかも。

＊気になる人との相性は？

五黄土星と土用期間

五黄土星または自分の本命星が、五黄土星の定位である中宮（中央）に回る年や月に、転居や家の新築、増改築をするのは、できる限り避けるのがよいとされています。

そして、五黄殺の方位へ行っていなくても、次のような場合は行ったのと同じようなマイナスの「気」を受けてしまうことがありますので注意しましょう。

・土用期間中に地面を掘ったり、庭いじりをしたり、庭木を切る。
・土用期間中に不摂生や無理を続けたり、生肉や傷みかけたものを食べる。（発酵食品は別）
・必要以上に欲張ったり、利益第一主義の生き方をする。
・不浄な土地（悪臭がする・不衛生など）や湿地に住む。

ただ、土用期間中に農作業や庭いじりをする場合、「間日」に作業をすれば問題ありません。

【間日《まび》】

春の土用期間中の巳・午・酉の日。　夏の土用期間中の卯・辰・申の日。
秋の土用期間中の未・酉・亥の日。　冬の土用期間中の卯・巳・寅の日。

第3章
吉方位《きっぽうい》を調べる

人にはそれぞれ運気をアップさせ、恋愛運、結婚運、仕事運、金運、健康運など、それぞれの願いを叶える方位があります。自分の吉方位を知って、夢を叶えましょう。

第3章 ① 吉方位《きっぽうい》は気学方位盤で調べる

1 九星は八方位をめぐっている

九星気学の最大の特徴のひとつは方位による開運にあります。本章では九星を使った方位術を解説します。まず、「九星は八方位をめぐっている」ということを覚えましょう。

さて、気学では全方位を八方位に分けています。

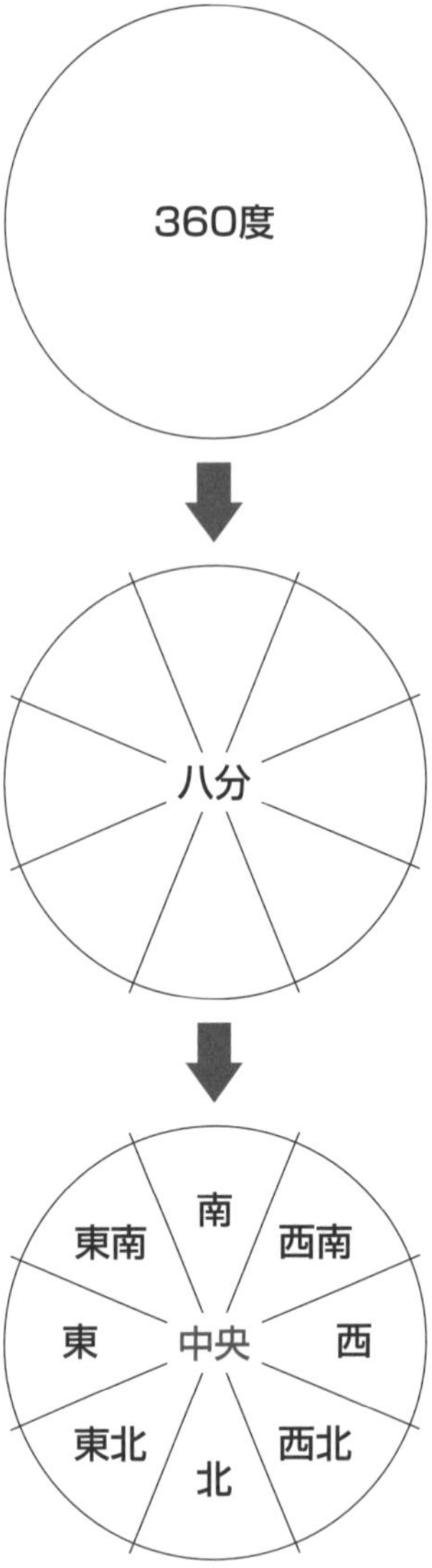

九星はこの八方位に中央を加えた九つのポジションを、一定のルールに従ってめぐっています。

2 吉方位とは

自分の本命星と相性の良い九星が回っている方位を「**吉方位**」といいます。あなたに良い「気・パワー」をくれる方位です。たとえば、本命星が七赤金星の人にとって相性が良いのは、五黄土星、八白土星、七赤金星、六白金星、一白水星、二黒土星で、これらの星が回っている方位が基本的に吉方位になります。右の図でいえば東北、西、西北、北、西南が吉方位です。中央に位置する星（五黄土星）は吉方位になりません。さらに、五黄土星の回る方位は例外として、誰にとっても吉方位になりません。あまりにも強烈なパワーと作用を持つ五黄土星が回る方位は、ブラックホールのようにすべてを飲み込み消滅させてしまうのです。

＊ある年に、九星がどの方位に回っているかを示した図。

吉方位へ
出かけていく度に、
運の貯金が
ふえるの

◆吉方位に出かけて開運する！

吉方位へ出かけると自分の中にプラスのエネルギーが蓄えられていきます。吉方位に行って良い「気」をチャージし、それを積み重ねることで開運するのです。それだけではありません。運勢のバイオリズムが下降線にあるときも、吉方位に出かけると比較的無難に過ごせるという予防注射的な効果があります。

吉方位には、年、月、日、時間の吉方位があります。その違いは効果の大きさや効果が働く期間の長さの違いで、年の吉方位が最も効果が大きく、作用も年単位で長くなります。時間の吉方位は特別な場合に使うもので、また作用も大きくないので使用する機会は多くはありません。

3　気学方位盤とは

吉方位は「気学方位盤」を使って調べます。気学方位盤とは次のようなものです。

方位盤の構成と名称について簡単に説明しましょう。

◆四つの階層に分かれている

一見するとバウムクーヘンのように、四つの階層になって見えます。いちばん外側は東西南北などの方位です。

そのひとつ内側には、子《ね》、丑《うし》、寅《とら》、卯《う》、などの十二支が書かれていますが、実は十二支も方位を表しています。たとえば、北を子の方位、西北を戌《いぬ》・亥《い》の方位とも呼びます。

そのさらに内側の漢数字は九星を表しています。「一」は一白水星、「二」は二黒土星という具合に。そして中心の漢数字も九星を表し、中心の一マスを「**中宮**《ちゅうぐう》」と呼びます。この中宮にある九星を「**中宮の九星**」と呼びます。盤の中心の漢数字が「一」なら、「一白水星が中宮している盤」、「一白・中宮の盤」などと呼びます。中央は全方位を統《す》べる意味を持ちます。つまり、この盤においては一白水星が全方位を支配するのです。

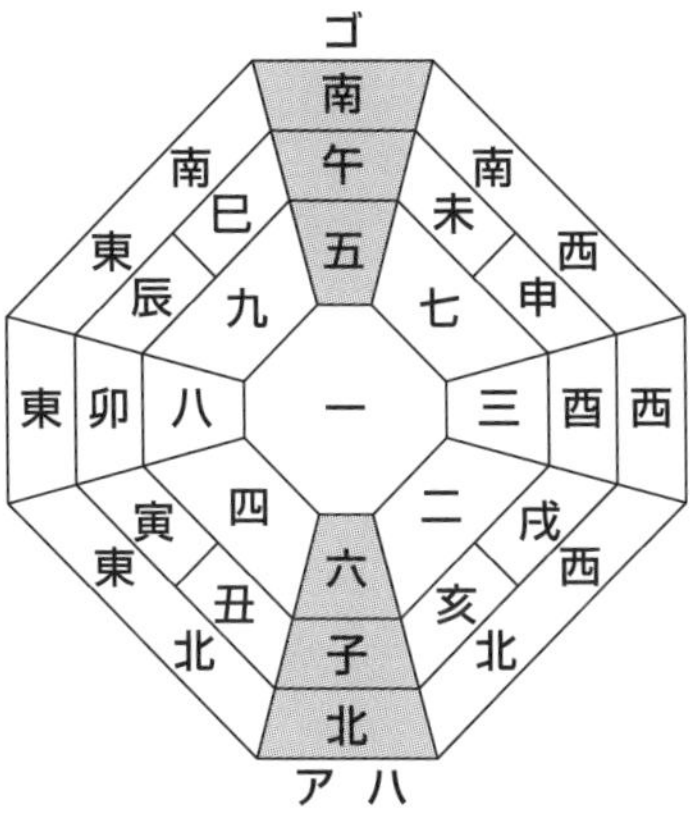

外側の層…方位（方角）
中側の層…十二支方位
内側の層…九星
中心の層…九星

※気学方位盤のゴ・ア・ハは凶方位で、ゴは五黄殺《ごおうさつ》、アは暗剣殺《あんけんさつ》、ハは破《は》（歳破《さいは》・月破《げっぱ》・日破《にっぱ》など）を示しています（→p105）

図1

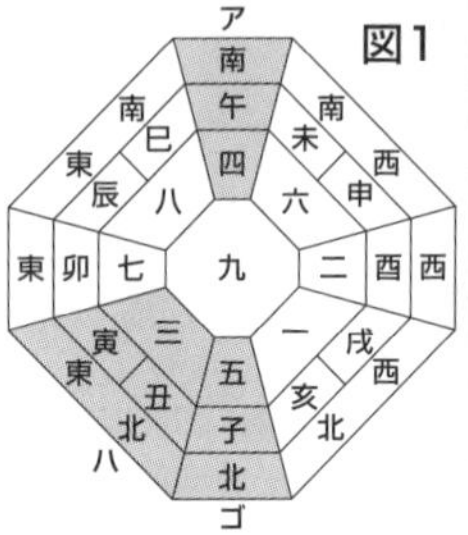

(2027年)

図2

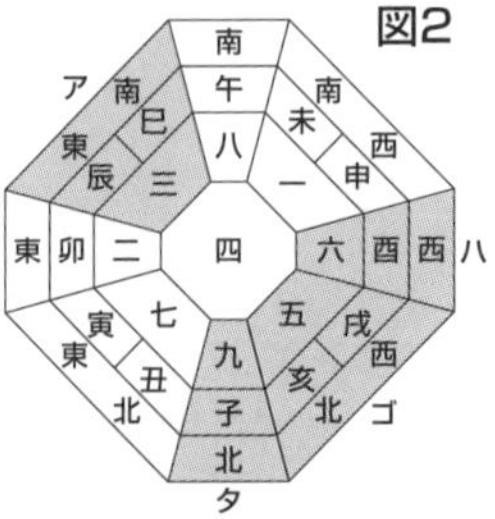

(2023年)

図3

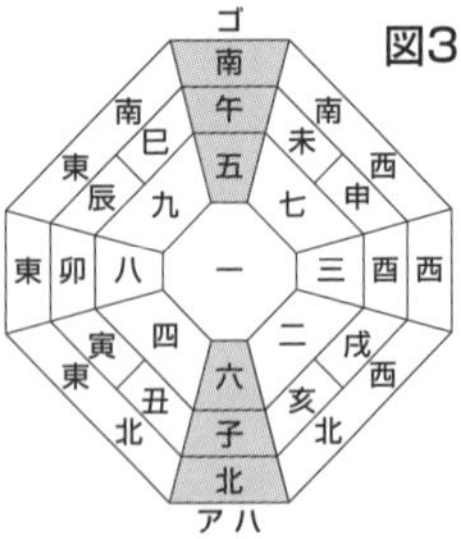

(2026年)

◆練習問題

気学方位盤について、□の中に適切な用語を埋めなさい。

問1 図1の気学方位盤の中心を「①□□」という。漢数字「九」が示す通り、そこには「②□□□□」が回っている。これを「②が③□□にいる盤」、または「④□□・□□の盤という。

問2 図2の中央には「①□□□□」が回っている。気学方位盤では上が南で下が北である。北の方位には「②□□□□」が、南には「③□□□□」が回っている。十二支も方位を表す。酉は「④□」の方位で午は「⑤□」の方位である

問3 図3の方位盤で

①六白金星はどの方位にいますか？

②七赤金星はどの方位にいますか？

③一白水星はどの方位にいますか？

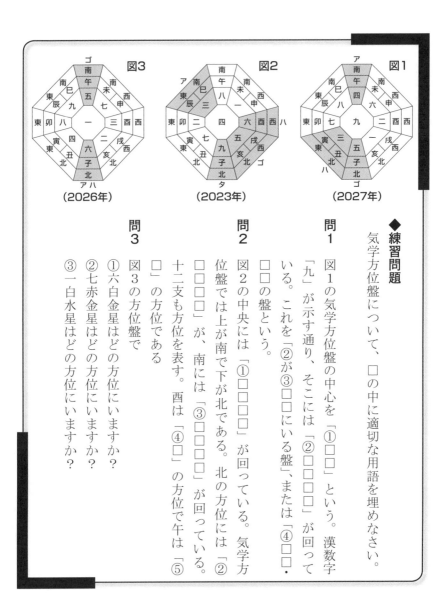

◆気学方位盤は4種類ある

気学方位盤は年盤、月盤、日盤、時（刻）盤の4種類あります。その年の吉方位を知りたいなら「年盤」、その月の吉方位は「月盤」、その日の吉方位は「日盤」、その時間の吉方位は「時（刻）盤」というように使い分けます。構成はどれも同じです。

2025年の年盤

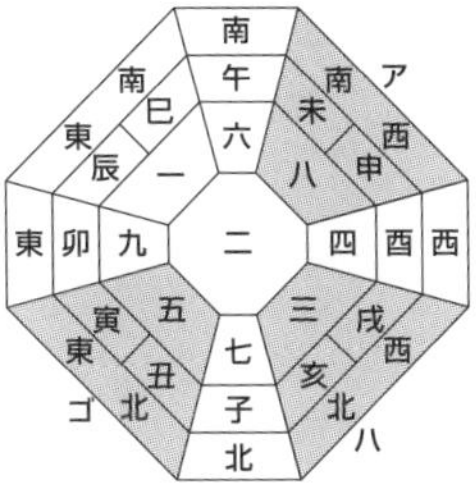

2025年5月の月盤

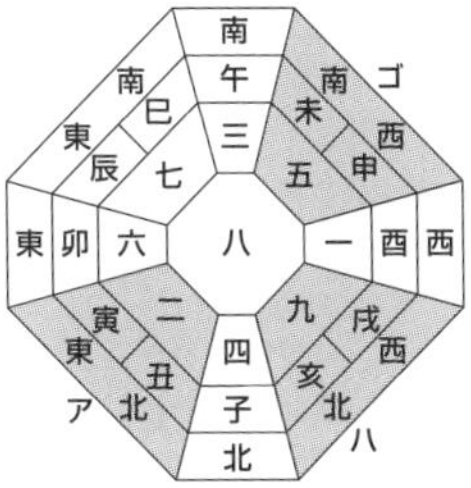

2025年5月5日の日盤

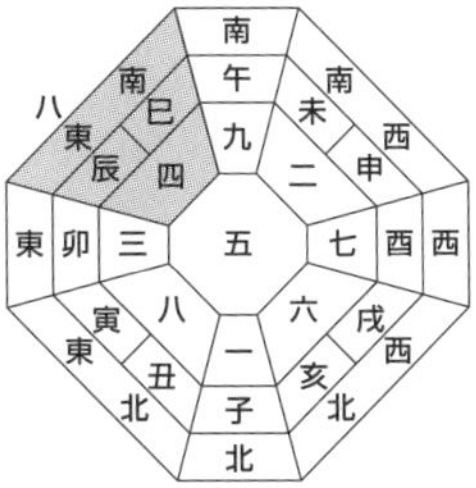

※吉・凶方位の調べ方は115ページ～127を参照

2025年5月5日午前3時の時（刻）盤

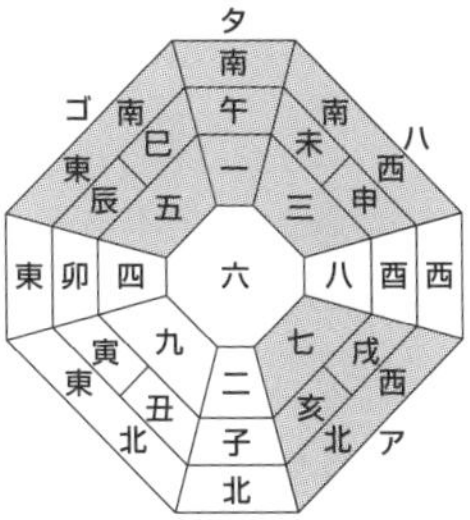

※タは対冲殺を示しています（→p105）

【練習問題】の答え

（問1）
①中宮
②九紫火星
③中宮
④九紫・中宮

（問2）
①四緑木星
②九紫火星
③八白土星
④西
⑤南

（問3）
①北／子
②西南／未・申
③中央／中宮

四つの盤をみると、九星の位置は固定でないことがわかります。これは九星が動いているからで、方位盤の九つのポジション（中央と八方位）を、一定のルールに従って年盤の九星は一年にひとつずつ、月盤は一か月にひとつずつ、日盤は一日にひとつずつ、時（刻）盤は一刻（2時間）ずつ移動していきます。

◆気学方位盤の方位と角度

●60度と30度

気学方位盤は、「九星は現在どの方位に位置しているか」を知るための便利なツールです。方位盤は中央を取り囲むように八方向に分かれていますが、基本的には東西南北が30度、残りが60度になっています。よくみると、東西南北の部分だけ角度が小さくなっているのがわかると思います。

※八方位すべてが45度の方位盤を使う流派もありますが、一般的には東西南北が30度の方位盤を使います。全方位45度の方位盤は、家相判断の際に家相盤として用いられます。

●真上が南

一般の地図では真上が北ですが、気学方位盤はその逆で、真上が南、真下が北になっています。そして右が西で左が東。東と南の間が東南、南と西の間が西南、北と東の間が東北、北と西の間が西北、そして中央です。

◆十二支も方位を表す

そして、この八方位を気学では十二支を使って表現します。十二支はいわゆる干支《えと》の子、丑、寅、卯、辰、巳、午、未、申、酉、戌、亥です。

元来十二支にはいろいろな意味がありますが、気学方位盤においては単に方位を示す記号としています。

北	…	子《ね》の方位	30度
東北	…	丑《うし》・寅《とら》の方位	60度
東	…	卯《う》の方位	30度
東南	…	辰《たつ》・巳《み》の方位	60度
南	…	午《うま》の方位	30度
西南	…	未《ひつじ》・申《さる》の方位	60度
西	…	酉《とり》の方位	30度
西北	…	戌《いぬ》・亥《い》の方位	60度

方位は「北東」、「北西」と
呼ぶのが一般的ですが、
気学では東北、西北と
呼ぶことが多い。

◆気学方位盤の形

本書では八角形の気学方位盤を採用していますが、正方形の気学方位盤も存在します。こちらは正方形を書いて中を直線で区切るだけですから、手書きで簡単に作成できるメリットがあります。またときには円形のものも見かけます。要は「九星がどの方位にあるか」がわかればよいので、決まった形はありません。使いやすいものを採用してください。

	巳	午	未	
辰	三碧木星	八白土星	一白水星	申
卯	二黒土星	四緑木星	六白金星	酉
寅	七赤金星	九紫火星	五黄土星	戌
	丑	子	亥	

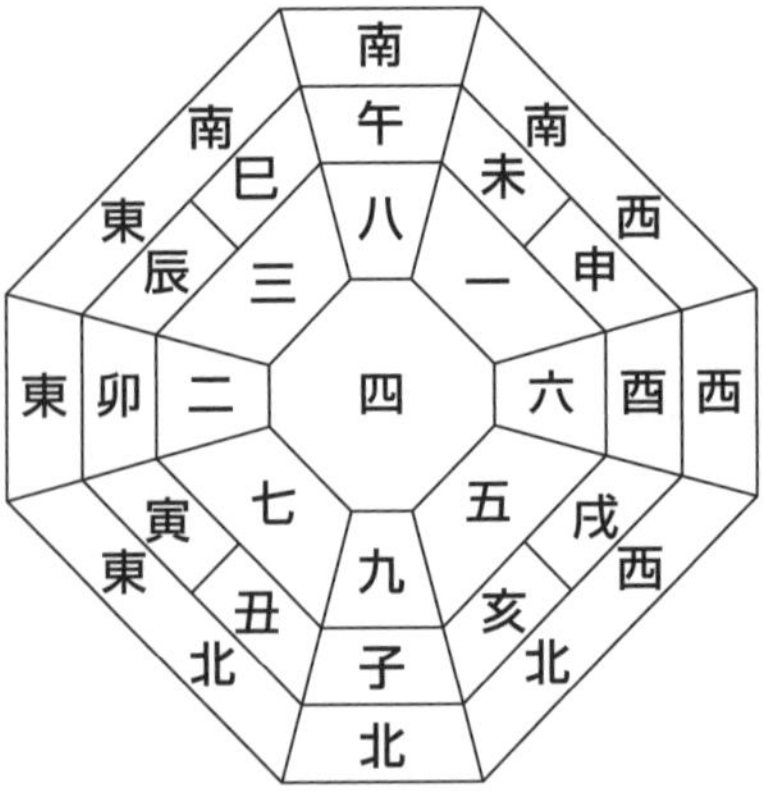

※上は四角形で、下は八角形で示した同じものです。

◆気学方位盤には九つの宮がある

気学方位盤は八方位＋中央の九つの部屋に分かれています。それぞれの部屋を「宮（みや・グウ・キュウ）」と呼び、それぞれに名前がついています。

九星が気学方位盤の中でどこに位置しているのかを、方位でなく部屋の名前で表現することができます。たとえば、本命星が東に位置しているなら「本命星は震宮にある」、「本命星が震宮に回っている」と表現したりします。

坎宮（カン）↓北　…　子《ね》の方位　30度
艮宮（ゴン）↓東北…　丑《うし》・寅《とら》の方位　60度
震宮（シン）↓東　…　卯《う》の方位　30度
巽宮（ソン）↓東南…　辰《たつ》・巳《み》の方位　60度
離宮（リ）↓南　…　午《うま》の方位　30度
坤宮（コン）↓西南…　未《ひつじ》・申《さる》の方位　60度
兌宮（ダ）↓西　…　酉《とり》の方位　30度
乾宮（ケン）↓西北…　戌《いぬ》・亥《い》の方位　60度

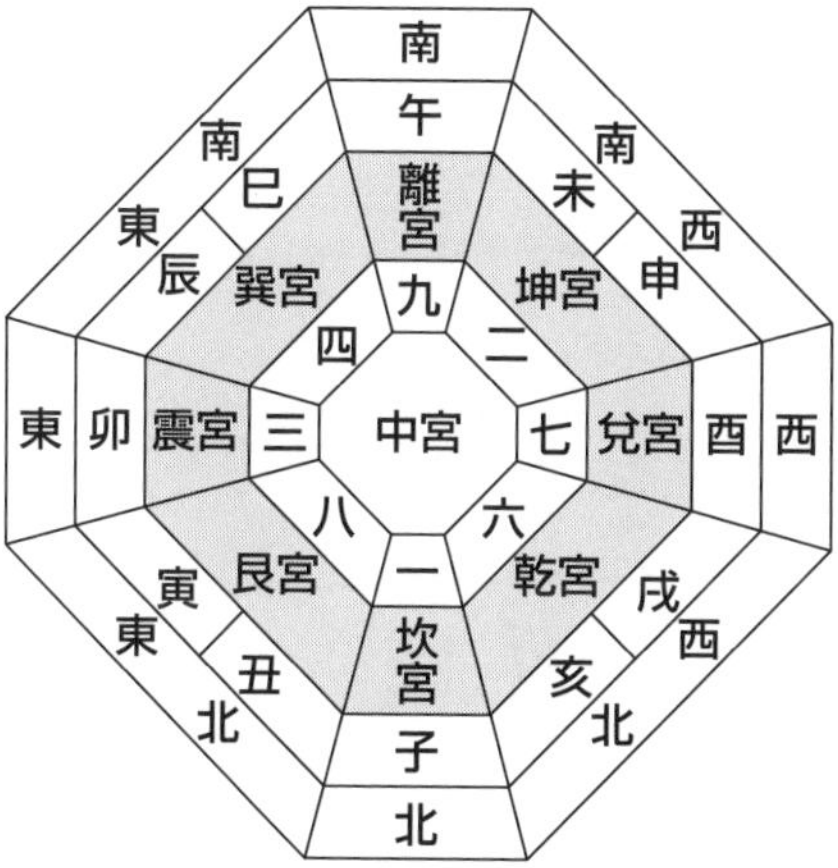

第3章 ② 吉方位の種類と凶方位

1 吉方位の種類

◆基本吉方位

方位には吉方位と凶方位があります。基本的な吉方位は本命星と相生《そうしょう》、比和《ひわ》（↓p63）の関係にある九星がいる方位です。本命星が二黒土星なら、九紫、六白、七赤、八白の九星がいる方位が吉方位で、もしも方位盤で九紫が西にいたら、西が吉方位となるのです。これを**基本吉方位**と呼びます。本来、比和の九星とは吉の関係なのですが、自分の本命星と同じ九星の方位は吉方位とはならず、本命殺《ほんめいさつ》という凶方位になります。これについては、次の「凶方位の種類」で解説します（↓p109）。

◆最大吉方位

吉方位は基本的に本命星と相性の良い九星の方位です。それだけでなく、月命星にとって相性のよい九星の方位も調べると、本命星と月命星の両方に共通して相性のよい九星が見つかると思います。その九星がいる方位を最大吉方位といいます。本命星と月命星の両方にとって相性がよいのですから、最大に吉なわけです。この方位に行けば開運効果は抜群です。最大吉方位を見つけたなら、それはまたとないチャンス。旅行や引っ越し、大きな願い事があるときは、前もって最大吉方位が回ってくるタイミングを探しておいて、行動できるように計画し、準備しておきましょう。

九星別に基本吉方位と最大吉方位を一覧表にしました（↓p102）。自分の吉方位を確かめましょう。

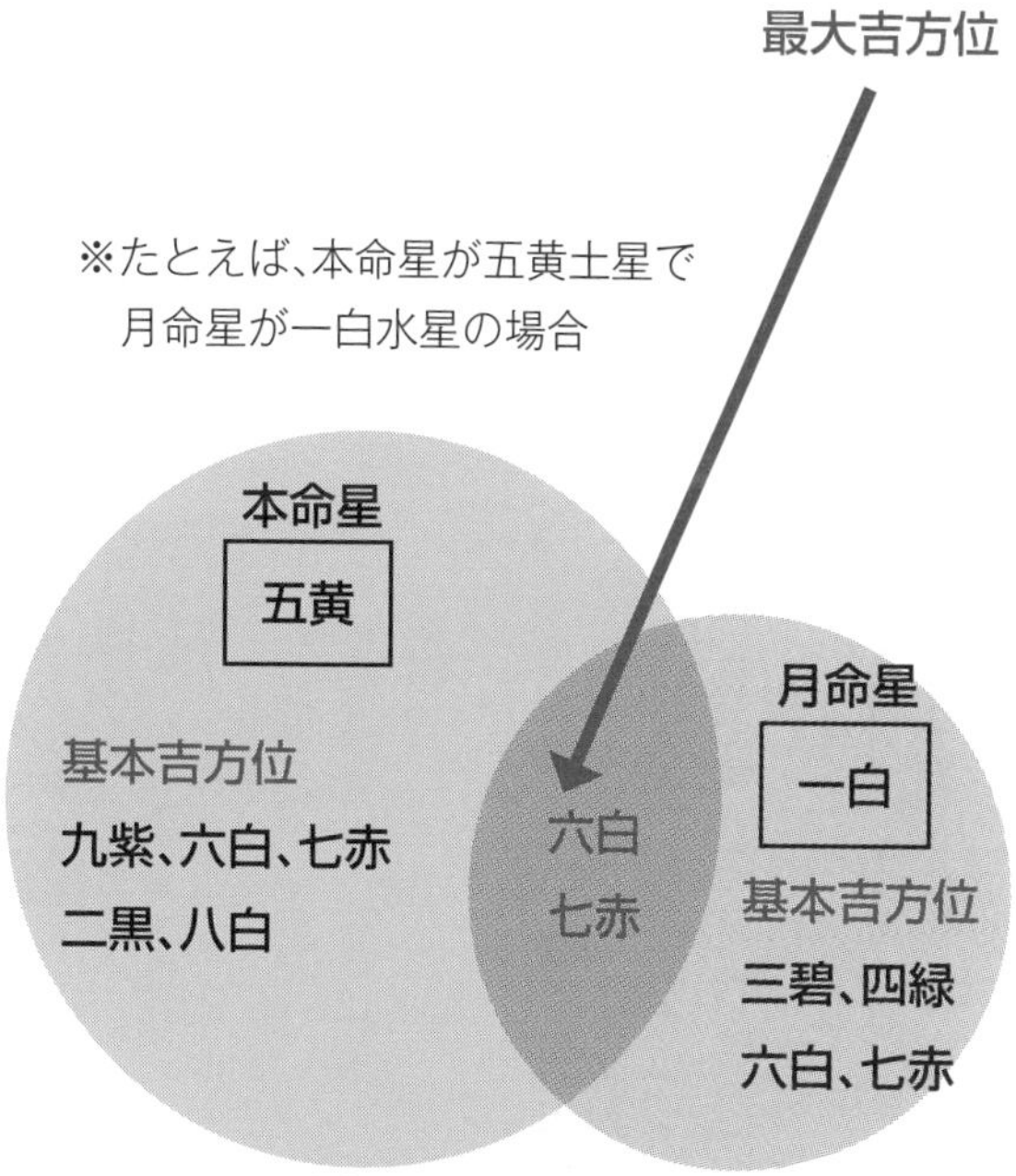

六白と七赤が共通の吉方位

●基本吉方位は自分の本命星にとって相性の良い九星のいる方位。
●最大吉方位は、自分の本命星と月命星の両方に共通して相性の良い九星のいる方位。
●基本吉方位だけでも十分な開運効果がありますが、最大吉方位ではさらに大きな開運効果を得られます。

自分の最大吉方位を見つけよう

九星別吉方位一覧表

本命星が一白水星の人

基本吉方位	
相生(生気)	六白、七赤
相生(退気)	三碧、四緑
比和	なし

月命星	最大吉方位
一白水星	三碧、四緑、六白、七赤
二黒土星	六白、七赤
三碧木星	四緑
四緑木星	三碧
五黄土星	六白、七赤
六白金星	七赤
七赤金星	六白
八白土星	六白、七赤
九紫火星	三碧、四緑

本命星が二黒土星の人

基本吉方位	
相生(生気)	九紫
相生(退気)	六白、七赤
比和	八白

月命星	最大吉方位
一白水星	六白、七赤
二黒土星	六白、七赤、八白、九紫
三碧木星	九紫
四緑木星	九紫
五黄土星	六白、七赤、八白、九紫
六白金星	七赤、八白
七赤金星	六白、八白
八白土星	六白、七赤、九紫
九紫火星	八白

本命星が三碧木星の人

基本吉方位	
相生(生気)	一白
相生(退気)	九紫
比和	四緑

月命星	最大吉方位
一白水星	四緑
二黒土星	九紫
三碧木星	一白、四緑、九紫
四緑木星	一白、九紫
五黄土星	九紫
六白金星	一白
七赤金星	一白
八白土星	九紫
九紫火星	四緑

本命星が四緑木星の人

基本吉方位	
相生(生気)	一白
相生(退気)	九紫
比和	三碧

月命星	最大吉方位
一白水星	三碧
二黒土星	九紫
三碧木星	一白、九紫
四緑木星	一白、三碧、九紫
五黄土星	九紫
六白金星	一白
七赤金星	一白
八白土星	九紫
九紫火星	三碧

本命星が五黄土星の人

基本吉方位	
相生(生気)	九紫
相生(退気)	六白、七赤
比和	二黒、八白

月命星	最大吉方位
一白水星	六白、七赤
二黒土星	六白、七赤、八白 九紫
三碧木星	九紫
四緑木星	九紫
五黄土星	二黒、六白、七赤 八白、九紫
六白金星	二黒、七赤、八白
七赤金星	二黒、六白、八白
八白土星	二黒、六白、七赤 九紫
九紫火星	二黒、八白

本命星が六白金星の人

基本吉方位	
相生(生気)	二黒、八白
相生(退気)	一白
比和	七赤

月命星	最大吉方位
一白水星	七赤
二黒土星	七赤、八白
三碧木星	一白
四緑木星	一白
五黄土星	二黒、七赤、八白
六白金星	一白、二黒、七赤 八白
七赤金星	一白、二黒、八白
八白土星	二黒、七赤
九紫火星	二黒、八白

本命星が**七赤金星**の人

基本吉方位	
相生(生気)	二黒、八白
相生(退気)	一白
比和	六白

月命星	最大吉方位
一白水星	六白
二黒土星	六白、八白
三碧木星	一白
四緑木星	一白
五黄土星	二黒、六白、八白
六白金星	一白、二黒、八白
七赤金星	一白、二黒、六白、八白
八白土星	二黒、六白
九紫火星	二黒、八白

本命星が**八白土星**の人

基本吉方位	
相生(生気)	九紫
相生(退気)	六白、七赤
比和	二黒

月命星	最大吉方位
一白水星	六白、七赤
二黒土星	六白、七赤、九紫
三碧木星	九紫
四緑木星	九紫
五黄土星	二黒、六白、七赤、九紫
六白金星	二黒、七赤
七赤金星	二黒、六白
八白土星	二黒、六白、七赤、九紫
九紫火星	二黒

本命星が**九紫火星**の人

基本吉方位	
相生(生気)	三碧、四緑
相生(退気)	二黒、八白
比和	なし

月命星	最大吉方位
一白水星	三碧、四緑
二黒土星	八白
三碧木星	四緑
四緑木星	三碧
五黄土星	二黒、八白
六白金星	二黒、八白
七赤金星	二黒、八白
八白土星	二黒
九紫火星	二黒、三碧、四緑、八白

「殺」という
漢字には、
そぎとる、下げる
という意味が
あるのだ。

2　凶方位の種類と凶現象

◆凶方位とは

吉方位とは逆に、好ましくない「気」がチャージされ、良くないことを引き起こしてしまう方位を凶方位といいます。凶方位で引っ越しや旅行、ショッピングなど、何か行動を起こした場合に、悪い結果をもたらすとされています。

凶方位はおもに七種類あります。

なお、凶意は年盤の凶方位が最も強く、月盤、日盤、時盤と軽くなっていきます。

◆七大凶殺

①五黄殺《ごおうさつ》
②暗剣殺《あんけんさつ》
③破《は》（歳破《さいは》、月破《げっぱ》、日破《にっぱ》、時破《じは》）
④本命殺《ほんめいさつ》
⑤本命的殺《ほんめいてきさつ》
⑥対冲殺《たいちゅうさつ》
⑦小児殺《しょうにさつ》

①五黄殺《ごおうさつ》

九星は方位盤の上を動き、めぐっているのですが、五黄土星が中央を除く八方位に回ったときにその方位は五黄殺と呼ばれる凶方位になります。

五黄殺の凶意現象の現れ方はしばしば、内部から腐っていく果物に譬えられます。外からわかりにくく、気づいたときには手遅れになっていることが多いのでやっかいです。

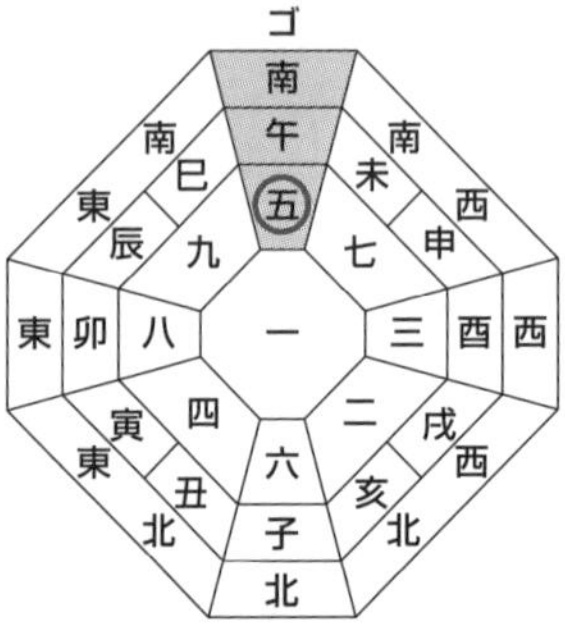

八方位に五黄土星が回ると、その方位は五黄殺。

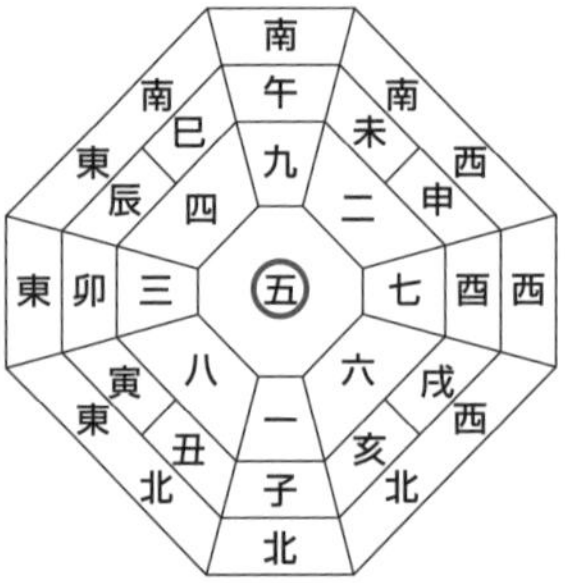

五黄土星が中宮のときは、五黄殺がない。

●五黄殺の凶意現象

- 自らの不注意でトラブルを招いてしまう。
- 心身ともに大きなダメージを受ける。
- 悪い現象がジワジワと現れる。

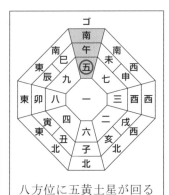

② 暗剣殺《あんけんさつ》

五黄土星が中央以外の八方位に回ると、その**対冲**《たいちゅう》（反対側）にある九星は暗剣殺と呼ばれる凶方位になります。したがって、五黄土星が中央に回る「五黄中宮」の年、月、日、時刻には暗剣殺はありません。

暗剣殺の凶意現象の現れ方は激烈で、思いがけないところからいきなりトラブルが降りかかってきます。

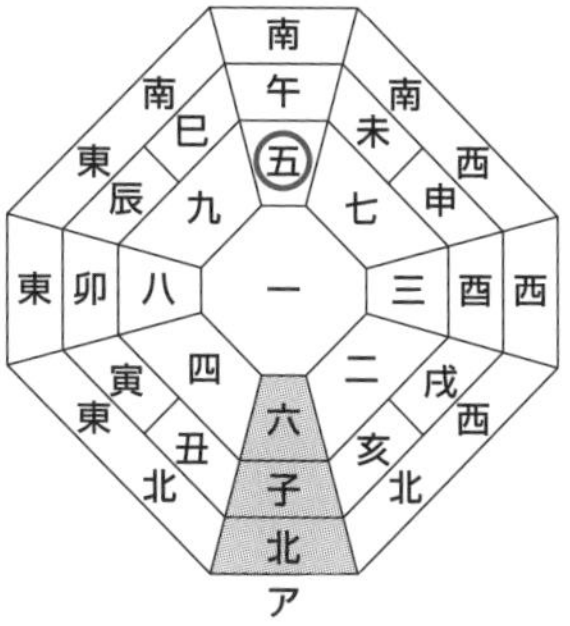

暗剣殺は五黄土星の反対の方位。

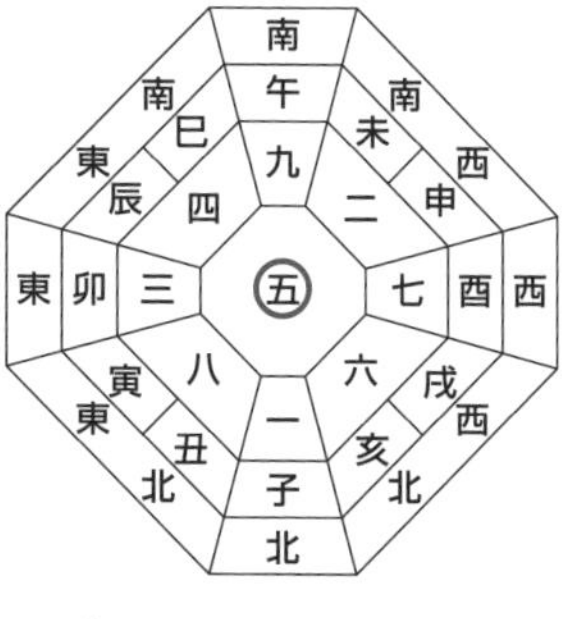

五黄土星が中宮のときは、暗剣殺がない。

●暗剣殺の凶意現象

・他動的な形で、突発的なアクシデントが発生する。
・想定外の失敗や結果を招く。
・悪い現象が突然現れる。

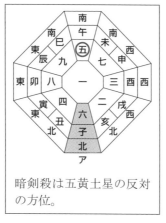

③破《は》（歳《さい》破《は》、月《げっ》破《ぱ》、日《にっ》破《ぱ》、時《じ》破《は》）

たとえば、今年は子年、来年は丑年というように、年、月、日、時にはそれぞれ十二支が割り振られています。年、月、日の十二支は巻末の万年暦で、時刻の十二支は巻末の「時刻十二支表」で確認ができます。さて、年、月、日、時の示す十二支の反対側は**「破《は》」**という凶方位になります。たとえば、子年の十二支「子」は方位盤で北を指します。その反対の方位である「午」の方位、つまり南が「破」の凶方位になるわけです。

年の十二支の対冲《たいちゅう》（反対側）は**歳破**、その月の十二支の対冲は**月破**、日の十二支の対冲は**日破**、時刻の十二支の対冲は**時破**となります。たとえば、２０２５年の巳年は、辰・巳の方位（東南）の反対側である戌・亥（西北）が歳破です。月破、日破、時破も同じ原理です。

凶意現象は歳破が最も強く、次に月破となります。日破それほど強くありませんし、時破は神経質になる必要はありませんが、可能なら避けた方が無難でしょう。

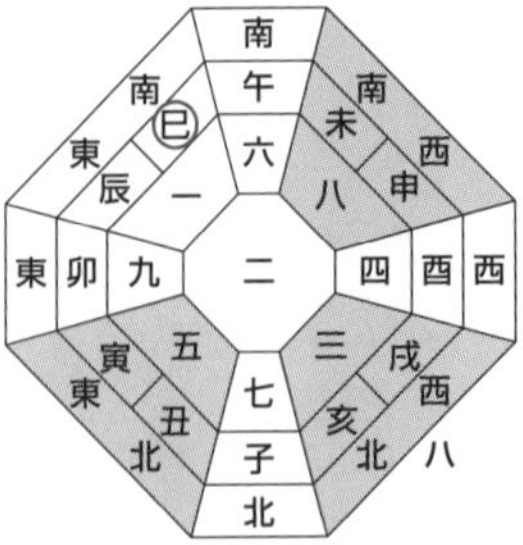

年、月、日、時の十二支の反対側が「破」となる。

●「破」の凶意現象

・厄介な問題が起きたり、物事が破れたりしやすい。

・他の凶方位と重なっていたら、さらに凶意が強まる。

④本命殺《ほんめいさつ》

自分の本命星が回っている方位を**本命殺**といいます。
本命星が中宮しているときには、本命殺はありません。

●本命星が六白金星の人の場合

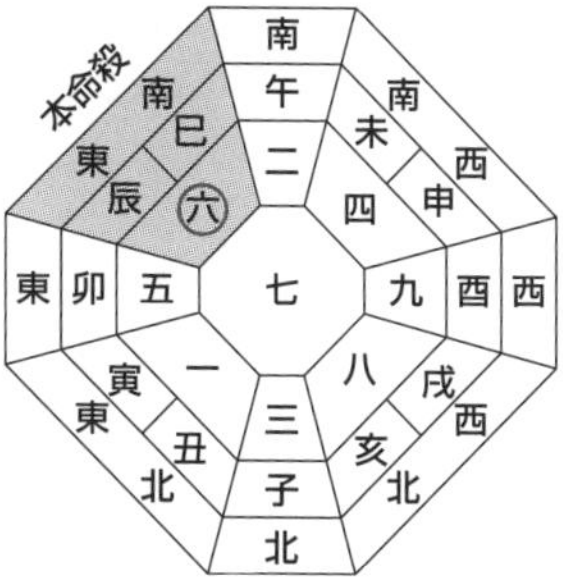

自分の本命星が回っている方位が「本命殺」となる。この場合は東南。

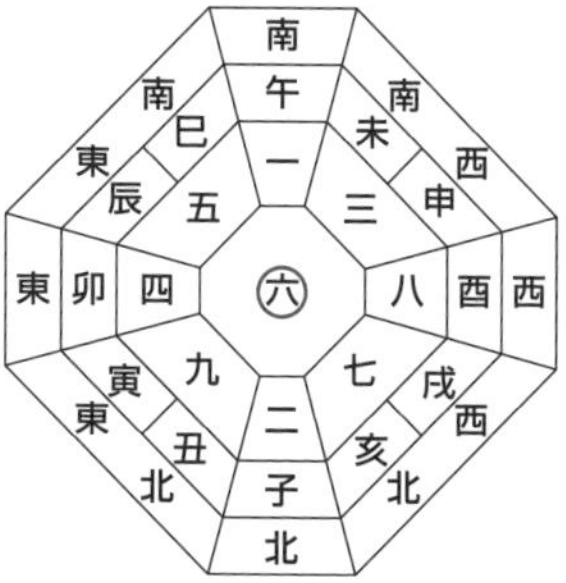

自分の本命星が中宮しているときは「本命殺」はない。

●本命殺の凶意現象

- やり過ぎたり、判断を誤ったり、自分がマイナス要因を作りやすい。
- 自分でしたことが凶の現象として自分に返ってくる。

⑤**本命的殺《ほんめいてきさつ》**

自分の本命星が回っている方位と対冲《たいちゅう》（反対側）の方位を**本命的殺**といいます。

本命星が中宮しているときは本命殺と同様に、本命的殺もありません。

●本命星が六白金星の人の場合

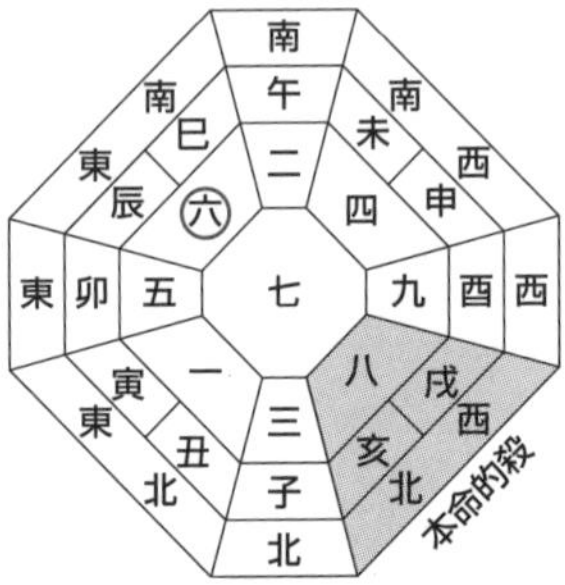

自分の本命星が回っている本命殺の反対の方位が「本命的殺」となる。この場合は西北。

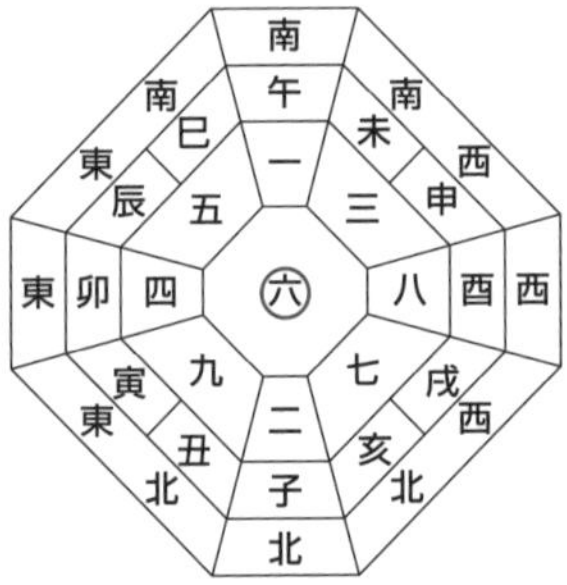

自分の本命星が中宮しているときは「本命的殺」はない。

●本命的殺の凶意現象

・見込み違いをしたり、思惑が外れたりする。
・自分自身の行動で運勢を阻害しやすい。
・自分でしたことが凶の現象として自分に返ってくる。

⑥対冲殺《たいちゅうさつ》

九星には自分のホームポジションや指定席ともいうべき定位置（**定位《じょうい》**）があり、その九星の定位置を示したものに**「後天定位盤《こうてんじょういばん》」**があります。対冲殺とは、ある九星が後天定位盤の定位置の対冲（反対側）に回ってきた方位のことをいいます。

後天定位盤での九星の位置をしっかり覚えておきましょう。なお、南の一白と北の九紫が対冲殺のときは特に凶意が強く現れます。

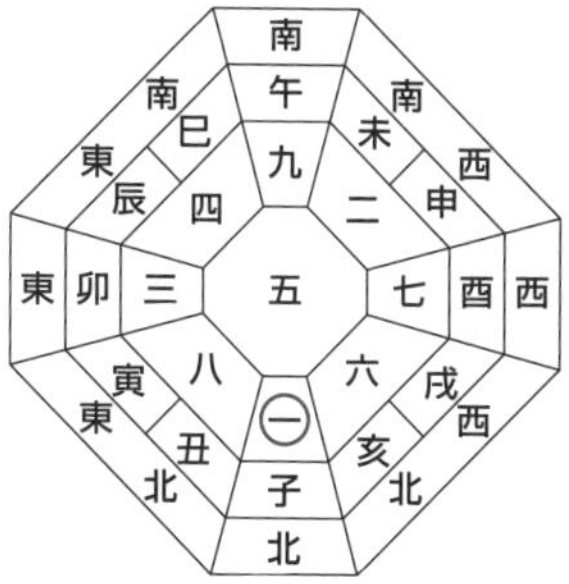

後天定位盤

一白水星の定位置は北。

対冲殺

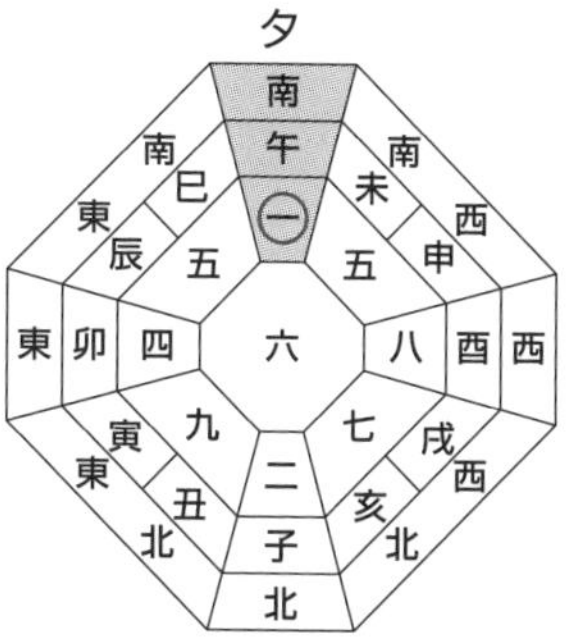

一白水星は後天定位盤の定位置と真反対の南の方位に回っているので「対冲殺」となる。

●対冲殺の凶意現象

- 後で苦労するようになる。
- 九星の持つ本来の良さが出てこない。
- スムーズに進まない、ちぐはぐな結果になる。

年の十二支は
年盤で
調べてね！

⑦小児殺《しょうにさつ》

小児殺とは子供のみに適用される凶方位です。子供自身の本命星は関係ありません。およそ小学校に上がる前の5～6歳までの子供に凶意現象がふりかかり、乳幼児ほど小児殺の影響を受けやすくなります。小児殺は「月盤だけ」の凶方位です。年と月の十二支関係から成る凶方位です。複雑なので「小児殺方位表」を参照してください。子供を連れて旅行に出かけるときは、小児殺の方位も確認して避けるようにしましょう。

●小児殺の凶意現象

・幼い子供がちょっとしたことで体調を崩したり、ケガをしたりする。

小児殺方位表

月（月の十二支）＼年の十二支	子・寅・辰・午・申・戌	丑・卯・巳・未・酉・亥
2月（寅月）	中央	南
3月（卯月）	西北	北
4月（辰月）	西	西南
5月（巳月）	東北	東
6月（午月）	南	東南
7月（未月）	北	中央
8月（申月）	西南	西北
9月（酉月）	東	西
10月（戌月）	東南	東北
11月（亥月）	中央	南
12月（子月）	西北	北
1月（丑月）	西	西南

※たとえば戌年の1月なら西が、卯年の2月なら南が5～6歳までくらいのすべての子供にとって小児殺です。なお、「中央」とある月は、自宅のリフォームや建築をしてはいけません。

◆九星別吉方位・凶方位

ここまで説明してきた吉方位と凶方位を、巻末に「九星別吉方位・凶方位」として示しています（→p234）。自分の本命星または月命星に該当するページを見て、吉方位・凶方位を確認しましょう。ただし、この盤には「破（歳破・月破・日破・時破）」は記入されていません。「破」は年、月、日、時によって違ってくるからです。年、月、日、時の十二支を万年暦などと合わせて調べてください。

◆幸運を引き寄せよう

良い気を受けるために積極的に吉方位に出かけて行き、悪い気を受けないように凶方位を避けて行動することで幸運を引き寄せることができます。これが九星気学の方位による開運法です。

その際、年、月、日、時の吉方位は、それぞれ効果の大きさと作用する期間の長さが違いますから、それをふまえて使い分けましょう。最も効果と作用が大きい年単位の吉方位は引っ越し、遠く海外や長期に出かける旅行・出張などに、月単位の吉方位は数日間の国内旅行などに、日単位の吉方位は近場の日帰り旅行や買い物などに向いています。時間単位の吉方位は作用がとても小さいので、基本的に日単位の吉方位と組み合わせます。

第3章 ◇3 年、月、日、時の吉・凶方位を調べる

1 吉・凶方位のタイミングを調べる

吉方位と凶方位がわかったところで、実際に、いつ、どの方位が吉方位・凶方位になるかを調べましょう。それには「気学方位盤」が必要になります。吉方位とは、あなたの本命星と相性の良い九星が回っている方位で、凶方位は相性の良くない九星、五黄、暗剣殺、破などにあたる方位です。吉・凶方位は年盤・月盤・日盤・時（刻）盤の4種類の方位盤を使って調べます。年単位で大きな吉効果が欲しいときは年盤を使い、月単位なら月盤、日単位なら日盤、時間単位なら時（刻）盤の吉方位を調べます。凶方位を避け、吉方位で何らかの行動を起こして開運しましょう。

年盤…………年単位で吉・凶方位を調べる
月盤…………月単位で吉・凶方位を調べる
日盤…………日単位で吉・凶方位を調べる
時（刻）盤…刻（2時間）単位で吉・凶方位を調べる

2 年の吉・凶方位を調べる

① 基本吉方位と最大吉方位をチェックする

「九星別吉方位一覧表（↓ｐ102）」から自分の基本吉方位と最大吉方位をチェックします。

② 調べたい年の年盤を探す

年盤一覧（↓ｐ220）から調べたい年の年盤を探します。

③ 本命殺、本命的殺をチェックする

年盤には本命殺、本命的殺が記入されていないので、自分でチェックまたは記入します。

④ 年盤で吉方位と凶方位を確認する

まずは年盤で吉方位を確認します。次に凶方位を確認します。

⑤ 吉方位と凶方位の重なりをチェックする

吉方位が凶方位と重なっていたら、そこは吉方位になりません。

例題1

本命星が五黄土星、月命星が六白金星の人の2025年の吉・凶方位を調べてみましょう。

①本命星が五黄土星の人の基本吉方位は九紫、二黒、八白、六白、七赤。月命星が六白金星の最大吉方位は二黒、七赤、八白。これらの九星が回っている方位が吉方位になります。

②2025年の年盤は図Aのとおり。

③本命殺と本命的殺をチェックすると、本命殺は東北、本命的殺は西南になります。このケースはたまたま本命殺と五黄殺が、本命的殺と暗剣殺が重なっています。

④基本吉方位の九紫は東（卯の方位）、八白は西南（未・申の方位）、六白は南（午の方位）、七赤は北（子の方位）です。最大吉方位は七赤がある北と八白がある西南です。二黒は中心、中宮のため除外します。

⑤最後に吉方位が凶方位と重なっていないか確認します。すると、八白がある方位（西南、未・申の方位）は暗剣殺および本命的殺になっています。
ここを吉方位から除きます。

結果は図Bのようになり、赤い部分が吉方位です。

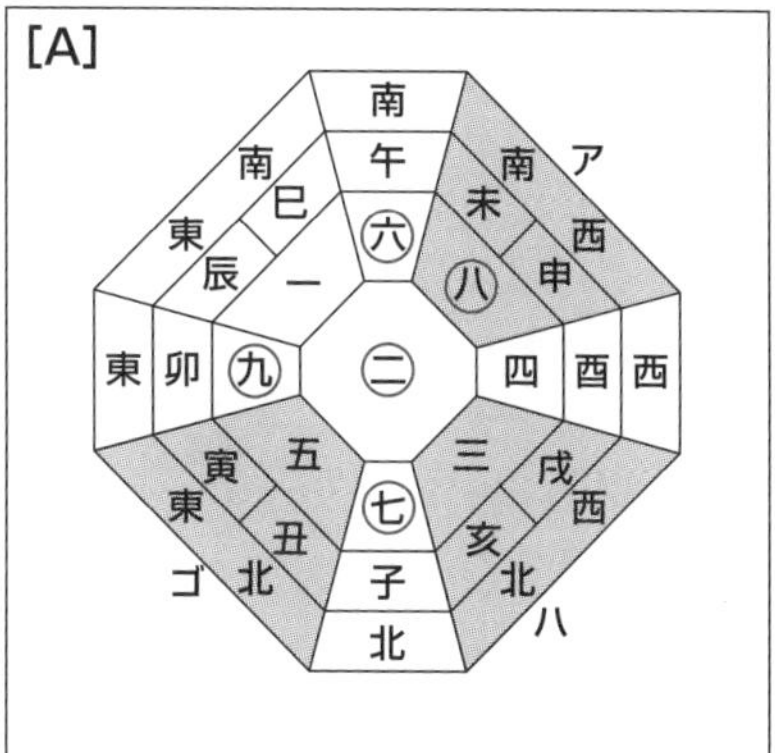

2025年（令和７）巳年

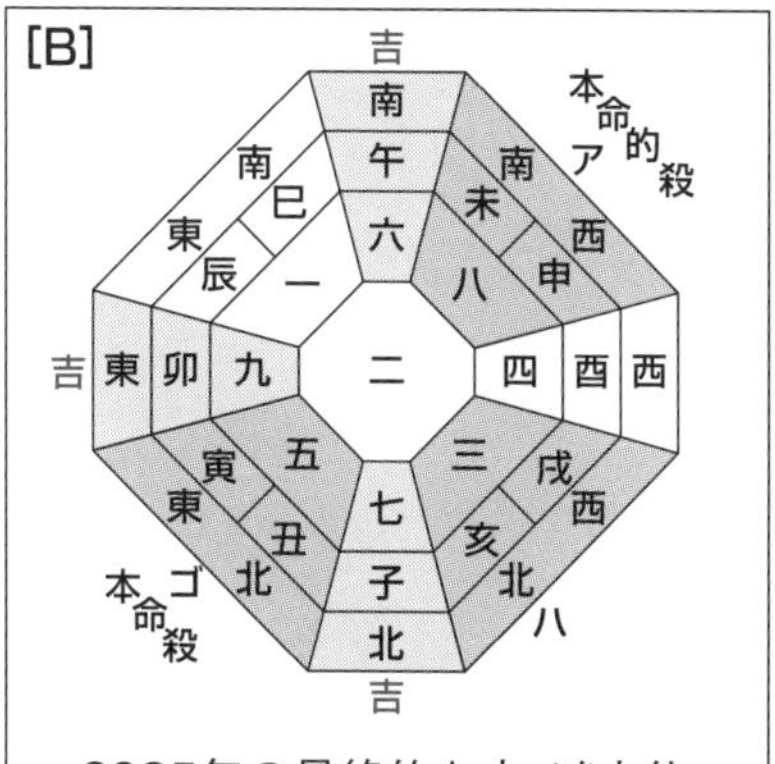

2025年の最終的な吉・凶方位

3 月の吉・凶方位を調べる

① 基本吉方位と最大吉方位をチェックする

「九星別吉方位一覧表（↓p102）」から自分の基本吉方位と最大吉方位をチェックします。

② 調べたい年の月に該当する月盤を探す

●月盤の探し方

A 「年盤一覧（↓p220）」または万年暦からその年の九星を確認する。

B 「月盤一覧（↓p222）」からその年の九星のページをみて、月盤を探す。

③ 本命殺、本命的殺をチェックする

月盤には本命殺、本命的殺が記入されていないので、自分でチェックまたは記入します。

④ 月盤で吉方位と凶方位を確認する

まずは吉方位を確認します。次に凶方位を確認します。

⑤ 吉方位と凶方位の重なりをチェックする

吉方位が凶方位と重なっていたら、そこは吉方位になりません。

例題2

本命星が九紫火星、月命星が三碧木星の人の2025年10月の吉・凶方位を調べましょう。

① 本命星が九紫火星の人の基本吉方位は三碧、四緑、二黒、八白。月命星が三碧木星ですから最大吉方位は四緑。

② 2025年の年盤または万年暦をみると、この年の本命星は二黒だとわかります。「二黒・五黄・八白の年の月盤」から10月の月盤は、図Cの通り。

③ 本命殺と本命的殺をチェックすると本命殺は西南、本命的殺は東北になります。

[C]

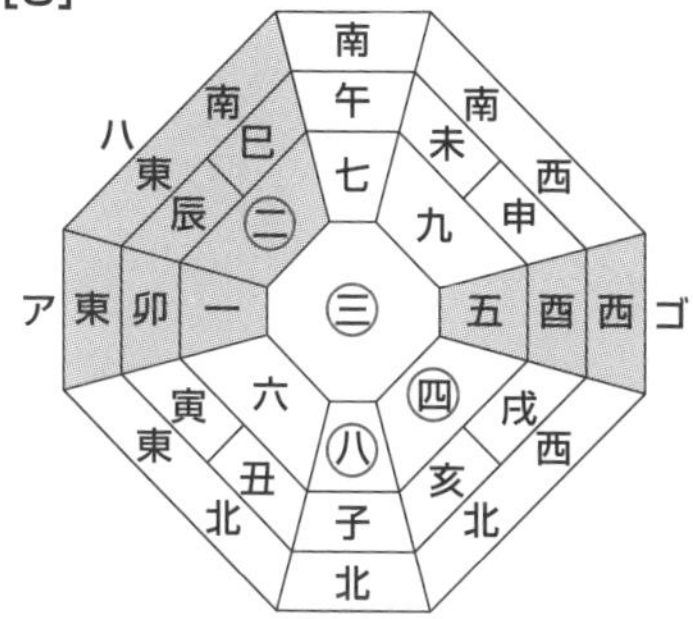

2025年10月戌の月盤

[D]

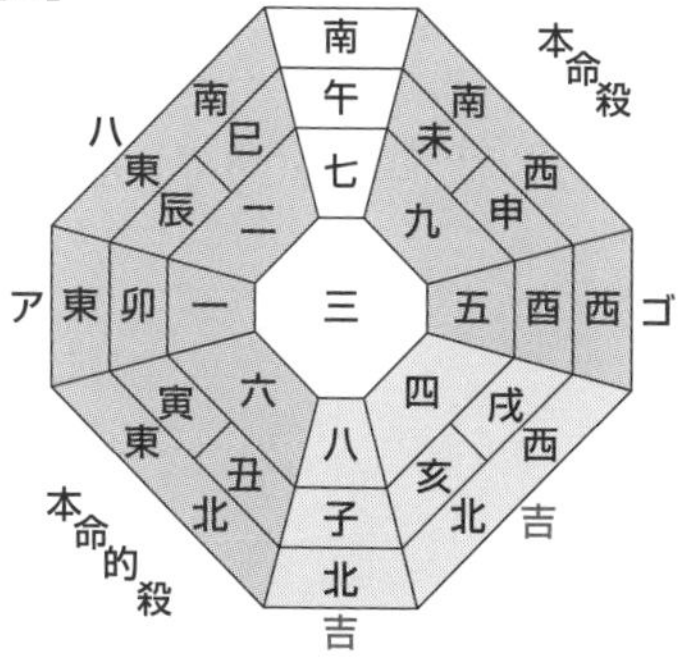

2025年10月の最終的な吉方位

④ 基本吉方位の四緑は西北（戌・亥の方位）、二黒は東南（辰・巳の方位）、八白のある北（子の方位）で、最大吉方位の四緑は西北です。三碧は中心、中宮のため除外します。

⑤ 最後に吉方位が凶方位と重なっていないか確認します。すると、二黒が回っている東南（辰・巳の方位）が破（月破）です。ここを吉方位から除きます。結果は図Dのようになり、赤い部分が吉方位です。

4 日の吉・凶方位を調べる

① **自分の基本吉方位と最大吉方位をチェックする**（↓p102）

② **調べたい日に該当する日盤を探す**

●日盤の探し方
A 万年暦（↓p251）からその日の九星と十二支を確認する。
B 日盤・時盤一覧（↓p225）から、その日の九星に該当するページをみて、その日の十二支と一致する盤を探す。それが日盤となる。

③ **本命殺、本命的殺をチェックする**

日盤には本命殺、本命的殺が記入されていないので、自分でチェックまたは記入します。

吉・凶方位の
調べ方は、
年、月、日、時盤で
ほとんど同じ。

④日盤で吉方位と凶方位を確認する

まずは吉方位を確認します。次に凶方位を確認します。

⑤吉方位と凶方位の重なりをチェックする

吉方位が凶方位と重なっていたら、そこは吉方位になりません。

例題3

本命星が九紫火星、月命星が三碧木星の人の２０２５年6月27日の吉・凶方位を調べてみましょう。

①九紫火星の人の基本吉方位は三碧、四緑、二黒、八白。月命星が三碧木星ですから最大吉方位は四緑。

②万年暦をみると、この日の本命星は六白、十二支は卯だとわかります。日盤・時盤一覧から「六白中宮」のページ（↓p230）をみて、そこから卯の盤を探すと、6月27日の日盤は図Eの通り。

③本命殺と本命的殺をチェックすると、本命殺は東北、本命的殺は西南になります。

◇4 基本吉方位の、三碧は西南（未・申の方位）、二黒は北（子の方位）、八白は西（酉の方位）で、最大吉方位は四緑が回っている東（卯の方位）です。

◇5 最後に吉方位が凶方位と重なっていないか確認すると、八白がある西（酉の方位）が、破（日破）、三碧がある西南（未・申の方位）が本命的殺です。ここを吉方位から除きます。すると、結果は図Fのようになり、赤い部分が吉方位です。

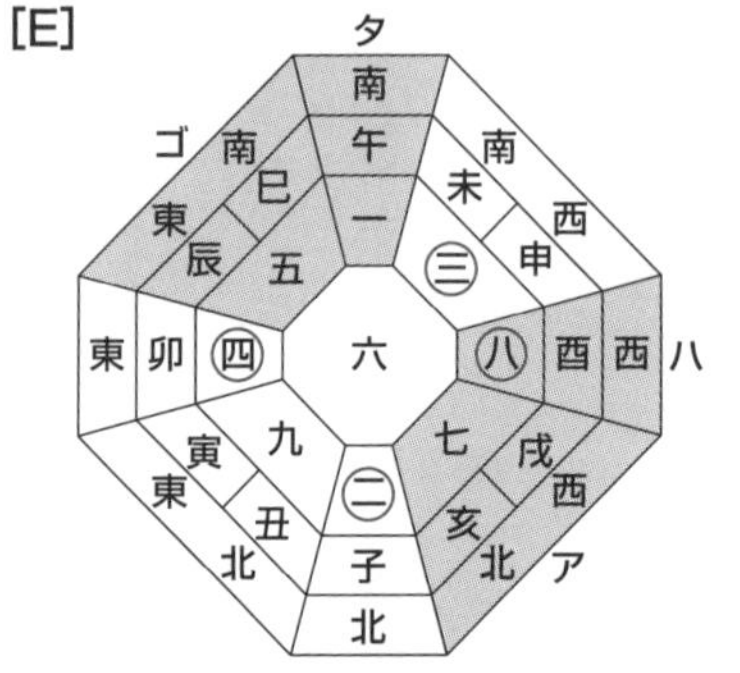

2025年6月27日卯の日盤

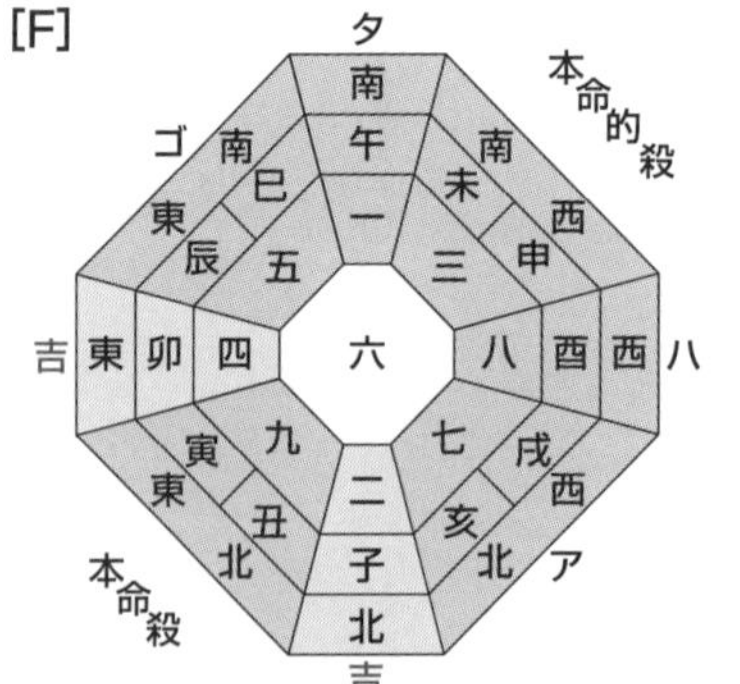

2025年6月27日の最終的な吉方位

5 時（刻）の吉・凶方位を調べる

時の吉・凶方位の調べ方は少し複雑です。急がず、注意を払いながら行いましょう。

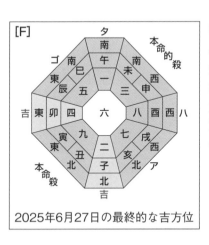

吉方位一覧表
↓p102
日盤・時盤一覧
↓p225
万年暦↓p251
時盤九星早見表
↓p243

① 自分の基本吉方位と最大吉方位をチェックする（↓p102）

② 調べたい時間の時（刻）盤を探す

巻末「日盤・時盤一覧」から、調べたい時間（刻）に該当する盤を探します。

●時盤の探し方

A　万年暦からその日の十二支、陰遁《いんとん》／陽遁《ようとん》どちらの期間に当たるかを確認（陰遁はマス目がピンクで表示してあります）。また、調べたい時間の十二支を巻末「時刻十二支表（↓p243）」で確認。

B　「時盤九星早見表」で、その日の陰遁／陽遁と十二支、そして調べたい時間、がクロスする箇所の九星をピックアップ。

C　日盤・時盤一覧の中から、その九星に該当するページをみて、その時間（刻）の十二支と一致する盤を探す。それが時盤となる。

③ 本命殺、本命的殺をチェックする

日盤・時盤には本命殺・本命的殺が記入されていないので、自分でチェックまたは記入します。

④ 時（刻）盤で吉方位と凶方位を確認する

まずは時（刻）盤から吉方位を確認します。次に凶方位を確認します。

⑤ 吉方位と凶方位の重なりをチェックする

吉方位が凶方位と重なっていたら、そこは吉方位になりません。

豆知識・**陰遁《いんとん》と陽遁《ようとん》**

一年は夏至と冬至を境に、陽の気が強くなる期間と陰の気が強くなる期間に二分されます。夏至の暑い盛りを過ぎて徐々に寒さが増し、一日の昼の長さも短くなっていく期間を陰の気が強くなる期間として「陰遁《いんとん》」といいます。反対に、寒さの頂点を過ぎて徐々に暖かさが増し、昼の長さも長くなっていく期間を陽の気が強くなる期間として「陽《よう》遁《とん》」といいます。

陽遁　：　冬至付近～夏至付近まで
陰遁　：　夏至付近～冬至付近まで

例題４

本命星が九紫火星、月命星が三碧木星の人の２０２５年６月27日18時の吉方位を調べてみ

ましょう。

① 九紫火星の人の基本吉方位は三碧、四緑、二黒、八白。月命星が三碧木星ですから、最大吉方位は四緑。これらの九星が回っている方位が吉方位になります。

② A・万年暦をみると、この日の十二支は卯、マス目がピンクで表示されているので〈陰遁〉期間であることがわかります。

B・「時刻十二支表」をみると18時は「酉」の時刻です。それをもとに、「時盤九星早見表」から時盤の九星を探します。当日の十二支は

時盤九星早見表

		陽遁			陰遁		
		日の十二支			日の十二支		
時の十二支	時間	子・卯・午・酉	丑・辰・未・戌	寅・巳・申・亥	子・卯・午・酉	丑・辰・未・戌	寅・巳・申・亥
子	前日23:00～00:59	一白水星	四緑木製	七赤金星	九紫火星	六白金星	三碧木星
丑	01:00～02:59	二黒土星	五黄土星	八白土星	八白土星	五黄土星	二黒土星
寅	03:00～04:59	三碧木星	六白金星	九紫火星	七赤金星	四緑木星	一白水星
卯	05:00～06:59	四緑木星	七赤金星	一白水星	六白金星	三碧木星	九紫火星
辰	07:00～08:59	五黄土星	八白土星	二黒土星	五黄土星	二黒土星	八白土星
巳	09:00～10:59	六白金星	九紫火星	三碧木星	四緑木星	一白水星	七赤金星
午	11:00～12:59	七赤金星	一白水星	四緑木星	三碧木星	九紫火星	六白金星
未	13:00～14:59	八白土星	二黒土星	五黄土星	二黒土星	八白土星	五黄土星
申	15:00～16:59	九紫火星	三碧木星	六白金星	一白水星	七赤金星	四緑木星
酉	17:00～18:59	一白水星	四緑木星	七赤金星	九紫火星	六白金星	三碧木星
戌	19:00～20:59	二黒土星	五黄土星	八白土星	八白土星	五黄土星	二黒土星
亥	21:00～22:59	三碧木星	六白金星	九紫火星	七赤金星	四緑木星	一白水星

時盤の探し方は
少し複雑。
他の盤で慣れてから
チャレンジしよう。

「卯」、「陰遁」、時刻は「酉」。この三つが交差するところには「九紫」の文字があります。これが時盤の中宮の九星になります。

C・そして「日盤・時盤一覧表」から「九紫中宮」のページをみて、時間（刻）の十二支に該当する「酉」の盤を探すと、6月27日18時の時盤は図Gの通り。

③ 日盤・時盤一覧表の盤には本命殺・本命的殺が記入されていないので、自分でチェックまたは記入します。この例題の場合は、本命星が中宮にあるため、本命殺、本命的殺の方位はありません。

④ 基本吉方位の三碧は東北（丑・寅の方位）、二黒は西（酉の方位）、八白は東南（辰・巳の方位）で、最大吉方位は四緑が回っている南（午の方位）です。

⑤ 最後に吉方位が凶方位と重なっていないか確認します。すると、四緑がある南（午の方位）が暗剣殺ですから、ここを吉方位から除きます。結果は図Hのようになり、赤い部分が吉方位です。

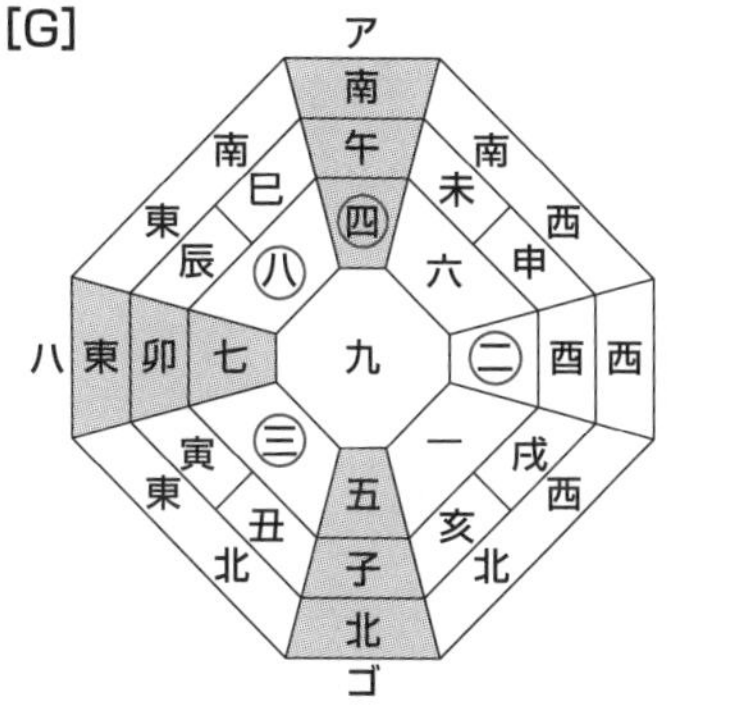

2025年6月27日18:00の時盤

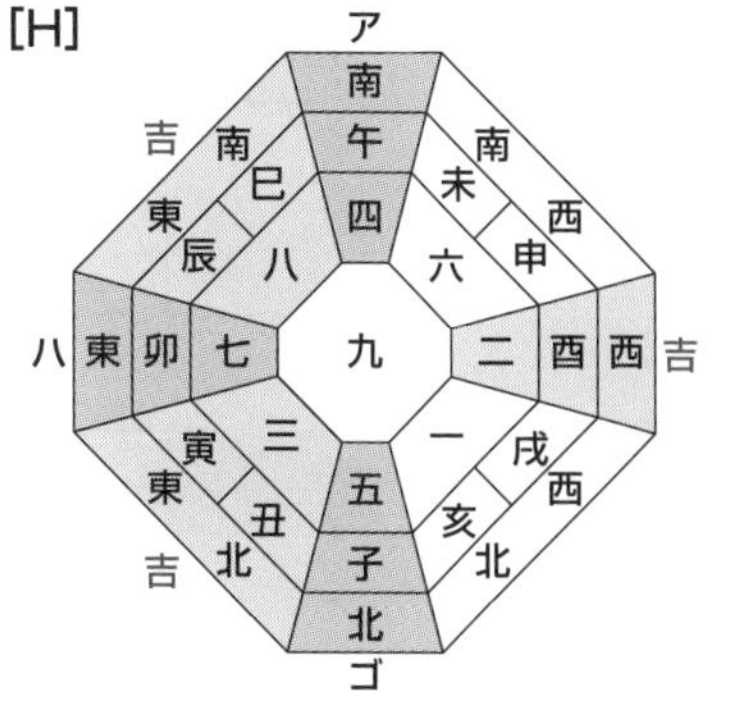

2025年6月27日18:00の最終的な吉方位

◆吉方位を探すのは「習うより慣れよ」です

年、月、日、時の盤を探して吉・凶方位を探すのは、最初はむずかしく感じるかもしれません。しかし、何度かくり返せば簡単に見つかるようになります。

年、月、日、時の境になる場合は年、月、日、時の切り替わるタイミングを間違えやすいので注意し、また、地方時差も考慮するのも忘れないようにしましょう。なお、場合によっては吉方位がないこともあります。

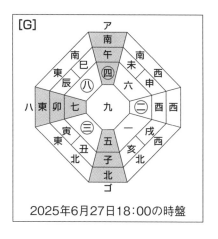

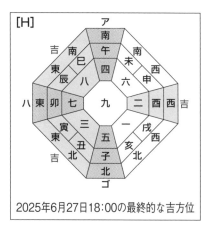

四つ重ならなくても、ひとつよりふたつと、重なるほどいいいんだよ。

6　四つの盤が重なると最強の吉方位に！

吉方位を、年盤、月盤、日盤、時（刻）盤で重ねていくと効果も倍、倍…と増えていき、四つの盤ですべて同じ吉方位が重なるとその効果は絶大といっても過言ではありません。ですから、このようなタイミングがめぐってきたら**大チャンス**！　ぜひ活用して幸運をつかんでください。

あらかじめ四つの盤で吉方位が重なる日時を探し出し、開運旅行へ出かけましょう。

四つの盤すべての吉方位が重なる！

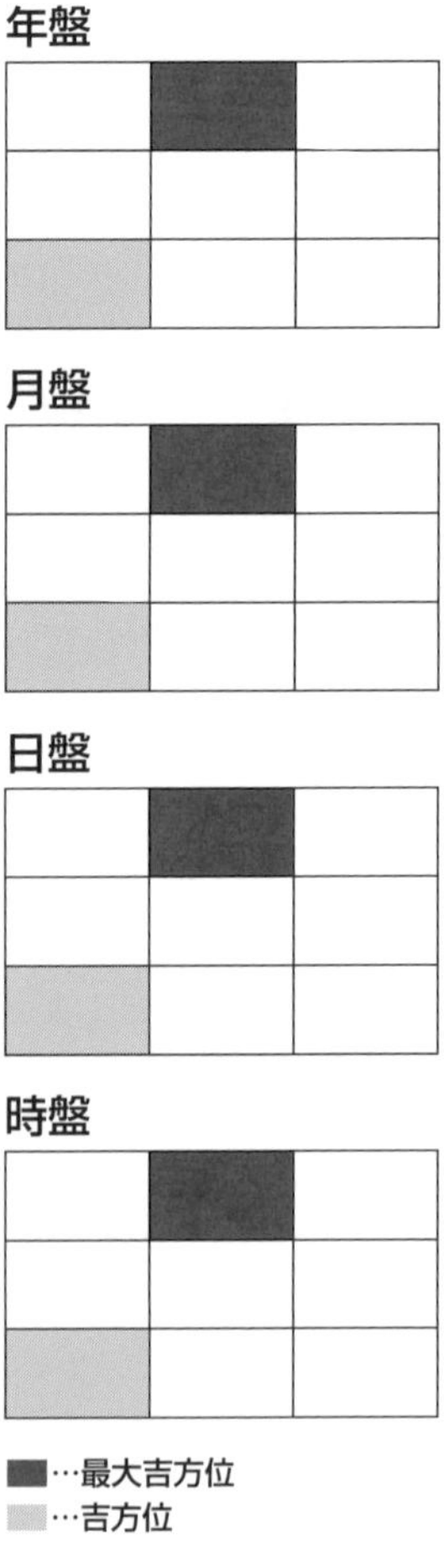

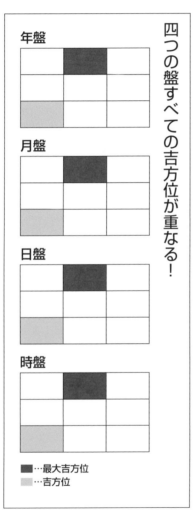

7　吉方位は動いている

巻末「九星別吉方位・凶方位」の方位盤をよくながめると、吉方位が移動しているのがみて取れると思います。たとえば一白水星の人の2025年、2026年、2027年の年盤は次のようになります。

一白水星の生まれの吉方位の推移

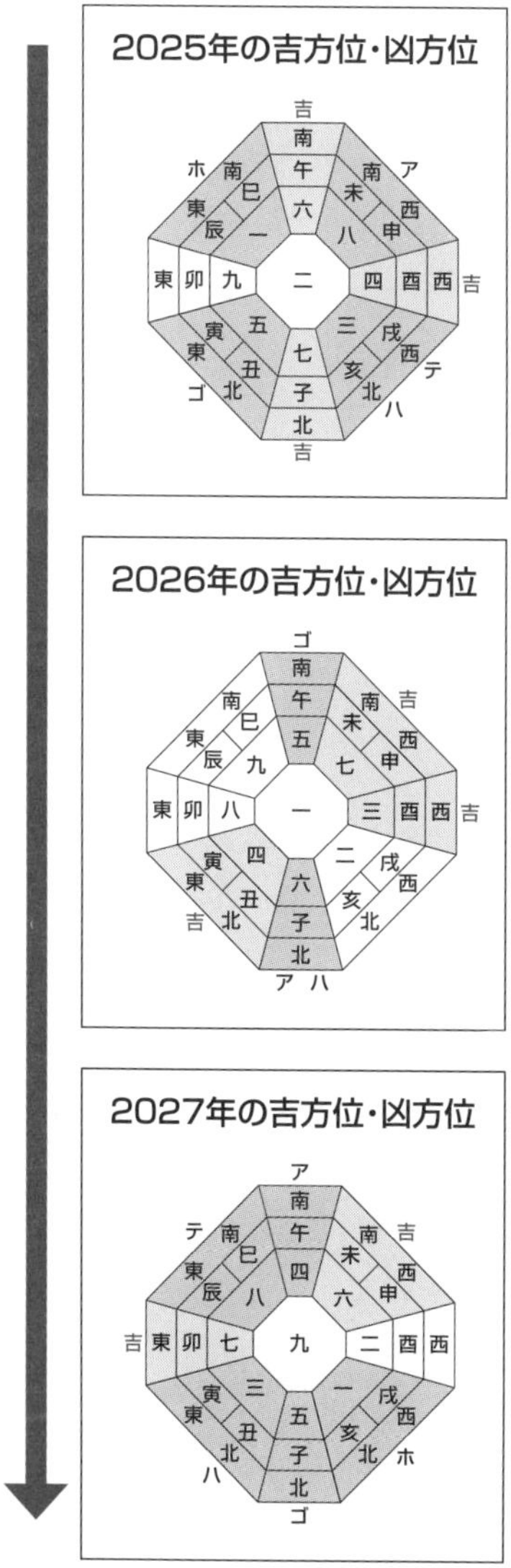

九星は九つのポジションを回りめぐっていますから、吉方位も同じように回りめぐることになります。

たとえば、今年は南が吉方位でも、来年は北が吉方位になったりします。

年盤は一年ごと、月盤は一か月ごと、日盤は一日ごと、時（刻）盤は一刻（2時間）ごとに、九星が各方位をひとつずつ移動していきます。

動き方は方位盤を単にぐるりと回るのではなく、奇妙なルートをたどっているように見えます。一見するとでたらめな動き方に見えますが、これが九星の動き方です。

◆九星の動き方と後天《こうてん》定《じょう》位《い》盤《ばん》

九星の動き方をもう少し詳しく説明しましょう。

七大凶殺である対冲《たいちゅう》殺のところで少しふれましたが（↓p111）、九星には定位置があり、これを「定位」といいます。そして、その九星の定位を示したものが「後天定位盤」です。

後天定位盤

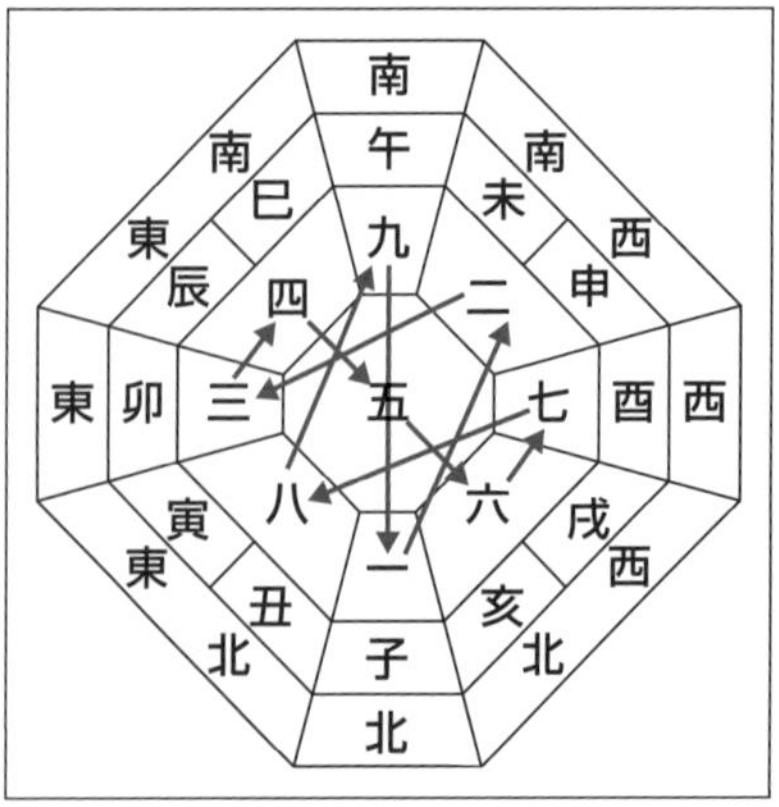

＊九星の定位置を示すもの

九星の運行ルート

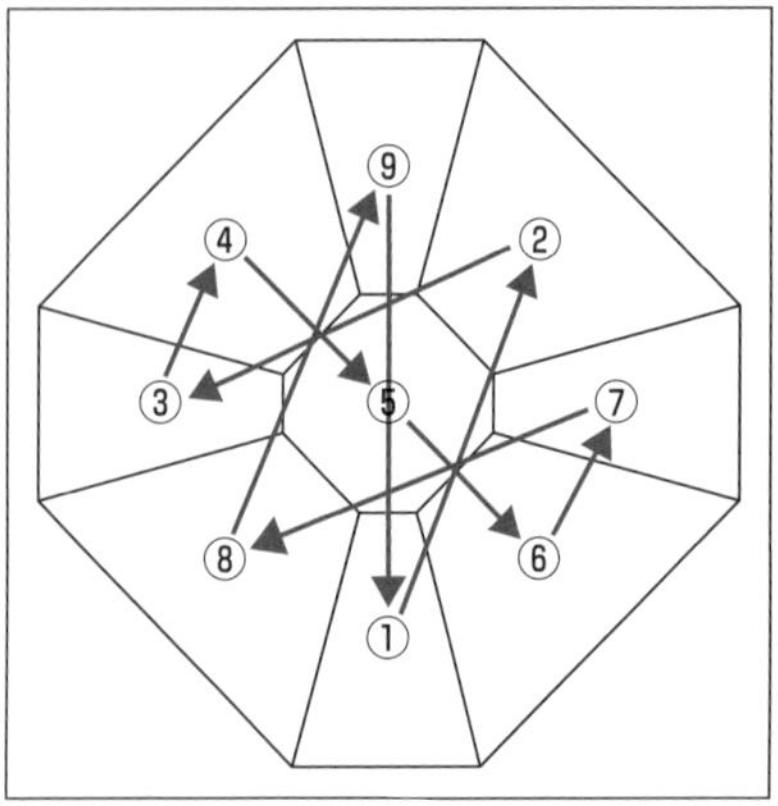

後天定位盤では一白水星は北にあり、「一白水星の定位は北」「北は一白水星の定位」という風に表現します。

それぞれの九星は、後天定位盤の定位（定位置）を起点として、つぎのようなルートで動いていいます。

たとえば一白水星は北が定位ですから、①からスタートします。年、月、日、時それぞれが切り替わるタイミングでひとつずつ動いていきますから、次に②のポジションに移ります。次は③、次は④……と動いていき、⑨までいったら再び元のホームポジション①に戻ります。

そしてまた、②→③→④……⑨→①とぐるぐるとくり返し回り動いていきます。

◆九星の動きとともに吉方位も動く

九星の動きがわかると、吉・凶方位の動きも理解できます。東に旅行に出かけようと思い立ったとき、ふと日盤をみたら残念なことに凶方位だったとします。でも翌日、もしくは数日たてば東に吉方位が回ってきます。方位盤上で九星の動きを追えれば、何日経過すれば東が吉方位になるかわかるのです。

第3章 ④ 吉方位を特定する

1 吉方位を特定する手順

吉方位がわかったら、地図と方位盤を使って、実際にどこへ出かけたらよいか調べましょう。

起点になるのは、基本的にはあなたの自宅です。自宅以外の場所を起点とする場合は、そこに45日以上滞在していることが条件です。ですから、引っ越してすぐの場合などは、45日経過するのを待ってから実践しましょう。

最近では、方位を調べるための専用の「方位アプリ」などもありますが、まずはアナログなやり方を実践して基礎をしっかり身につけましょう。

◆**用意するもの**

●自宅の地域が含まれる地図（近距離用と遠距離用に縮尺が違うものがあると便利です）

●分度器、定規

●気学方位測定盤（巻末付録→p261）

◆最初にやること

磁北を調べる

ご存じのとおり、地図では上は北を指していて、これを**真北**《しんぽく》といいます。ところが九星気学では磁石が示す北を使います。これを**磁北**《じほく》といいます。磁北は真北（地図上の北）より幾分傾いていて、日本では5〜10度程度西側に傾いて（偏角）います。

※磁北偏角の数値は少しずつ動いていますから、最新の数値は国土地理院「磁気偏角」を参照しましょう。自宅の住所に最も近い都市の磁北の磁気偏角度数（近似値）を用います。このデータは5年ごとに更新されます。

■主要都市の磁北偏角値

都道府県庁所在地	偏角値
札　幌	9.4
青　森	8.4
盛　岡	8.3
仙　台	8.3
秋　田	8.5
山　形	7.2
福　島	7.7
水　戸	7.2
宇都宮	7.6
前　橋	7.7
さいたま	7.3
千　葉	7.2
東京（新宿）	7.3
横　浜	7.3
新　潟	8.4
富　山	8.0
金　沢	8.0
福　井	8.1
甲　府	6.3
長　野	7.6
岐　阜	7.8
静　岡	6.9
名古屋	7.7
津	7.3

都道府県庁所在地	偏角値
大　津	7.6
京　都	7.6
大　阪	7.3
神　戸	7.5
奈　良	7.5
和歌山	7.4
鳥　取	8.4
松　江	8.1
岡　山	7.5
広　島	7.4
山　口	7.3
徳　島	7.3
高　松	7.5
松　山	7.2
高　知	7.3
福　岡	7.4
佐　賀	7.2
長　崎	6.8
熊　本	6.7
大　分	7.2
宮　崎	6.6
鹿児島	6.8
那　覇	5.0
全国平均	7.5

2015年のデータ

2　自宅からの吉方位を特定する

実際に例をあげて解説いたしましょう。自宅が東京駅付近にあり、磁北は7度西に傾いている（偏角）とします。

例題1

①地図上で自宅の位置に印をつけます。

②地図に記された南北方位のラインを平行移動して、自宅の印の上に縦線ラインを記入します（図A）。

③分度器を用い、②の縦線ラインから西側に7度傾けた磁北の③斜線ラインを記入します（図B・C）。

④気学測定方位盤の中心を自宅の位置に乗せ、③の南北のラインを合わせます（図D）。

このときに注意が必要です。通常、地図は北が上に作られていますが、気学方位盤は北が下になっています。ですから、気学測定方位盤を乗せたところで地図を逆さにすると、地図の北が下に回って気学方位盤と一致し、見やすくなります。

[C]

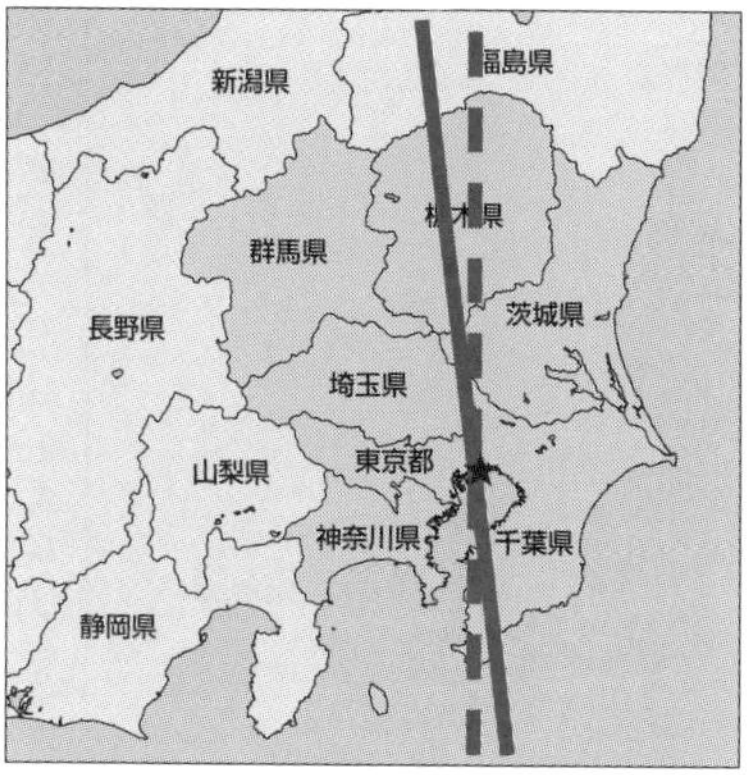
③ ②
新潟県
福島県
栃木県
群馬県
長野県
茨城県
埼玉県
山梨県
東京都
神奈川県
千葉県
静岡県

[A]

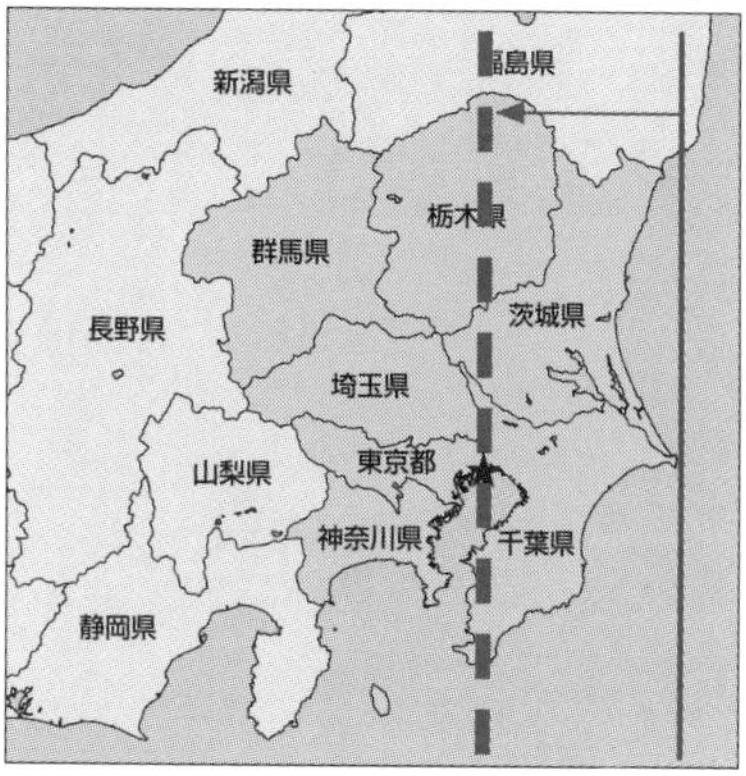
② ①
新潟県
福島県
栃木県
群馬県
長野県
茨城県
埼玉県
山梨県
東京都
神奈川県
千葉県
静岡県

[D]

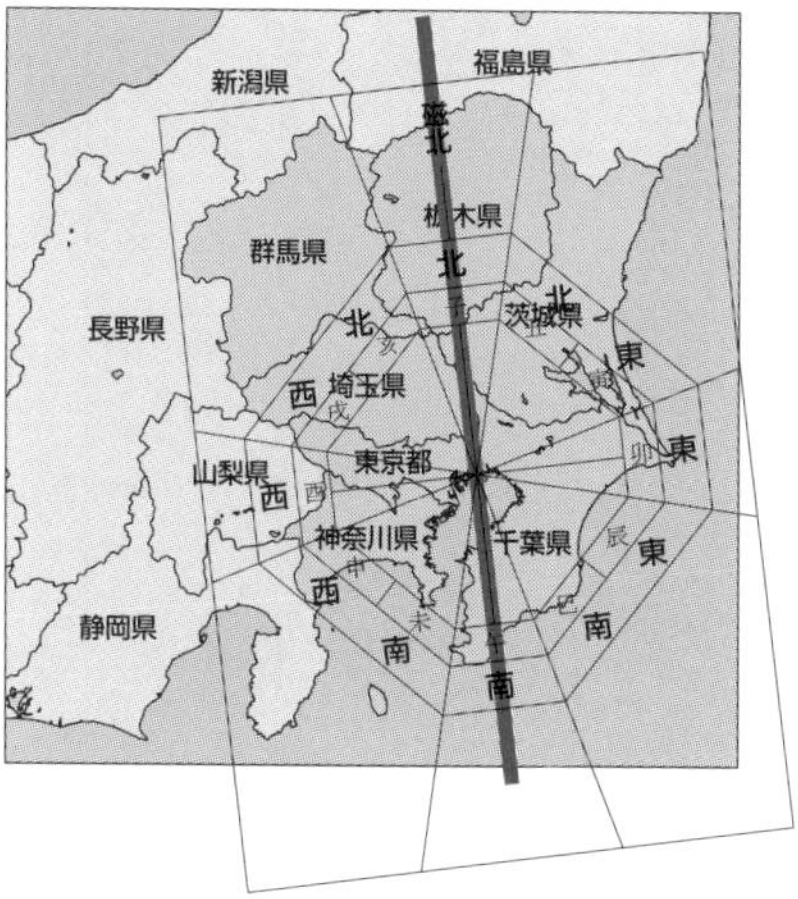
③
新潟県
福島県
栃木県
群馬県
長野県
茨城県
埼玉県
山梨県
東京都
神奈川県
千葉県
静岡県
北
北
北
北
東
東
東
南
南
南
西
西
西
子
丑
卯
辰
巳
未
申
酉
戌
亥

[B]

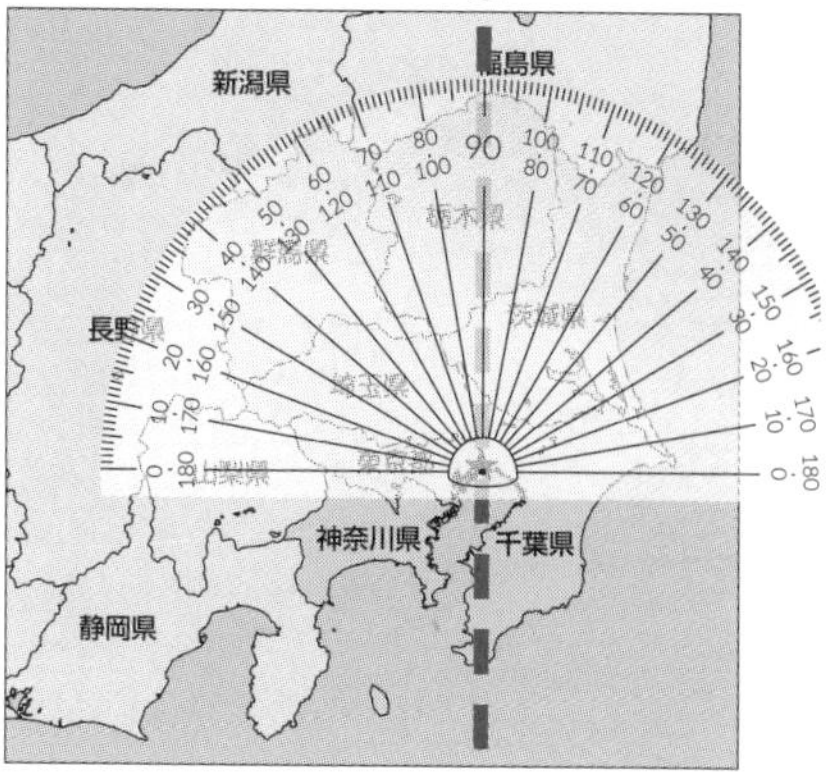
②
新潟県
福島県
栃木県
群馬県
長野県
茨城県
埼玉県
山梨県
東京都
神奈川県
千葉県
静岡県
0
10
20
30
40
50
60
70
80
90
100
110
120
130
140
150
160
170
180

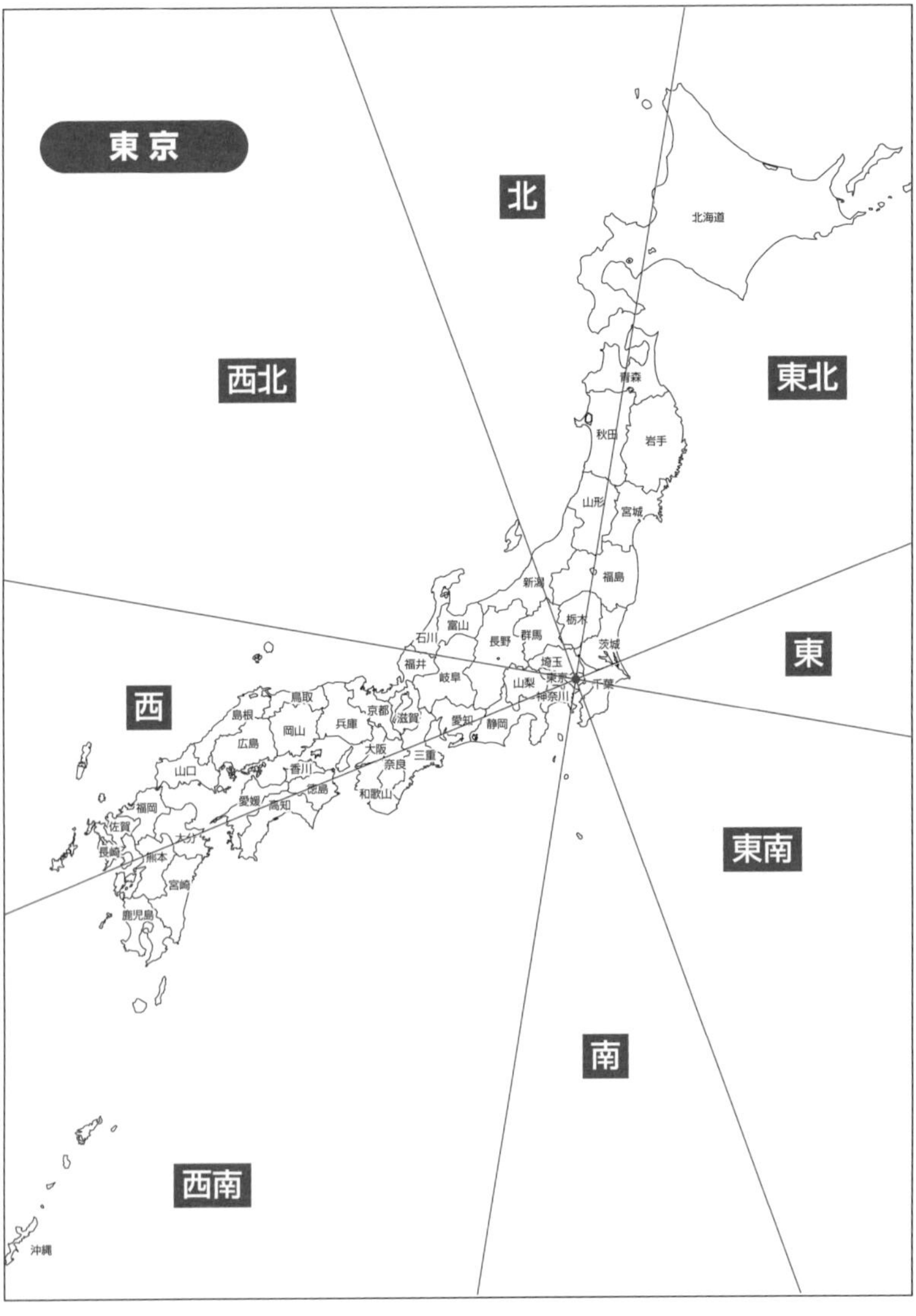

■東京から見た日本各地の方位

自宅からの方位を記入しよう

近くのお出かけは、日盤の吉方位へ。

◆方位メモを作ろう

いつでもすぐに吉方位がわかるように、自宅からの方位一覧表を作っておくと便利です。店、病院、美容院など、日頃よく出かける近隣の場所や少し離れたお出かけスポット、そして出かけたい観光地などの場所を調べ、表にまとめておきましょう。

●自宅からの方位一覧表例

	近所	近隣	遠方
	いつも利用する場所	電車・車で移動する近隣	新幹線・飛行機などで出かけたい場所
南	例)ジム	例）北区 ○○駅	例）日光 新潟
西南			
西			
西北			
北			
東北			
東			
東南			

第4章
吉方位へ出かけて願いを叶える

運気を上げ、願いを叶えるためには、ちょっとしたコツがあります。計画をたて、くり返し願いを叶える吉方位に出かけることです。賢く動いて夢を実現しましょう。

第4章 ◇1 吉方位・凶方位で現れる現象

1 吉方位の開運効果

吉方位がわかったところで、早速出かけて開運しましょう。その前に、あらかじめ九星別の開運効果を知っておくと、どんなプラス効果が現れるのかが具体的にわかり、期待できるので楽しみが倍増します。

たとえば、一白水星は目には見えない大切な物が得られる開運効果があり、愛情を深めたり精神的に成長できたりします。その効果を期待しながら出かけられるので、ピンポイントで効果を実感できるのです。九星にはそれぞれ異なる開運効果がありますから、目的に合った九星の吉方位に出かけることで、希望通りに願いを叶えることができるのです。

また、ちょっとした注意ポイントもあります。これを押さえておけば、開運効果をより確実なものにできます。

なお、九星の開運効果や注意点は、後天定位盤《こうてんじょういばん》での方位にも同じ事がいえます。つまり、一白水星の開運効果と注意点は、北の吉方位の開運効果と注意点でもあります。もしもあなたにとって一白水星が相性の良くない九星の場合、一白水星のいる方位は凶方位となるので出かけるのを避けなければなりません。しかし、北の吉方位に行くことで一白水星と同じ開運効果が得られるのです。

どんな願い事を
叶えたい？

一白水星での開運効果

●心が豊かになり、本当に大切な事に気が付く。
●目に見えない幸運や、密かな喜び、楽しみに恵まれる。
●苦労や悩みを成功に変換できる力がつく。
●他人にじゃまされたくないような事柄が順調にいく。
●男女関係が充実する。

注意点

●一白水星は苦労の中で花開く星。吉方位であっても、いったんは苦労をするかもしれませんが、それが自分を大きく成長にさせます。
●開運したと感じられるまでには時間がかかるので、すぐに結果を期待しないこと。

二黒土星での開運効果

●着実に物事が進む、進められる。
●しっかりとした基盤ができる。足元が固まる。
●妻や母親、中年以上の女性の助力が得られる。
●努力を惜しまず、地道に頑張れるようになる。
●堅実になる。
●サポート役として力を発揮できる。

注意点

●地道な努力が必要です。それが報われることで開運できます。
●効果を実感するまで時間がかかるので、すぐに結果を期待しないこと。

三碧木星での開運効果

●個性や才能を発揮して注目を浴びるようになる。
●積極性とアピール力が高まる。
●新鮮な気分になる。
●エネルギッシュに新たなことに取り組める。
●心機一転、スタートできる。
●出かけた先でにぎやかに楽しく過ごせる。
●活発になり、話術も上達して人気が高まる。

注意点

●勢いと形が先行し、実質的なものが伴わない場合があります。
●効果の持続性は長くはないので、新たなきっかけとして有効活用することが大切です。

注意点も
しっかり
おさえておこう。

四緑木星 での開運効果

- 物事がまとまり、良い形で運ぶ。
- 人脈ができ、交際範囲も広がる。
- コミュニケーションが活発になる。
- 交渉がうまくいく。
- 信用されるようになる。
- 遠方の人との縁がつながる。
- 結婚運、旅行運アップ。

注意点

- はっきりとした「けじめ」を意識しておかないと、収拾がつかなくなることがあります。
- 意識が四方八方に広がりやすく、目的達成までに寄り道をしやすくなります。

五黄土星 での作用

- 五黄土星が回る方位は五黄殺となり、誰にとっても凶方位となります。五黄土星はブラックホールのようにすべてを飲み込み消滅・破壊させてしまうのです。また、強力すぎる星がゆえに何事も歯止めがかからなくなります。
- 内部からジワジワと破壊力が作用する。
- 凶意が簡単には抜けない。
- けがや事故にあう。
- 窮地におちいる。
- 無気力、自暴自棄になる。

注意点

この方位はとにかく避けること！

六白金星 での開運効果

- 人の上に立つだけの力とかんろくがつく。
- 有力者と縁ができ、引き立てられる。
- 仕事運に恵まれ、収入アップが見込める。
- 気力体力ともに充実。
- 競争に勝てる運と力がつく。
- 投資、投機にチャンス。

注意点

- 良くも悪くも忙しくなり、何事もやり過ぎてしまいやすくなります。
- 強気になれる分、行き過ぎた発言やおうへいにならないように注意しましょう。
- 何事もバランスを意識することが大切です。

七赤金星での開運効果

- 恋愛、遊び、趣味などが盛り上がって楽しくなる。
- パーティーや食事会を楽ししめ、出会いや幸運に恵まれる。
- プライベートが華やかになる。
- 臨時収入など金運がアップ。ただし、支出も増える。
- 会話が上手くなる。
- 出会い、恋愛のチャンス。

注意点

- 七赤金星の方位へひんぱんに出かけると享楽的なムードにおぼれてしまいやすい生き方になります。
- 楽しいことを優先して、努力をおこたるようになる場合が。緊張感と向上心を忘れないようにしましょう。

八白土星での開運効果

- 現状からの好転、大逆転が期待できる。
- 相続がスムーズ。後継者に恵まれる。
- 不動産関連に有利。
- 状況をリセットしたり、良い形で物事を終わらせる。
- 停滞した状況に変化が。
- 上手に節約して、コツコツ貯蓄できる。
- 家族や親戚の関係が円満に。

注意点

- 何かと環境や一身上に変化が起こります。現状維持を望んでいる場合は注意。
- 古い考え方ややり方を変える覚悟と柔軟さで変化の波に乗りましょう。

九紫火星での開運効果

- 努力の成果がはっきり現れる。
- 名誉を得て脚光を浴びる。
- 試験、研究、芸術活動において幸運がある。
- 断捨離や自分に不要な事柄と離れることできる。
- 眠っていた才能が開花する。
- 裁判、契約事に有利。
- よいアイデアに恵まれる。

注意点

- この吉方位は吉・凶両面において二度くり返す作用があります。
- 良いことも悪いことも明らかになります。善い行いは賞賛され、悪いことはあばかれるので、日頃の心掛けがポイントになります。

凶現象を
予知しておけば、
対策できる。

2 凶方位での凶現象

吉方位に出かけると良い「気」をチャージでき、その良い「気」が幸運を招きます。しかし、もしも凶方位に出かけてしまったら、自分の持っている良い「気」が損《そこ》なわれてしまい、良くない現象も現れてきます。神経質になる必要はありませんが、凶方位に出かけてしまった場合にどんな現象が現れる可能性があるかを知っておくと、あらかじめ対応を考えておけます。

たとえば、本命星が八白土星の人が三碧木星の方位にやむなく出かけたとします。八白土星と三碧木星の相性はよくありませんから凶方位になります。すると、三碧木星の性質のマイナスの性質(象意)が現象として現れます。長所と短所が表裏の関係であるのと同じように、本来の性質が度を越したり、うまく機能しないために、本来はフレッシュで行動的、何かと注目を集めるという三碧木星の性質が、「勢いに任せて行動する」、「余計なことをいう」、「騒々しくなる」、「悪目立ちする」というように、マイナスの形で現れます。そのことをあらかじめ知っていれば、そうならないように注意することができ、問題を最小限にとどめることができるのです。

やむなく凶方位に出かけなければならないこともあります。凶現象の現れ方を押さえておきましょう。

◆九星が凶方位にあるときの凶現象

一白水星	苦労する　悩む　冷える　衰弱する　暗くなる　隠し事が生まれる　異性問題を引き起こす　詐欺や盗難にあう　体調不良になる　など
二黒土星	物事が停滞する　苦労が報われない　怠けてしまう　職を失う　向上心がなくなる　母・妻・祖母・目上の女性で苦労する　など
三碧木星	軽率な言動をする　悪い意味で目立つ　人前で恥をかく　落ち着かない　興奮　感情的になる　イライラする　ミスが発覚する　驚かされる　など
四緑木星	迷いが生じる　不信感が起こる　約束が反故《ほご》になる　連絡が通じない　信用を失う　話だけで終わる・形にならない　旅行のトラブル　など
五黄土星	やり過ぎ・強引さで失敗　自己本位になる　さまざまなトラブルが発生　事故・損害・損失・暴力行為などにあう、また自ら引き起こす　崩壊する　など
六白金星	気位が高くなる　身の丈以上のことを望む・する　自信過剰　投機・投資的なことで失敗　ギャンブルにのめりこむ　過労　目上の人物とトラブル　など
七赤金星	楽しいことしかしない　誘惑に負ける　怠ける　ぜいたくになる　浪費　悪い遊び仲間ができる　異性問題　失言で人間関係にきれつ　など
八白土星	相続問題　ポストを巡って争う　引き継ぎに災いがでる　借金を踏み倒される　親戚との問題　不動産や土地の問題　進退に窮する　貯蓄が減る　など
九紫火星	秘密が露見する　名誉が傷つく　辛い別れ　写真・映像・著作物・文書に関したトラブル　訴訟問題　争うようになる　税金問題　など

どの方位にいるかで、
九星の性質が
微妙に変わるんだ。

3 九星が各方位に回ったときの吉・凶現象

吉方位や凶方位に出かけたとき、九星の性質の現れ方は九星の位置する方位によって多少変わってきます。たとえば、東に回った九紫火星と南に回った九紫火星では現れる現象が微妙に異なります。東は、東を定位とする三碧木星の影響がある場所です。ここに他の九星が回ってくると、その星は三碧木星の性質の影響を受けて三碧木星の性質が加わります。東に回った九紫火星は、本来の「明るい」、「才能」といった性質（象意）に三碧木星の「勢い」、「芽吹く」が加わり、「明るくエネルギッシュ」、「才能が開花する」といった性質を持つようになり、そういう現象が現れます。

これがわかってくると、その方位に出かけることでどのような吉・凶現象や作用があるのかを、非常に詳細に予測できるようになります。

各方位に回ったときの九星の性質の違いを、視覚的・感覚的に理解しやすいように気学方位盤に合わせて一覧表にまとめましたので、活用してください。表の見方は、調べたい九星がどの方位にいるかを探すだけです。

たとえば、一白水星の回る方位が自分の吉方位だとします。北の一白水星、東北の一白水星、東の一白水星…とページをめくって一白水星の吉現象を比較してみてください。その中で、自分の願望や目的に一番叶っているのはどれですか？　もしそれが北の一白水星なら、北に一白水星が回るタイミングの年、月、日、時刻に出かけると良いのです。北に一白水星が回るのは、五黄土星中宮の方位盤ですから（↓p151）、五黄土星の年、月、日、時刻に、北へ出かけましょう。

一白水星が中宮のときに 各方位へ行ったときの吉・凶現象

◆西南の七赤金星

吉方位／営業センスが冴えて成績や収入がアップ。不動産の売買で利益を得る。楽しい家族団らんの時間を持てる。

凶方位／気力が低下して怠け癖がつく。接待交際で出費が増えて赤字財政に。

◆南の五黄土星

五黄殺　訴訟問題が起きる。厳しいペナルティを受ける。写真や映像、秘密が暴露されて名誉に傷がつく。人の心が自分から離れていく。落し物をする。薬害の恐れ。火難に注意。

◆東南の九紫火星

吉方位／遠方から朗報がある。栄転や昇給昇格。パーティーやカルチャーで異性との縁。華やかなイベントにツキ。

凶方位／信用を落とす事件が発生。恋愛は遠距離になる等で心が離れていく。

◆西の三碧木星

吉方位／対冲殺のため良い作用は一時的。話す職業や営業職は注目度アップ。音楽、通信機器に関した幸運な出来事。

凶方位／言葉が過ぎて人間関係に亀裂。約束がほごに。散財や金銭トラブル。

一白水星中宮

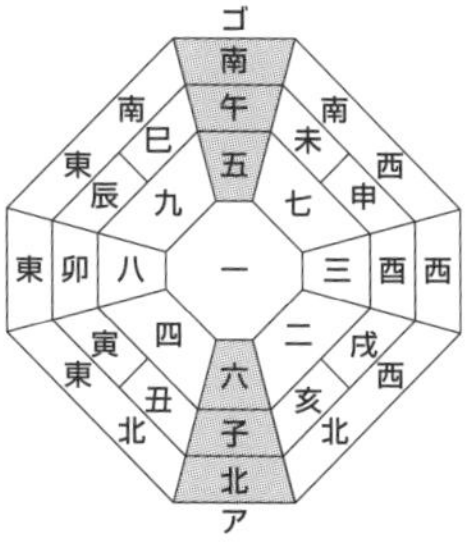

◆東の八白土星

吉方位／環境や人間関係に良い変化がある。方針転換で発展。才能が認められて昇給昇格。不動産の好情報を得る。

凶方位／変化を求めたり、欲張り過ぎて失敗。タイミングの悪さが目立つ。

◆西北の二黒土星

吉方位／活動的になり、ビジネスチャンスに恵まれる。昇給昇格。投資の利益が出る。競技で勝利、記録アップ。

凶方位／実力以上のことに手を出して失敗。目上と対立。ギャンブルで損失。

◆北の六白金星

暗剣殺　事業が失敗する。組織内の派閥争いで不利な立場に。仕事で衝突して孤立する。セクハラやパワハラに遭う。ギャンブルで財産を失う。不倫の危険性。水害、交通事故に注意。

◆東北の四緑木星

吉方位／方針転換や改革断行して好結果に。起死回生のチャンス。親族から縁談がある。財テクで貯蓄が増える。

凶方位／改革に失敗。信じていた人の裏切り。契約が破談に。貯蓄が目減り。

二黒土星が中宮のときに
各方位へ行ったときの吉・凶現象

◆西南の八白土星
暗剣殺　土地や住居に関するトラブルが起きる。家庭内にモメ事が発生する。仕事は予想外の異動や引継ぎのミスで混乱。リストラされたり給与削減で収入減に。間の悪い出来事に見舞われる。

◆南の六白金星
吉方位／発明発見、芸術で名誉を得る。勘がさえる。スポーツで勝利したり、記録を出す。プラチナチケットを得る。
凶方位／不安が的中。見込み違いで失敗する。カードやポイントのトラブル。

◆東南の一白水星
吉方位／情報網が拡大。地道な営業が実る。特定分野で密かに人気上昇。遠方の友人と交流。縁談や紹介話がある。
凶方位／良くないうわさが立ち、評判を落とす。取引で損害。恋愛スキャンダル。

◆西の四緑木星
吉方位／財運アップ、資金繰りがスムーズに。商談成立。遠方から祝い事の知らせ。趣味が充実。恋愛・結婚成就。
凶方位／浪費癖がつく。脇の甘さで失敗する。恋愛問題で信用を失う。

二黒土星中宮

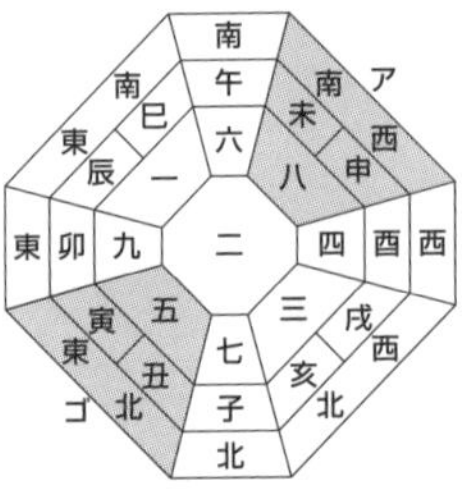

◆東の九紫火星
吉方位／自己アピールや商品の宣伝に成功。計画や企画が順調に進む。才能が花開いたり、知的分野で認められる。
凶方位／虚栄心から失敗する。軽率な言動で誤解を招く。恥をかく出来事。

◆西北の三碧木星
吉方位／積極性が出て活動的に。仕事で頭角を現す。企画が採用される。注目され有名になる。クジ運に恵まれる。
凶方位／無謀なチャレンジ、失言で失敗する。投資やギャンブルで損失。

◆北の七赤金星
吉方位／楽しい交友関係が生まれて飲食の機会が増える。恋愛はムードが盛り上がり関係が深まる。臨時収入あり。
凶方位／身近な人と口論に。夜遊びで悪縁ができる。恋愛は信頼関係にヒビ。

◆東北の五黄土星
五黄殺　物事が行きづまる。借金が膨らんで身動きが取れなくなり、生活が転落していく。遺産相続で家族が反目し合う。人間関係の確執で苦労。不動産トラブルが起きる。欲張って失敗。

三碧木星が中宮のときに
各方位へ行ったときの吉・凶現象

◆西南の九紫火星

吉方位／地道に積み重ねてきた仕事や勉強、趣味に成果が現れる。歴史や古い学問にツキ。人間関係が一新される。

凶方位／嫁姑問題など家庭内が不和に。契約や保証問題で心労。仕事が激減。

◆南の七赤金星

吉方位／クリエイティブな分野で才能を発揮。先見の明で仕事が成功。魅力アップで恋愛のチャンス。金運上昇。

凶方位／意欲が空回り。訴訟問題が起きる。金銭や異性スキャンダルが発覚。

◆東南の二黒土星

吉方位／まじめに働いて信用を得る。就職活動がうまくいく。新たな仕事のオファーが。目上の女性からの援助・支援。

凶方位／仕事の成果が上がらず物事が停滞。相手の煮え切らない態度に苦労。

◆西の五黄土星

五黄殺　お金を無心される。金銭トラブルが起きる。浪費をしたり、盗難に遭い財産を失う。夜遊びや情事におぼれて身を滅ぼす。毒舌や失言により人間関係にヒビが入り、深刻になる。

三碧木星中宮

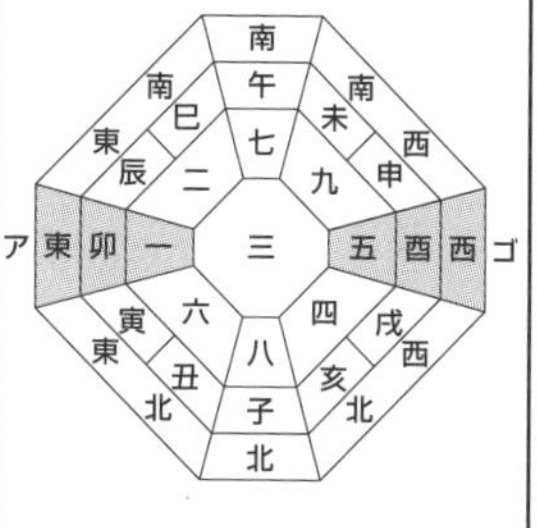

◆東の一白水星

暗剣殺　信頼していた人に裏切られる。詐欺にあい財産を失う。失言をしてバッシングされたり、モメ事を起こして窮地に。悪い異性が接近してくる。ネット上のトラブル、ケガや火傷に注意。

◆西北の四緑木星

吉方位／対冲殺のため良い作用は一時的。新企画がスタートしたり、遠方から取引が舞い込む。交友が活発に。

凶方位／強力なライバルが出現してプレッシャーを感じる。計画がとんざする。

◆北の八白土星

吉方位／古い友人に会ったり、親族と交流の機会が増える。よい相談相手が見つかる。副業や臨時収入に恵まれる。

凶方位／親族に関する悩みや相続問題が発生する。減収で経済的に困窮する。

◆東北の六白金星

吉方位／ラッキーハプニングで行き詰まっていた事態が好転。援助者が現れて再起できる。預貯金や保険で利益あり。

凶方位／不本意な人事異動。分不相応な挑戦や買い物をして借金を抱える。

四緑木星が中宮のときに
各方位へ行ったときの吉・凶現象

◆西南の一白水星
吉方位／地道な努力で仕事を得る。既婚者は内助の功を得て仕事運上昇。人に尽くして感謝される。親孝行できる。
凶方位／怠けがちになる。部下が思うように働いてくれず苦労。家庭内不和。

◆南の八白土星
吉方位／勉強や研究で新発見。発想を転換して成功する。不動産や相続に関する幸運。人間関係によい変化がある。
凶方位／相続で親族と争いに。保証人や不動産のトラブル。人が離れていく。

◆東南の三碧木星
暗剣殺　若い人とのモメ事。悪いうわさが立つ。人の口車に乗せられて失敗する。契約はまとまらない。デジタル機器の不具合、システムトラブル。恋愛が破局を迎える。騒音問題に悩まされる。

◆西の六白金星
吉方位／資金繰りがスムーズにいき仕事の業績も順調。ブランド品や高級品が手に入る。玉のこしの縁に恵まれる。
凶方位／資金難で事業が停滞。遊び癖がついて散財。異性との火遊びで失敗。

四緑木星中宮

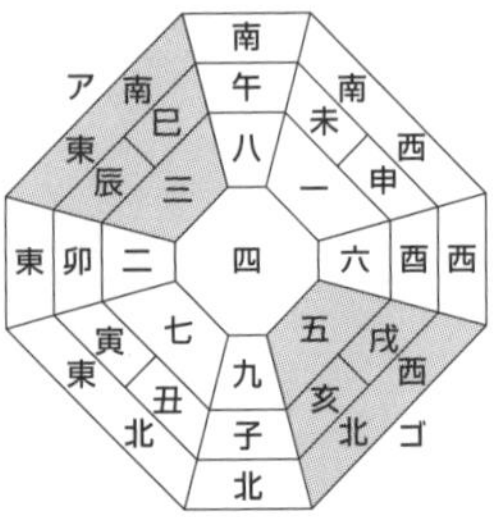

◆東の二黒土星
吉方位／努力して能力や才能を伸ばせる。目上の女性の援助を得て目的達成。古いものや伝統的なもので開運できる。
凶方位／勇み足や失言で失敗。落ち着きがなくなる。話が計画倒れに終わる。

◆西北の五黄土星
五黄殺　後ろ盾を失う。予算超過で赤字財政に。仕事のミスマッチで意欲を失う。仕事の過重な負担により過労。事故を起こす。よくない筋の人に縁ができる。ギャンブルや投資で大損する。

◆北の九紫火星
対冲殺のためよい作用は期待できない。魅力的な異性に縁があるが、交際が深まるにつれて不安が生じる。仕事では意欲をそがれる出来事が。情報漏えい。生活がすさむ。ネット上のトラブル。

◆東北の七赤金星
吉方位／不安定な状態から運気回復する。遺産相続などで資産を得る。恋愛は腐れ縁を断ち切れば新たな出会いが。
凶方位／舌禍で親族や知人との関係がこじれる。借金を申し込まれて悩む。

五黄土星が中宮のときに 各方位へ行ったときの吉・凶現象

※五黄中宮の年は吉方位でも引っ越しでは用いないほうが無難です。

◆西南の二黒土星
吉方位／目標が見つかり、勤勉になる。既婚者は内助の功に助けられる。古い話や人間関係からチャンスが生まれる。
凶方位／怠け癖がつく。努力が実らず落胆する。個性の強い女性に苦労する。

◆南の九紫火星
吉方位／学問や研究、趣味に進歩がある。試験に合格したり、表彰される。契約成立。悪縁を絶つことができる。
凶方位／隠し事が発覚する。名誉が傷つく。写真や映像に関したトラブル。

◆東南の四緑木星
吉方位／信用が増して、新たな取引や仕事の依頼が増える。商談が成立する。知人の紹介で良縁に恵まれる。
凶方位／物事が話だけで終わる。約束がほごに。迷いから判断ミスをする。

◆西の七赤金星
吉方位／資金繰りがスムーズにいくが、お金の出入りは激しくなる。社交性がアップ。レジャーで良縁が生まれる。
凶方位／舌禍で人間関係にヒビが入る。怠け心が出る。悪い遊び仲間ができる。

五黄土星中宮

◆東の三碧木星
吉方位／よいアイデアが浮かぶ。自己アピールやトークで注目される。ユニークな発想で成功。時代の寵児となる。
凶方位／詐欺にあい損失を被る。軽率な言動で失敗したり、人前で恥をかく。

◆西北の六白金星
吉方位／仕事で成功して貫禄が出てくる。投資で利益が上がる。仕事で高収入を得る。目上の人の引立てがある。
凶方位／実力以上の事をして失敗。過労に注意。生活が派手になり散財する。

◆北の一白水星
吉方位／冷静な判断ができる。よい企画やアイデアが浮かぶ。勉強や研究に集中できる。秘めた恋心を楽しむ。
凶方位／裏切られたり、逆恨みされる。孤独になる。水のトラブルに注意。

◆東北の八白土星
吉方位／改革の効果が出てくる。仕事や技術を引継いでくれる人に恵まれる。貯蓄や不動産を増やすことができる。
凶方位　不本意な転勤や異動。相続やポストの争い。貸し金が回収困難に。

六白金星が中宮のときに
各方位へ行ったときの吉・凶現象

◆西南の三碧木星

吉方位／アイデアを具体化できる。歴史や昔のものからヒントを得る。古い知人と再会。よい中古品を入手する。

凶方位／計画が思うように進まず意欲を失う。騒音問題で近隣とトラブルに。

◆南の一白水星

対冲殺となり、よい作用が期待できない。近親者とトラブルになる。異性スキャンダルで名誉が傷つく。ぬれぎぬを着せられる。えん罪事件に巻き込まれる。恋愛は価値観の違いが目立ち破局。

◆東南の五黄土星

五黄殺　不名誉なうわさが立ち、信用を失う。商談や縁談はこじれて不成立に。親友と絶交する。悪臭に悩まされる。行方不明事件が起きる。マイナスのスパイラルに入って抜け出せなくなる。

◆西の八白土星

吉方位／外柔内剛の交渉力で成功。周囲の人の協力で予想以上の成果を得る。親族から金銭や物質的な援助がある。

凶方位／不動産や相続で苦労する。利害関係のからむ話し合いは物別れに。

六白金星中宮

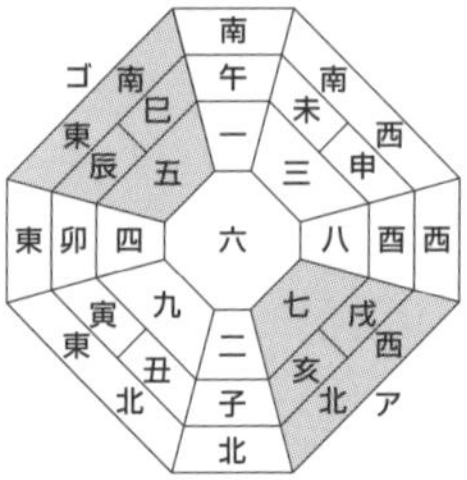

◆東の四緑木星

吉方位／人気や信用が高まる。情報力がアップして仕事のチャンスをつかむ。遠方から好情報がある。恋愛が進展。

凶方位／焦りから迷いが出る。謀略にかかって苦境に陥る。対人関係に摩擦。

◆西北の七赤金星

暗剣殺　目上の人と意見が衝突して孤立する。投資やギャンブルで大損する。金銭トラブルに巻き込まれて資金難に。酒色におぼれて浪費したり、愛人に金品を貢いだりする。交通事故に注意。

◆北の二黒土星

吉方位／よい部下に恵まれて仕事の効率が上がる。副業で収入を得る。母親的女性が精神的支えに。旧交を温める。

凶方位／計画はとんざする。経済的にじり貧となる。気が重くなる問題が発生。

◆東北の九紫火星

吉方位／一身上に変化が起きて開運する。勉強や研究がはかどる。デトックス効果。相続などで思わぬ資産を得る。

凶方位／不動産や証券で損をする。計画が狂う。周囲にいた人が離れていく。

七赤金星が中宮のときに 各方位へ行ったときの吉・凶現象

◆西南の四緑木星

吉方位／まじめに働いて信用を得る。知人の紹介でよい仕事に恵まれる。生活習慣が整う。友人と旧交を温める。

凶方位／信用を失い、仕事に支障を来す。面倒な世話事あり。やる気を失う。

◆南の二黒土星

吉方位／向学心に燃え、勉強や研究にまじめに取り組む。古い書籍や資料から発見がある。伝統芸能や芸術にツキ。

凶方位／古い問題を取沙汰される。忍耐力不足で挫折する。名誉に傷がつく。

◆東南の六白金星

吉方位／対冲殺のためよい作用は一時的。目上の人の理解を得て計画が進展する。よい投資話や縁談が舞い込む。

凶方位／気位の高さでチャンスを逃す。肝心なところで迷いが出て判断ミス。

◆西の九紫火星

暗剣殺　酒席で口論となり、ケンカ別れする。悪友に誘われて、遊興費がかさむ。予想外の散財が続いて財政が傾く。契約や交渉事がスムーズにいかず心労する。薬の副作用、ケガに注意。

七赤金星中宮

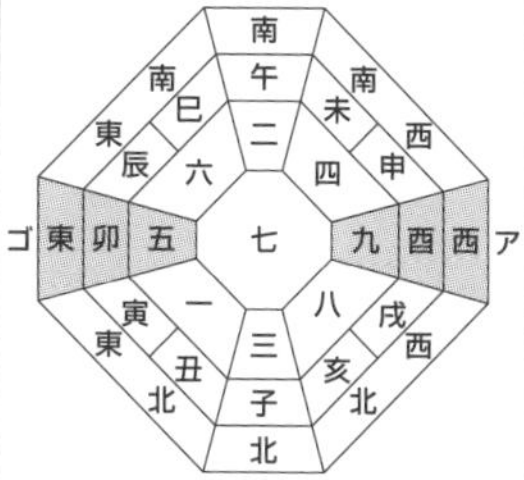

◆東の五黄土星

五黄殺　計画が挫折する。目的を失って自暴自棄になる。ブラックな職場で疲弊する。変わった趣味や極端な主張がマイナス評価に。若い人は非行に走る。容姿がエキセントリックに変化。

◆西北の八白土星

吉方位／目上の人や知人に助けられる。現状を整理して新しい挑戦が吉。生活が健康的に。保険や投資で利益を得る。

凶方位／仕事の環境が変わって働きにくくなる。投資や事業に失敗する。

◆北の三碧木星

吉方位／裏工作や秘密の交渉事が成功する。後輩や部下が陰で支えてくれる。ネット上や特殊な業界で有名になる。

凶方位／不純な交際が生まれる。詐欺にあう。ネット上のトラブルで心労。

◆東北の一白水星

吉方位／方針転換をはかり、事態が好転する。親族と交流する機会が増える。借金やローンは順調に返済できる。

凶方位／裏工作をして失敗。お酒や異性トラブル。相続やお墓の問題で苦労。

八白土星が中宮のときに
各方位へ行ったときの吉・凶現象

◆西南の五黄土星

五黄殺　営業成績が落ち、リストラされる。よき相談相手を失う。家庭内トラブルで心労する。古い問題が蒸し返されて苦しい立場になる。問題が長引いて精神的に消耗する。

◆南の三碧木星

吉方位／頭が冴えて、よいアイデアが浮かぶ。才能が認められる。表現力に磨きがかかる。好情報が舞い込む。

凶方位／隠し事が発覚して苦しい立場に。訴訟問題やモメ事に巻き込まれる。

◆東南の七赤金星

吉方位／資金調達や集金がスムーズにいく。遠方との取引が成立する。紹介やレジャーを通じて恋愛のチャンスが。

凶方位／口論で信用を失う。恋愛スキャンダルで評判が低下。金銭的な損失。

◆西の一白水星

吉方位／金銭を融通してもらえる。夜遊びを楽しむ。趣味で交友の輪が広がる。恋愛は交際が順調で関係も深まる。

凶方位／資金繰りに苦労する。酒色におぼれて浪費する。不倫や失恋に苦しむ。

八白土星中宮

◆東の六白金星

吉方位／立身出世する。仕事で頭角を現す。問題が無事に解決し、新規計画がスタート。有名人や有力者に出会う。

凶方位／意欲が空回りする。目上の人に振り回される。予定がドタキャンに。

◆西北の九紫火星

吉方位／仕事で手柄を上げる。目上の引立てで重要な仕事を任される。資格試験に合格する。スポーツで活躍する。

凶方位／自信過剰で失敗。協調精神を欠き孤立。プライドが傷つけられる。

◆北の四緑木星

吉方位／ネットで人脈が広がる。部下のフォローで仕事に成果が。苦労した後に気づきを得る。信頼関係が恋愛に。

凶方位／決断力不足でチャンスを逃す。個人情報が漏洩。ネットで中傷される。

◆東北の二黒土星

暗剣殺　仕事を離職する。商売不振で店をたたむ。今まで築き上げたものを失う。家族や親族に関した悩みや遺産相続などのトラブルが発生する。古い問題が蒸し返す。登山で遭難する恐れ。

九紫火星が中宮のときに各方位へ行ったときの吉・凶現象

◆西南の六白金星

吉方位／モチベーションが上がり、勤勉になる。努力が上司に認められ、重要なポストを得る。計画が軌道に乗る。

凶方位／苦労ばかりで収穫がない。過労でダウン。家庭内の悩みが増える。

◆南の四緑木星

暗剣殺　文書や契約書の不備からトラブルが発生。隠し事が発覚する。訴訟問題や警察沙汰が起きる。風評被害を被る。失恋や遠距離恋愛など離別の悲しみがある。不快な臭いに悩まされる。

◆東南の八白土星

吉方位／遠方と取引が成立する。社交運が活発になり、人から世話をしてもらえる。知人の紹介で話がまとまる。

凶方位／物事に行きづまり、途中で投げ出してしまう。現実逃避する。

◆西の二黒土星

吉方位／堅実な方針でやりくりがスムーズになる。目上の女性の紹介で良縁を得る。旧交を温める機会に恵まれる。

凶方位／生活費がかさんで、金銭的に苦しくなる。目上の女性の干渉に悩む。

九紫火星中宮

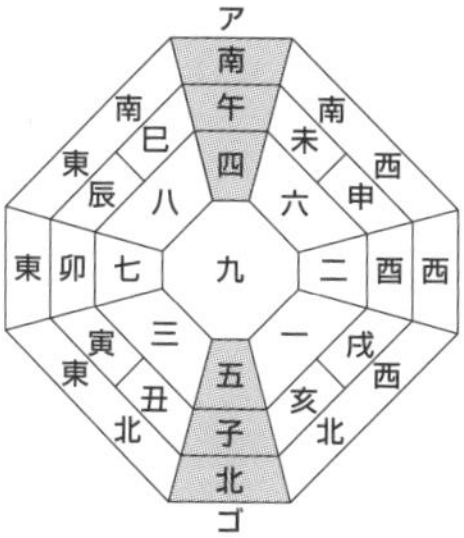

◆東の七赤金星

吉方位／対冲殺のため良い作用は一時的。臨時収入に恵まれるが、レジャーの機会も増えて散財。IT関連に幸運。

凶方位／騒音問題や近隣トラブルが発生。辛辣な発言をして人間関係にヒビ。

◆西北の一白水星

吉方位／冷静な判断と根回しで仕事がうまくいく。目上の人の支援を得られる。悩みや苦労を乗り越えて開運する。

凶方位／傲慢な態度、根拠のない自信で失敗する。職場の人間関係に悩む。

◆北の五黄土星

五黄殺　信じていた人に裏切られる。不正に手を染めてしまう。悪縁や悲恋で心労し、なかなか縁を切ることができずに悩む。子供や部下の問題で苦労する。物事が足元から崩れていく。

◆東北の三碧木星

吉方位／巧みな話術と改革で成功し、行きづまった事態が好転。親族のアドバイスに助けられる。意外な人と再会。

凶方位／後手に回って物事が停滞する。思わぬ相続問題が降りかかってくる。

第4章 ② 吉方位に出かける前に知っておきたいこと

初めて吉方位に出かける方から、よく具体的で細かい質問を受けることがあります。それらはかなり重要なポイントですので、皆様にもご紹介しましょう。吉方位へ出発するその前に、知っておいた方が良いことばかりです。

出かける前に
軽く目を通して
おく程度で
OKよ。

Q　方位を調べるとき、どこを起点（中心）と考えたらいいの？

起点となる場所を定めましょう

方位を調べるには、まずは基点となる場所を明確に定めることが大切です。原則として、45日以上連続して寝泊りした場所を基点とするので、基本的には自宅が起点（中心）となります。引っ越したばかりのときは、いろいろな要素が混じり合って方位のパワーを正しく活用することができませんので、落ち着いてから（45日経ってから）実践するようにしてください。

Q　遠くまでの旅行と日帰り旅行では、開運効果はどれくらい違うの？

方位のパワーは移動距離×滞在時間で決まります

方位のパワーは移動距離×滞在時間に比例します。ですから、滞在期間が長期間になる引っ越しが最も効果が大きく、次が海外への出張や旅行、宿泊を伴う国内への出張や旅行、日帰りの出張や旅行や通勤、近所へのお出かけ、の順で考えるとよいでしょう。

出かける場所が自宅近くの場合は方位の作用があまり感じられない場合もありますが、自宅からおおよそ１㎞くらい離れると、その日に出かける方位の意味を持つ現象が現れます。遠方へ出かける場合は、その日の象意とその月の象意が混ざった現象が現れます。

方位のパワーは「気」であり、目には見えませんから、自分が遭遇する現象をぜひ肌で感じてください。感じたことを「九星別象意（↓ｐ245）」や「吉方位・凶方位で現れる現象（↓ｐ141～145）」と照らし合わせて後で再確認すると、とても面白い発見があると思います。吉方位に出かけて感じたことをメモして、自分だけの「開運オリジナルノート」を作りましょう。

Q　吉方位の効果を実感できたり、願いが叶ったりするのはいつ？

開運効果・現象が現れるタイミングがあります

方位の現象・効果はその方位に出かけて行った当日にその場で感じる場合と、帰ってきてしばらくしてから実感できる場合があります。

九星気学では、４、７、10、13番目にあたる日、月、年に現象や効果が現れるという法則があります。短いスパンなら４、７、10、13日目、長いスパンなら４年、７年、10年、13年目という具合です。これは気学用語で**「線路の周期」**ともいわれています。

おおむね、徒歩30分程度の距離に２～３時間滞在したのであればその日のうちに、日帰り旅行程度の距離であれば１～２週間の間に、それ以上の距離の場合はおおむね１か月の間に出かけた方位に関する現象が起こります。

基本的には、近距離・短時間の方位のパワーは小さな事象が瞬間的にパッと現れ、遠距離・長時間の方位のパワーはハッキリとした事象となって現れて、しかもその作用が長く続きます。

吉方位の効果はこのように現れますが、しかし実際は願い事の内容によってケースバイケースです。また、効果を実感するのも人それぞれの受け取り方にもよります。時期が来たのに効果があまり実感できなくても悲観的にならないでください。くり返し吉方位に出かけていると、開運パワーは確実に充電されていくはずです。ポジティブに、楽しみながら出かけることがなにより大切なのです。

Q　吉方位ならどの方位でもいいの？

目的にかなった吉方位に出かけましょう

それぞれの方位の意味をよく理解して、自分の希望や状況に合った吉方位へ出かけましょう。たとえ吉方位であっても、目的に合っていないとその良さを実感しにくかったり、希望しない結果を招いたりすることがあるかもしれません。

恋愛成就を願っているのに、仕事で昇進する吉方位へ出かけたらどうでしょう。もちろん、吉方位ですから悪くありませんし、包括的な良さはあります。ただ、効果をストレートに実感しにくいといえます。

Q　思いたったらすぐに出かけて大丈夫？

可能なら計画的に日取りを選びましょう

吉方位に出かけるためには、日取りを設定し、あらかじめしっかりと計画的を立てることをおすすめします。ベストタイミングに出かけるのが最も効果的だからです。

旅行やレジャーの場合、行き先の方位が年盤、月盤ともに吉方位となるタイミングを選ぶと吉作用が高まります。出発日の日盤や滞在している日の日盤もみて、行き先の方位が日破・五黄殺・暗剣殺にあたっていないかどうかも確認するとかなり理想的です。

また、土用期間中（立春、立夏、立秋、立冬の前18日間）は吉作用がうまく発現しないとされているので、可能ならこの期間を避けるとよいでしょう。土用期間中は近場で映画や観劇、ショッピングといったインドアのレジャーを楽しんだり、お墓参りなど先祖供養したりしましょう（→p60・88）。

もしも、希望する日に休暇が取れるのでしたら、年盤、月盤、日盤の吉の方位がすべて重なる日に吉方位へ向かって出発し、旅先で開運行動をすれば、その効果は絶大です。

Q　帰ってくるときの方位も関係あるの？

帰りも少なからず作用を受けると考えましょう

出かけたら自宅に帰ってくるわけですが、このとき、自宅へ帰っていく方位の作用も受けます。行きの場合と比べて、帰っていく方位で受ける作用や影響の大きさは半分弱程度と小さくなりますが、それでもその影響はゼロではありません。ですから、帰るべき自宅の方位が暗剣殺、五黄殺、日破にあたらないようにプランニングしましょう。それがむずかしいよ

出かけた先の
吉パワーを全身
で味わおう。

うなら、基本的には行きの方位を優先してかまいません。

また、出発日が次の月の節入りに近い日ですと、帰るときには月が変わり、月盤の九星の位置が移動してしまうため、注意が必要です。できるだけ節入り前の出発は避けると良いでしょう。

Q　吉方位にでかけた先ではどんなことをするといいの？

エネルギーを取り入れるための開運行動をするとベストです

吉方位に出かけたら、その土地で木、火、土、金、水すべての気を体に取り込むようにすると、効率よく吉方位のエネルギーを受けることができます。これが開運行動です。

- 木はその土地の空気を深呼吸、森林浴をする。
- 火はその土地で太陽の光を浴びること。朝日を浴びるのもよいでしょう。
- 土はその土地の地面を（できれば裸足で）踏みしめること。
- 金は神社やお寺で鈴や鐘を鳴らす音を聞くこと。
- 水は湧き水をいただいたり、温泉（できれば源泉かけ流しの露天風呂）に入ること。

つまり、すべてその土地の自然を全身で感じればよいのです。

Q　「祐気《ゆうき》取り」とは、何ですか？

吉方位で良い「気」を取り入れることを「祐気取り」といい、特に具体的な目的を叶えるために出かけるのでなく、単に良い「気」を取り入れに行くことをいいます。そして、出か

感謝の心を
もって
出かけると
パワーが
最大に！

けた先で深呼吸したり、太陽の光を浴びたり……といった「開運行動」を行うのですが、ここで、「国内でのおすすめの祐気取りコース」をご紹介しましょう。神社参拝の後に温泉地で宿泊するプランがおすすめです。神社はパワースポットですし、温泉に入って、その土地で採れた旬の食材をいただけば、くまなく気を取り入れることができます。お土産もその土地の特産品や縁起物を買い求めるのがよいでしょう。余談ですが、吉方位で買ってきたお土産を人にプレゼントすると幸福のお裾《すそ》分《わ》けになり、予想以上に喜んでもらえます。

スケジュール的に宿泊できない場合でも、吉方位で現地に到着してから2時間以上滞在することができれば心身ともに活性化し、日常生活で良い変化が起きたり、開運のきっかけをつかむことができます。日帰り旅行やちょっとした散策でも良いので積極的に吉方位に出かけてみましょう。ただし、いくら吉方位で流行のスポットだとしても、陰の気が満ちている場所は祐気取りには向きません。廃墟《はいきょ》ツアーや古戦場めぐりなどは避けてください。

余裕があるなら、神社の由来やご利益などを調べておきましょう。目的にかなったご利益があるなら、ラッキーです。参拝の仕方はその神社の作法に従ってください。

また、吉方位に出かける前には、家の中を掃除してきれいにしておくと、持ち帰ったよい気をスムーズに定着させることができます。忙しくて家中の掃除が無理なときは、せめて玄関と、家の中の出かける方位にあたる場所（たとえば西に旅行するのであれば、家の西側の部屋）を掃除しておきましょう。

行きも帰りも
無理せず
のんびり
リラックス。

Q　寄り道して帰っても、開運に影響はない？

行きも帰りもまっすぐ向かいましょう

可能な限り、吉方位の目的地へはまっすぐ向かいましょう。しかし、交通手段や諸事情で、直線コースで進めないこともあるかもしれません。経由地など、やむなく立ち寄る場所が本来の方位から外れてしまう場合は、長時間滞在せず、通過する程度にしましょう。周遊型のツアーでは吉方位の範囲から外れた場所を回ることになりがちです。一か所滞在型のツアープランがおすすめです。

Q　最大吉方位に出かけたいのに、チャンスが少ない……。

こだわりすぎても逆効果です

いざ実践しようとすると、完璧《かんぺき》な吉方位は案外少ないと感じるでしょう。しかし、あまり神経質にならず、自由に出かけられるときには吉方位を選び、それがむずかしい場合には凶方位を避けるといった柔軟な考え方が大切です。

Q　どうしても仕事で凶方位に出かけなければならない。どうしよう…。

凶方位に出かけるときの対処法があります

仕事や付き合いなどで、どうしても凶方位に出かけなければならないときは、基本的には祐気取りの逆の行動をしてください。つまり、凶方位の気をできる限り取り入れないようにすればよいのです。

自分達で運転しなければならないような車での移動や危険を伴うレジャー、登山や川下りなどアクティビティーも避けましょう。温泉は控えめに。食事は生ものを避けたり、アルコール類も少量にしたり、暴飲暴食をしたりしないように気を付けましょう。自分でコントロールできるリスクはできるだけ減らすことが大切です。用事が済んだら、できるだけ早く帰路についてください。また、「凶方位での凶現象（↓p145）」で、凶方位でどのような凶現象が起こる可能性があるのかを把握しておき、意識的にトラブルを減らすようにポジティブに考えるようにしましょう。

時間に余裕を持って行動するとか、携帯電話の予備のバッテリーなど、いざというとき必要になりそうなものを用意するなどして、万事備えておくと安心です。

海外へ出かける場合は、事前に吉方位にある神社やお寺で旅行安全祈願や方災除《ほうさいよ》けのお祓《はら》いを受けておくのもおすすめです。無事に帰ってきたら、祈願やお祓いをした神社やお寺へお礼参りをしましょう。

凶方位に引っ越してしまった場合も、神社やお寺で方災除けの祈願をしましょう。

★さらに知っておきたいこと

①　北は効果が現れるのに時間がかかります

一白水星には苦労という意味があり、一白水星の定位《じょうい》である北もまた、たとえ吉方位であっても吉効果を得るまでには時間がかかります。本命星の五行が土、火の人にとっては北

ワンポイント
アドバイスだよ。

は一白水星の定位ですから相性が良い方位とはいえません。その場合にはなかなか効果を感じられません。

② 南は別れを意味する場合もあります

また、南は離反の意味があり、思いがけず別れたり離れたりすることになってしまう可能性があります。交際中の人や良い職場に恵まれている人は、この吉方位へ頻繁《ひんぱん》に出かけない方がよいといわれます。この場合はむしろ、安定や平和の意味を持つ方位に出かけていくとよいでしょう。

③ 注意が必要な方位は短時間滞在で対応しましょう

開運のためには、特定の方位ばかりでなく、さまざまな方位のパワーをバランスよく取り入れる必要があります。ときには相性の良くない方位や南や北などの注意点がある方位へも出かけなくてはなりません。

たとえば、本命星が四緑木星の人にとって六白金星の定位《じょうい》である西北は相性が良いとはいえませんが、栄養バランスのためには苦手な食べ物も取り入れる必要があるのと同様、相性が良いとはいえない方位にも時々出かけて行くとよいのです。ただし、無理がないように作用を最小限に抑えなくてはなりません、出かけるなら近距離で、かつ、短時間の滞在にしましょう。

④　吉方位がいくつかある場合は…

吉方位がいくつかあって選べる場合は、自分が開運したいテーマに沿って方位を決めましょう。引っ越しや家を購入する際は本命星に月命星も合わせて方位をみて、最大吉方位となる方位を選べば申し分ありません。

⑤　吉方位に出かけた直後は反対の方位は避けて

吉方位旅行をしたら、しばらく（出かけた距離にもよりますが）は対沖（出かけた吉方位と180度真反対の方位）への旅行は控える方がよいでしょう。せっかくの吉方位のパワーが相殺されてしまう可能性があるからです。ただし、この法則は凶方位の場合は当てはまりませんので、「凶方位へ出かけてしまったけど、対沖に出かけたから差引ゼロになった」などということにはなりません。

⑥　吉方位がない場合はどうしたらいいの？

年盤も、月盤も、日盤も、すべてにおいて吉方位がない…ということはほぼありませんが、単独の盤で吉方位がないということはあります。その場合は、身の回りを整理整頓したり、家でのんびりリラックスするなどして静かに過ごし、吉方位がやってくるタイミングを待ちましょう。

願い事に合った吉方位を選んでね。

第4章 ③ 願いを叶える吉方位

吉方位は、目的によって使い分けるとさらに効果的です。仕事の成功を願うならそれに適した方位に、人間関係を円滑にしたいならそれが叶う吉方位に出かけましょう。そのポイントをまとめました。

1 旅行の方位

旅行は一人旅なら本人の吉方位へ、家族やグループで出かける場合は全員に共通して吉となる吉方位がベストです。むずかしい場合は、世帯主やグループ代表者の吉方位を選びます。もしも、個人的にあるいはメンバーの誰かに特別な願い事があるときは、その人を基準にしましょう。

2 恋愛運アップの方位

出会い運や恋愛運アップを願うなら、四緑木星か東南、七赤金星か西が吉方位になるときに旅行に出かけるとよいでしょう。恋人との関係を深めたいのであれば、一白水星か北の吉方位がおすすめです。何かしらの事情があって縁を切りたい場合は、九紫火星か南の吉方位に出かけましょう。

3　家内円満の方位

家族が仲良く円満に暮らせるようにと願うなら、一家の主人にとって二黒土星か西南の吉方位へ出かけましょう。家庭の中で父親が尊敬されたり威厳を高めたりしたい場合は六白金星か西北の吉方位へ、母親がしっかり家を守ってまとめるパワーを得たい場合は二黒土星か西南の吉方位が効果的です。家運の発展を願うなら三碧木星か東の吉方位もよいでしょう。

4　人間関係がよくなる方位

人間関係を改善するには、コミュニケーションがスムーズにいくようになる四緑木星か東南の吉方位へ出かけましょう。特に目上の人との関係を良くしたい場合は、六白金星か西北の方位へ、部下との関係を良くしたい場合は一白水星か北の吉方位がおすすめです。自分の我の強さなどが原因で人間関係がうまくいかないのなら、二黒土星か西南の吉方位へ出かけると、忍耐力や協調性が養われて状況が好転します。

5　仕事運アップの方位

忍耐力を養いたいときや、まじめに働く意欲が湧《わ》くことを願う場合は、二黒土星か西南の吉方位がよいでしょう。有名になりたいとか、プレゼンテーションやトークの上達を願う場

ただ何となく
吉方位に
行くだけでも、
運気は上がるよ。

合は三碧木星か東の吉方位へ、取引を成功させたり顧客を増やしたりしたい場合は四緑木星か東南の吉方位へ。活躍して昇進や昇給を願うなら六白金星か西北の吉方位、資格試験やスキルアップを目指しているなら九紫火星か南の吉方位へ出かけましょう。

6 財運アップの方位

財運アップを願うなら、六白金星か西北の吉方位へ出かけましょう。七赤金星または西の吉方位も収入アップの効果がありますが、入った分だけ出て行ってしまう傾向があります。不動産運をアップさせたり、貯蓄を殖やしたりしたいなら、八白土星か東北の吉方位へ出かけるとよいでしょう。

7 転居先を探すとき、不動産を求めるときの方位

いずれも年盤で暗剣殺や歳破の凶方位は避けることが原則です。家やマンションを購入する際には家の方位と仲介する不動産会社の方位が大切です。どちらも吉方位であるにこしたことはありませんが、少なくとも家の方位だけは吉方位を選びましょう。あらかじめ吉方位にある不動産会社に訪れておいて、そこで吉方位の家を仲介してもらうというのが理想的です。不動産会社が凶方位にあると、言葉にウソがあったり、契約に関するトラブルが発生したりする可能性がありますから注意してください。

開運九星気学入門

感染しない
させない！
賢く、行動
しましょう！

●どこで購入されましたか？

●本書についてのご感想・ご意見をお聞かせください

●九星気学入門講座の案内書を進呈します。

①希望する　　　　②希望しない

メール：free5kk@nifty.com

郵 便 は が き

恐れ入りますが
郵便切手を
お貼りください

1 6 9 0 0 7 5

東京都新宿区高田馬場
4－22－46

フリースペース
愛読者カード係行

御芳名《ふりがな》	性別　男・女 年齢　　歳
住所　〒	
御職業	Eメール

8　健康運アップの方位

九星気学では、良くない「気」を受けるとケガをしたり、病気にかかったりすると考えます。反対に、ケガや病気の治癒《ちゆ》を願って祐気《ゆうき》取りをするなら、その体の部位に合った吉方位を用いれば回復するためのエネルギーが得られるでしょう。

◆後天定《こうてんじょう》位盤《いばん》と人体

九星を人体の部位に当てはめると図のようになります。たとえば、九紫火星は頭部に関係しています。そのため南の吉方位に出かければ頭部に関係する器官のケガや病気の治癒を助け、凶方位に行くとそれらの器官の病気になるおそれがあると考えるのです。また、本命星

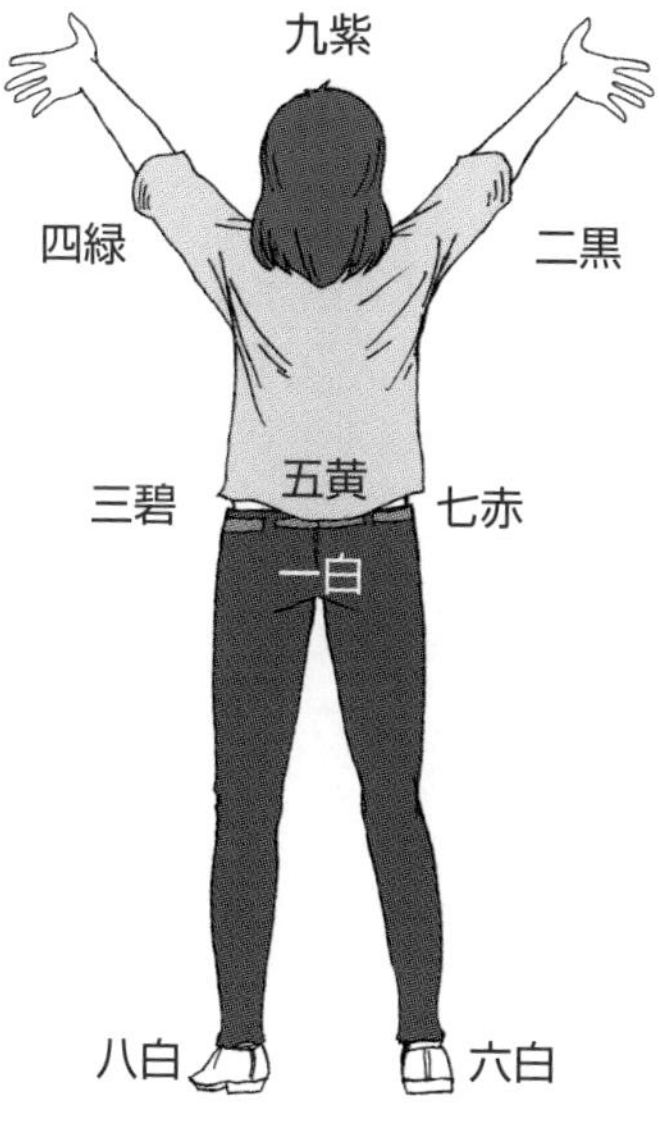

後天定位盤

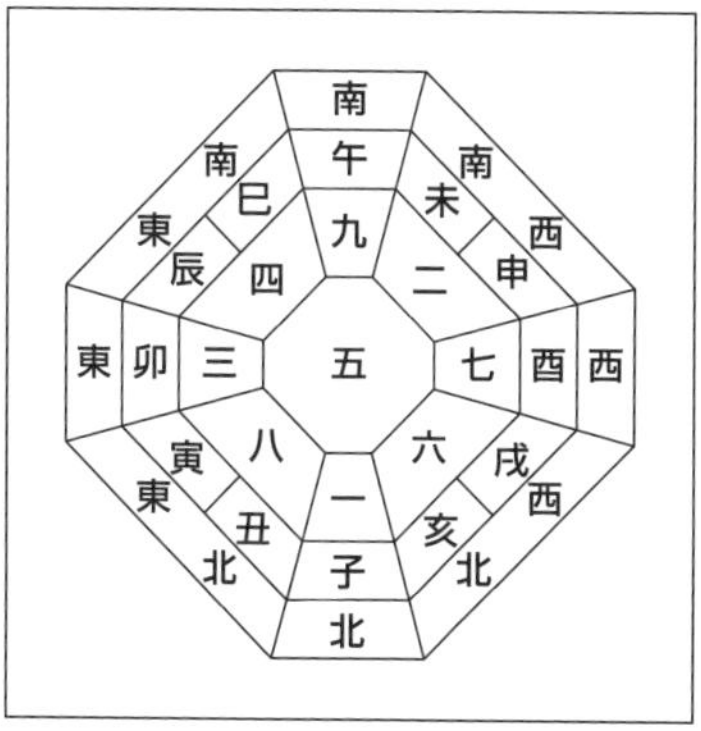

お店が吉方位なら、
買い物しながら
開運できちゃうね。

が九紫火星の人は頭部に関連する器官の病気になりやすい傾向があるとされています。自分の本命星と人体の関わりを知れば、日頃の健康管理の参考になります。もっと細かい部位や特徴的な病気については、巻末の「九星別象意（↓p245）」参考にしてください。

健康運アップを望むときは、六白金星か西北の吉方位へ出かけるのがよいでしょう。生活習慣を整えたいなら、四緑木星か東南の吉方位へ。健康的に体格を良くしたいなら八白土星か東北の吉方位、禁酒や禁煙など何かを断つことによって健康になりたいなら、九紫火星か南の吉方位がよいでしょう。

9 買い物の方位

日用品や消耗品の買い物であれば、日盤の方位で暗剣殺《あんけんさつ》と五黄殺《ごおうさつ》、日破《にっぱ》を避ければよいでしょう。凶方位で買い物をすると、粗悪品や不良品に当たったり、さまざまなトラブルが発生するかもしれません。また、衝動《しょうどう》買いしてしまうことも。

日常生活の中では、飲食、サービスの利用、習い事、投資、相談など、新規の契約や取引をスタートするといったことが多くあると思います。その場合にも日盤の凶方位を避けることで、トラブルから身を守ることができるでしょう。

大きな買い物や何年も使用するような品物については年盤、月盤の方位も確認しましょう。観葉植物や鉢物（土のついた植物）は吉方位で購入すれば、開運につながります。ただし、土用《どよう》期間（↓p60・88）は避けましょう。

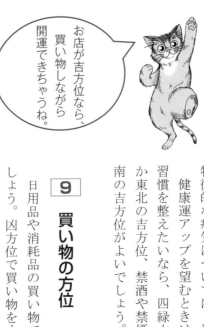

第4章 ④ ケーススタディ

実際に出かけるとなると、もっと具体的で細かい疑問が出てくると思います。そこで、ケースごとにマニュアル化してみました。これをチェックしながら吉方位に出かけましょう。

1 日帰り旅行やイベントへ出かける

「自宅から西へ日帰りの一人旅。車で片道3時間のドライブをしたい」

ポイント

＊日帰り旅は、日盤の吉方位へでかけるのが基本。
＊出発時間の時盤で、出かける方位が吉方位だと理想的！
＊現地で観光やイベントを楽しむ。

注意すること

＊目的地が日盤で吉方位でも、年盤や月盤が凶方位であれば危険を伴うレジャーは避けて。
＊出発時間の時盤で、目的地が吉方位でなかったとしても、基本的には出かけても問題ありません。しかし、暗剣殺《あんけんさつ》、五黄殺《ごおうさつ》、時破《じは》に当たっていると、道中に多少のトラブルはあるかもしれません。しっかり備えてから出かけましょう。

開運旅行の
実践的な
アドバイスだよ。

2 家族で2〜3日程度の国内旅行へ

「GW中、自宅から東へ、新幹線を使って家族旅行」

ポイント

＊数日の旅行は、月盤、日盤の両方で吉方位となる場所へ出かけるのが基本。
＊家族全員の共通の吉方位がないなら一家の主人、または特別な願い事がある家族の本命星から吉方位を選びます。
＊行き先に神社があればぜひ参拝しましょう。
＊温泉があるホテルや旅館に宿泊すればさらに吉方位パワーがアップ！
＊地元で採れた食材で新鮮な料理をいただきましょう。
＊お土産には地元の名産品、縁起物を求めると開運効果大です。

注意すること

＊飛行機に乗るくらいの遠方なら、目的地の方位が年盤の暗剣殺、五黄殺に重ならないようにすること。
＊日盤は、行きも帰りも凶方位（暗剣殺・五黄殺・日破）にならないのがベストですが、むずかしい場合は、出発日の日盤で目的地が凶方位にならなければＯＫ。
＊目的地が出発時間の時盤でも吉方位なら理想的ですが、凶方位でもあまり気にしなくても大丈夫です。その場合は、気を引き締めて出発しましょう。
＊幼児が一緒なら小児殺（→p112）の方位を避けましょう。

3　1週間程度の海外旅行（個人）

「ヨーロッパへ一週間の海外旅行。自宅に一番近い空港から出発する予定」

ポイント

＊長期で、しかも遠くへの旅行は、年盤、月盤の両方で吉方位になる行き先へ向かうのが基本。

＊出発する空港の方位が日盤で吉方位だとベスト！

注意すること

＊旅行の予約をする際は、目的地が年盤か月盤で凶方位に当たらない日程で予約を入れると理想的です。

＊「年運のバイオリズム（↓p209）」で旅行する年の運勢の状態を確認し、運気が良い波の時を選ぶと効果大。

＊方位の効果があいまいにならないように、節入り前の日程は避けましょう。（月の境目は次の月の影響を受ける場合があります）

吉方位でなくても、
凶方位でなければ
心配しなく
てもOKよ。

4　友人と近場で買い物を楽しむ

「自宅から比較的近いショッピングセンターへ友人と買い物へ行きたい」

ポイント

＊食品や日用品を購入する場合は日盤の吉方位へでかけるのが基本です。

＊数年にわたって使用するものは、年盤と月盤もチェックを。凶方位は避けて。

＊共同購入する場合は、買い物をする代表者の吉方位を選びましょう。

注意すること

＊ローンを組むような高額の買い物は、買い物する場所が年盤、月盤、日盤とも凶方位にならないタイミングを選びましょう。

5　引っ越し

「来年春に引っ越し予定。吉方位に引っ越して開運したい！」

ポイント

＊引っ越し先が月盤、日盤の両方で吉方位になるタイミングで引っ越すのが基本。むずかしいなら、凶方位に当たらないようにしましょう。

＊実は引っ越し当日より、新居先の土地と縁が始まるタイミングが重要です。初めて現地を訪れる時には、新居先が年盤で吉方位で、さらに月盤で凶方位に当たっていないよう

にチェックを。

＊家族単位の引っ越しは、世帯主の本命星で吉方位を選びます。

注意すること

＊引っ越し当日も、現地に初めて訪問する際も、できる限り土用期間（↓p60・88）を避けるとよいでしょう。

＊年盤、月盤、日盤、すべて吉方位で引っ越しできれば開運パワーは絶大です！

6　仕事の営業や挨拶に行く

「取引先に仕事の提案をして、成功させたい」

ポイント

＊営業や取引などは、相手先が月盤、日盤の両方で吉方位になるタイミングで訪問を。

＊四緑木星、八白土星、九紫火星の吉方位を選ぶと相手の対応や反応がよいでしょう。

＊時盤で訪問先が吉方位に当たる時間に訪問すると理想的。

＊個人事業主は自宅を、会社員は勤務する職場を起点とします。

注意すること

＊吉方位の九星の象意に関するアイテムを持っていくと効果アップ。たとえば、西南の吉方位なら甘いものを。これは西南が二黒土星が司る方位（定位《じょうい》）で、甘いものは二黒の象意だからです。西北の吉方位なら、六白金星の象意である高級菓子など。詳しくは

吉方位パワーが
応援してくれるよ！

巻末の「九星別象意（↓p245）」を参考にしてください。
＊吉方位がむずかしい場合は、せめて凶方位を避けましょう。

7 デート

「大好きなあの人とデート。楽しく過ごして、二人の絆《きずな》を深めたい」

ポイント

＊基本的な考え方は日帰り旅行と同じです。
＊二人にとって凶方位にならない方位へ出かけましょう。共通の吉方位なら理想的。
＊デートする場所が、時盤で二人にとって吉方位になる時間帯に告白やプロポーズできると最高です。それがむずかしい場合は、二人にとって凶方位にならない時間帯にしましょう。

注意すること

＊デートの場所がどちらかにとって凶方位になってしまう場合は、何があってもあわてないように、時間にゆとりをもったデートプランにしましょう。その場合は、リスクをともなう行動は避け、二人でのんびり過ごすことをおすすめします。

第5章 傾《けい》斜《しゃ》法《ほう》で個人を分析する

人には、自分も他人も知らない、未知の自分があります。傾斜法は今まで気づかなかった長所や短所を明らかにして、未知の自分を発見する手がかりを教えてくれます。

「傾斜」は気学の専門用語なの。

第5章 ① 傾《けい》斜《しゃ》法《ほう》で個人を深掘りする

1 傾斜法は個性を占う

九星気学にはさまざまな開運法があります。その代表的なものが前章で紹介した吉方位へ出かける開運法です。積極的に動いて開運するため、「動」の開運法といえるでしょう。それに対し、性格や運勢を知ってより良く、より賢く生きる方法は「静」の開運方法といえます。本章では、「静」の開運法の代表のひとつともいえる「傾斜法」を紹介しましょう。傾斜法は、本命星と月命星の関係から、より詳細な性格と運勢を知る方法です。

人は生まれながらにそれぞれ個性があり、同じ状況でも感じ方や考え方は全く異なります。この違いを九星気学では、本命星と月命星の違いによると考えます。そして、本命星と月命星の性質の組み合わせから新たに第三の性質＝個性が見えてきます。傾斜法は、この個性を知る方法なのです。本命星と月命星を組み合わせ、そこに「傾斜」という概念を加えます。すると、本命星と月命星の組み合わせだけではわからない、もうひとつの別の顔が浮き上がってきます。「傾斜」とは、生まれた月の月盤上で、自分の本命星がどこに位置しているかを示す特殊用語です。

傾斜では、
隠されている
性格がわかるぞ。

2 傾斜法で個性を分析する

「傾斜」は本命星と月命星から割り出します。
傾斜は八種類あります。

坎宮《かんきゅう》傾斜
艮宮《ごんきゅう》傾斜
坤宮《こんきゅう》傾斜
震宮《しんきゅう》傾斜
巽宮《そんきゅう》傾斜
乾宮《けんきゅう》傾斜
兌宮《だきゅう》傾斜
離宮《りきゅう》傾斜

次ページの傾斜一覧表で傾斜宮を確認しましょう。
月命星と本命星がともに五黄土星の場合だけ、男性と女性で傾斜宮が違う点に注意してください。

◆本命星別傾斜一覧表

一白水星

月命	一白	二黒	三碧	四緑	五黄	六白	七赤	八白	九紫
傾斜	離宮	巽宮	震宮	坤宮	坎宮	離宮	艮宮	兌宮	乾宮

二黒土星

月命	一白	二黒	三碧	四緑	五黄	六白	七赤	八白	九紫
傾斜	乾宮	乾宮	巽宮	震宮	坤宮	坎宮	離宮	艮宮	兌宮

三碧木星

月命	一白	二黒	三碧	四緑	五黄	六白	七赤	八白	九紫
傾斜	兌宮	乾宮	巽宮	巽宮	震宮	坤宮	坎宮	離宮	艮宮

四緑木星

月命	一白	二黒	三碧	四緑	五黄	六白	七赤	八白	九紫
傾斜	艮宮	兌宮	乾宮	震宮	巽宮	震宮	坤宮	坎宮	離宮

五黄土星

月命	一白	二黒	三碧	四緑	五黄	六白	七赤	八白	九紫
傾斜	離宮	艮宮	兌宮	乾宮	男：兌宮 女：乾宮	巽宮	震宮	坤宮	坎宮

六白金星

月命	一白	二黒	三碧	四緑	五黄	六白	七赤	八白	九紫
傾斜	坎宮	離宮	艮宮	兌宮	乾宮	坤宮	巽宮	震宮	坤宮

七赤金星

月命	一白	二黒	三碧	四緑	五黄	六白	七赤	八白	九紫
傾斜	坤宮	坎宮	離宮	艮宮	兌宮	乾宮	艮宮	巽宮	震宮

八白土星

月命	一白	二黒	三碧	四緑	五黄	六白	七赤	八白	九紫
傾斜	震宮	坤宮	坎宮	離宮	艮宮	兌宮	乾宮	兌宮	巽宮

九紫火星

月命	一白	二黒	三碧	四緑	五黄	六白	七赤	八白	九紫
傾斜	巽宮	震宮	坤宮	坎宮	離宮	艮宮	兌宮	乾宮	坎宮

◆傾斜は「隠れた内面」を表す

本命星は「考え方」を、月命星は「行動パターン」を表すともいわれ、傾斜は「隠れた内面」を表します。たとえば、本命星が六白金星で月命星が四緑木星の人がいるとします。本命星と月命星の組み合わせでは、リーダー的素質とクールな考え方を持ち（六白）、柔軟に対応できる（四緑）人です。傾斜法では「兌宮《だきゅう》傾斜」となり、「兌」のような性格が隠れていることがわかります。「兌」は易の八卦で七赤金星に対応していますから、クールで温和な頼りになるリーダータイプでも、本当は楽しいことが大好きで調子に乗りやすい一面があるのです。

なお、本命星と月命星が同じ場合は「中宮傾斜」ともいいます（「傾斜一覧表」でピンクの文字の傾斜）。たとえば、本命星も月命星も一白水星の場合は離宮《りきゅう》傾斜ですが、同時に中宮傾斜ともいうのです。この生まれの人は運勢の波が大きいのが特徴で、変化に見舞われることが多く、順調なときは幸運が続きますが、悪くなると極端に悪くなります。

傾斜法は本来、傾斜を軸に生まれた月の月盤を細かく分析することで、結婚運、家庭運、財産運、事業運、仕事運、健康運、適職など、非常に詳しく運勢を知ることができます。しかし、その方法は非常に複雑なので、本書では個性の分析に特化してご紹介します。

傾斜法で自分を深く知り、長所を伸ばして短所を補うような吉方位に積極的に出かけて、「静」と「動」が一体となった最高の開運方法を実践しましょう。

◆傾斜のしくみ

実際に自分が生まれた月の月盤を見てみると仕組みが良くわかります。「傾斜」は、その月盤上で自分の本命星がどこに位置しているかということです（中宮傾斜を除く）。たとえば、本命星が六白金星、月命星が四緑木星の人は兌宮傾斜です。六白金星の年の、四緑木星の月に生まれたので、月盤は次の図の通りになります（↓p223）。本命星の六白金星は、月盤上で兌宮（西）に位置しています。

例：1994年3月生まれ
本命星：六白金星（↓p24）
月命星：四緑木星（↓p25）
↓ 兌宮傾斜（↓p180）

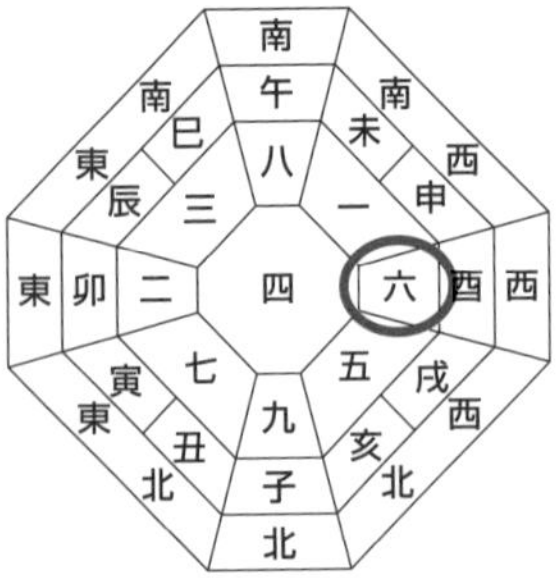

後天定位盤で兌宮は西
本命星の六白金星が
月盤上で西にある

後天定位盤

◆傾斜による性格的特徴

●坎宮傾斜の人

思慮深く理知的で、確実な仕事をする人。自分の才能を生かすことがうまい。内面に豊かな情感を隠し、感性が鋭いために人知れず悩んだり苦しむことも多い。色恋の悩みを抱えやすい。意外に計算高く打算的な面を持つ。

●坤宮傾斜の人

まじめな努力家で、骨惜しみをしない人。素直で親切ですが、迷いやすく優柔不断。信用でき、尊敬できる指導者を得て伸びるタイプ。視野が狭まりやすいこと、保守的になって小さくまとまってしまいやすいのが欠点。

●震宮傾斜の人

明るく元気で積極的な人。にぎやかで口達者、楽しいお調子者と思われがちだが、考えたり工夫したりすることを好む研究熱心な一面も。短気で怒りっぽく、失言癖が短所。自分を優先する傾向が目立つ場合もある。

●巽宮傾斜の人

温和で、人当たりが良い人。世話好きで親切なので、人材育成や人と人をつないだりすることに適性が。商売の才も。ただ、お節介でツメが甘いので人に利用されがち。忍耐力不足で、快、不快に振り回されてしまうことが多い。

●乾宮傾斜の人

先頭に立って頑張る負けず嫌いな人。私情に流されず物事を冷静に判断できる。目標を定めたら努力を惜しまないなど、ビジネス方面に適性がある。欠点はプライドの高さ。また、意外にお天気やで、細やかな気配りに欠けるのも注意したいところ。

●兌宮傾斜の人

おしゃれで社交上手、スマートな人。審美眼に優れセンスの良いものを好む。話術も巧みで弁が立ち、第一印象はすこぶる好印象。一方で、欲深で物や金への執着が強い。自分さえ良ければ良い、という自己中心性もある。恋愛トラブルを起こしやすい傾向。

●艮宮傾斜の人

チャンスを見つけたら逃さないガッツがある人。意外に家庭的で子供や家族を大切にする優しい面が。また、気持ちの切り替えが早く、嫌な感情を引きずらない潔さもある。強欲で飽きっぽく自分勝手な面がマイナスに。

●離宮傾斜の人

上昇志向の強い情熱家。新しいもの好きで思い付きを具体化するのが得意。社交的で華やか、注目を集める存在感がある。欠点は熱しやすく冷めやすく、怒りっぽいところ。自信過剰で目下の人への配慮が足りない面も。

傾斜による九星の長所と短所

◆本命星が一白水星の人

月命星	傾斜	長所	短所
五黄土星	坎《かん》宮	穏やかな笑顔の下に芯の強さを隠し持っています。人が何を言おうと自分の信じた道を貫き、しっかり実績を積み上げていくでしょう。自分のペースで進む人。	がんこで独りよがりな面があります。人の都合にお構いなく、自分のやりたいことをやりたいように進め、迷惑がられることも。肝心なことを秘密にするのも問題。
四緑木星	坤《こん》宮	地味で目立たない作業でも、手を抜かずに頑張るまじめな性格。誰からも信頼されます。細かいことに気が付く、繊細な感性の持ち主。任されたことは最後までやり抜きます。	少々引っ込み思案で表現力が不足気味。相手の空気に飲まれてしまい、いうべき言葉を引っ込めてしまいがち。素晴らしいアイデアも、温めすぎて機会を逸することに。
三碧木星	震《しん》宮	イマジネーションや創造力に恵まれた、生まれながらのクリエイター。思い込むと、いちずにのめり込む純なところがあります。さっぱりと明るく、元気なところが大きな魅力。	個性が強すぎて場の調和を乱しがち。それが度重なると、周りの協力が得られず、高い才能を生かせません。不遇をかこつことも。常識が足りないことと、地道な努力を嫌うところが問題。
二黒土星	巽《そん》宮	几帳面な努力家。社交的で、人の輪をとても大切にする柔和な性格。時と場合に応じ、対応を変える柔軟性も持ち合わせています。状況を分析する力はかなりのもの。	頭が良く、配慮しすぎて本音を話しません。常に優等生で、当たりはいいけれどきれいごとばかりいうつまらない人と思われる心配が。しっかりしたポリシーを持たないので、簡単に押し切られがち。

自分の長所をさらに活用し、短所は補うようにして、開運しましょう。

一白水星	離《り》宮	人の言葉など気にせず、自分が信じる道をまいしんする強さがあります。洞察力があり、凝り性。好きなことを徹底的に突き詰めるので、ひとつの道で大成する可能性は大。	偏屈で、常識を尊重しない傾向が。当たり前のことが当たり前にできず、問題視されることも多いでしょう。疑い深く、悲観的なので周りから浮き、孤立してしまうかも。
九紫火星	乾《けん》宮	行動力が抜群で努力家。何をやっても標準以上の成績を残せます。適応力も高く、リーダーシップもあり、仲間思い。集団を守るためなら戦いも辞さない強い人。	闘争心が強く、味方以外は「みんな敵！」という極端な発想をしがち。気位が高いところがあり、高飛車な態度で余計な反感を買うこともしばしば。相手を甘く見て痛い目に合うことも。
八白土星	兌《だ》宮	現実的で弁が立ち、上手に自己主張ができる人。かなりわがままなことを言っても、嫌な空気を作らないという特別な才能の持ち主。よく遊び、学び、人生を楽しみます。	神経が細かく、好き嫌いが明確。苦手な人や物ごとは徹底的に拒否するのに、好きなら危険なまでにのめり込みます。恋愛で大きな失敗や苦労をしてしまう傾向も。
七赤金星	艮《ごん》宮	まじめで温和、家族を大切にする優しい人。人の役に立つことが大好き。目の付け所が一味違うので、世の中に役立つすごいアイデアを生む可能性があります。	欲が深く、損得がからむと人が変わります。怪しげな投資セミナーや利殖話に、軽率に飛び込んでしまいそう。人の好き嫌いの激しさと、山っ気があるところが失敗の原因になりやすい。
六白金星	離《り》宮	表面は明るく華やかですが、内側は考え深く研究熱心。一流志向なので、目標を定めて頑張れば、学問や芸術の道で大成する素晴らしい能力が秘められています。	物事の見た目にとらわれて本質を軽視するところが。自分に甘く、耳の痛い助言などは無視するところがあるので、チャンスを棒に振ってしまいます。熱しやすく冷めやすい面も。

傾斜による九星の長所と短所

◆本命星が二黒土星の人

月命星	傾斜	長所	短所
六白金星	坎《かん》宮	まじめで冷静、どんなピンチも上手に切り抜ける知恵者。逆境にも強く、困難を耐え忍んで大輪の花を咲かせることができる人です。その優しさで多くの人を助けます。	人のために頑張るのは得意。しかし、自分のこととなると、途端にタイミングを外したり出遅れたり、ずれてしまいがち。遊び下手でつまらない人とかんちがいされることも。
五黄土星	坤《こん》宮	地道に努力できる努力家。粘り強く頑張って、実力でポジションを勝ち取ることができる人。優しく誠実な対応で信頼が厚く、良い人間関係に恵まれます。	融通が利かず、柔軟な対応ができません。杓子定規な事を言って失笑を買うこともしばしば。視野も狭く、寛容でないので、適応できる環境も限定的。人間関係も広がりにくい。
四緑木星	震《しん》宮	サービス精神旺盛で器用な人。目の付け所が良く行動力もあるので、チャンスをつかみ、何をしても平均以上の成果を残せます。エンターティナーとしての才能も。	正直すぎて言葉で失敗したり、うっかり余計なことを話してしまいがち。また、忍耐力が足りず、結果が出ないとすぐに見切りをつけてしまいます。努力が嫌いで、見栄っ張りなところが。
三碧木星	巽《そん》宮	温和で人当たりが良く、優れた社交術の持ち主。まじめさと感じの良さで、多くの人に慕われます。誠実さも魅力。幅広い人脈を通して、ビッグチャンスが訪れることも。	お調子者で八方美人と思われて損をする傾向が。また、優等生のような雰囲気で親近感に乏しく、自覚はなくても人と距離ができることも。損得勘定にたけ、計算高いところがあります。

自分の長所をさらに活用し、短所は補うようにして、開運しましょう。

二黒土星	乾《けん》宮	まじめで優しい人情家。損得抜きで人のために頑張る人。忍耐力はかなりのもので、職人気質なところも。正直で飾らない人柄が支持され、自然と人生が開けます。	要領が悪く、何につけ人一倍時間がかかるタイプ。自己アピールも下手で、同僚や後輩に遅れをとることもしばしば。融通が利かず、気も利かないところがあります。
一白水星	乾《けん》宮	正義感が強い努力家。世話好きな上に仕事が大好き。頼まれると、力の出し惜しみなく頑張ります。自らの努力で、名誉を勝ち取る可能性も大。知的で学究肌な一面も。	プライドが高く、人に弱みを見せるのを嫌うため、一人でいろいろとため込んでしまいます。中途半端なことができず、損得抜きで頑張るため、割に合わぬことも多い。
九紫火星	兌《だ》宮	人当たりが良くあいきょうがあります。大いに稼いで大いに遊び、人生を満喫するタイプ。豪快に見えても、意外と繊細で、受けた恩はいつまでも忘れない、義理堅さが良いところ。	欲しいものがあると我慢できず、無理にでも入手。出費がかさみ、常に自転車操業状態になる恐れが。見た目ほど社交的ではなく、実はマイペースなので誤解されることも。
八白土星	艮《ごん》宮	穏やかに見えますが、なかなかの野心家。いざというときはバトルも辞さない強い人。利害にさとく、自分につながるものは何としても守り抜こうとします。	欲のために、実力以上のものに手を出して、失敗する恐れが。また、身びいきで、人を敵と味方に分けて考えます。敵には容赦しません。リスク無視で大勝負する無謀な一面も。
七赤金星	離《り》宮	アピール上手で才能に恵まれた人。趣味や習い事で才能が開花し、仕事に活かせます。時流に敏感で新しいものも大好き。常に若々しく、華やかな印象の持ち主。	少々飽きっぽく、多くのことに手を出しますが、続くものはわずか。好き嫌いも激しく、人間関係もかたよりがち。気分にムラがあり、派手にお金を使ってしまうところが難点。

傾斜による九星の長所と短所

◆本命星が三碧木星の人

月命星	傾斜	長所	短所
七赤金星	坎《かん》宮	こだわりのある個人主義者。それでも、気の合う仲間とは楽しく盛り上がります。流行に敏感で、着眼点がすばらしく、物事の本質を見抜く、鋭い洞察力も魅力。	神経が細やかでどちらかと言えば繊細。苦手に感じるものが多く、すべてにおいて一度は拒否する傾向が。気むずかしく頑固な面もあり、自ら世界を狭めてしまいがち。
六白金星	坤《こん》宮	堅実で手堅い仕事をする人。マイペースで、何事にも筋を通す正直な気質。信頼できる人柄は、縁ある人大勢に愛されます。また、何事も継続することで、自分の価値が上がります。	不器用で、融通が利かない気質。適当に手を抜くことができず、仕事が立て込むとパニックに。優しすぎて、強いリーダーシップに欠けるため、人に甘くみられるのが悩みどころ。
五黄土星	震《しん》宮	明確なポリシーを持つ、自己主張の強い性格。正直で裏表がなく、目立とう精神も旺盛。気の合う人からは熱狂的に支持されるでしょう。チャレンジ精神があり、企画力も優れています。	根拠のない自信にあふれ、物事を勢いで進めてしまいがち。結果も成功と失敗の両極で、何事も浮き沈みが多いようです。言いっぱなし、やりっぱなしで責任感のない一面も。
四緑木星	巽《そん》宮	頭の回転が速く、テキパキと動く働き者。親切で、人のためになりたい、という気持ちが強いので、大勢から愛されます。ジャンルを問わず、興味深い話を収集する情報通。	気分の浮沈が大きく、落ち込むとかなり面倒な性格に。思い込みだけで、余計なことを口にしてトラブルを招く場合が。あきらめが早く、移り気なのも難点。

自分の長所をさらに活用し、短所は補うようにして、開運しましょう。

三碧木星	巽《そん》宮	正直で裏表のないタイプ。律儀で約束は義理堅く守り、頼まれると断れません。正義感は人一倍。「これは違う」となったら強敵でも恐れずにぶつかっていきます。	隠し事ができないので、聞いた秘密を隠し通せぬ弱さがあります。また、せっかちで我慢が苦手。イライラが募るとかなり攻撃的に。自分の意思を通そうとヒステリックになりやすい。
二黒土星	乾《けん》宮	まじめで一途、真っすぐな気性の持ち主。人目につかないところでも、手を抜かずに頑張る正直者。好きなことは労をいとわず励み、実力で人生を開いていきます。	きまじめ過ぎて融通が利かず、持論を声高に言い募ります。話し合いにならなくて周りの人を当惑させることも。頭を下げたり交渉したりするのが下手で、誤解されることが多い。
一白水星	兌《だ》宮	巧みな話術で人をひき付け、言いにくい事も嫌味なく言えてしまいます。趣味人で、良い意味でこだわりがあるタイプ。相当の「目利き」になれる審美眼の持ち主。	自分がこだわることには、容赦なく厳しい評価を下すタイプ。ときに批判的で、他人の言動に文句を付けて不要に敵を作ってしまうことも。趣味にお金をかけすぎるのも問題。
九紫火星	艮《ごん》宮	華があり注目を集めるタイプ。サービス精神も旺盛。口が達者で、人に好かれ、場を盛り上げることができるムードメーカー。技芸や学問にも適性があります。	何でも欲しがるところが。見栄を張って大風呂敷を広げてしまい、自分で自分を追い詰めてしまうのも問題。また、先行投資などと理屈をつけて高額な買い物に走ったり、山っ気があるのも難。
八白土星	離《り》宮	上昇志向が強い人。特に名誉や知識への欲が強く、学問や技芸に全力を傾けて打ち込みます。勘が鋭く、先見の明があるので、「これだ」と思ったことが的を射ます。	熱しやすく冷めやすいタイプ。ささいなことでやる気を失い、簡単に目標を放棄してしまいます。現実的な苦労に弱く、乗り越えられる壁も諦める弱さがあります。

傾斜による九星の長所と短所

◆本命星が四緑木星の人

月命星	傾斜	長所	短所
八白土星	坎《かん》宮	物静かで繊細、独特の感性を持つ人。好きなことにはマニアックにこだわります。知性派で分析力にたけているので、参謀役、学問や芸術関係にも適性が。	こだわりが強く、柔軟性に欠けるので、変化の多い環境は苦手。ストレスに見舞われると、心が折れて引きこもってしまうことも。人間関係で悩みやすい。
七赤金星	坤《こん》宮	人当たりが良く、人付き合いが上手。苦手な人ともうまくやれる特技の持ち主。物事のポイントを素早くつかむ才があり、知性を生かす仕事で活躍できます。	案外と好き嫌いが多く、損得に敏感。得になると思えば、大嫌いな人にもしっぽを振るドライさがあります。理屈っぽく偏屈なところも。決断力不足が課題。
六白金星	震《しん》宮	明るく社交的で、しかもさりげなく積極的に自己アピールできる人。注目を引くので、自然とリーダーや責任者になります。頭も良く、言葉も巧み。人を説得する力は抜群です。	思いつくまま調子良く話したり、パフォーマンスに走りすぎて信用を失う恐れが。口先だけで、行動や内実が伴わないことも多い。立場に関係なく意見して、目上から反感を買うことも。
五黄土星	巽《そん》宮	温厚でソフトな印象。困っている人に手を差し伸べる、優しさが最大の長所。話しやすい雰囲気もあり、多くの人に好かれます。顔の広さなら、誰にも負けないはず。	気の迷いが多く、行動した後で余計な心配や反省をしてしまいます。知り合いが多い割に、本当に心を許して話ができる親友が少ないので、悩みがいつまでも堂々巡り。

自分の長所をさらに活用し、短所は補うようにして、開運しましょう。

四緑木星	震《しん》宮	争いを好まない穏やかな人。人の役に立つことに喜びを感じ、頼られたら親身になって寄り添います。数多くの経験を積むことで自信とキャリアを得ていくタイプ。	好き嫌いがはっきりしています。表現は穏やかですが、気に入らないものには一切妥協せず、完全拒否。人間関係でのつまずきが、人生の可能性を狭めてしまう結果に。
三碧木星	乾《けん》宮	如才なく、初対面の人ともすぐになじめる性格。人の気持ちをつかむのが得意で、グループの中では自然とリーダー的な立場に。ユニークな発想力にも恵まれています。	勢いはあっても、持続力がないのが困ったところ。大きなことをいう割に、実行せずに終わることがしばしば。何でも器用にこなしますが、平凡な結果ばかり。
二黒土星	兌《だ》宮	しっかりていねいに自己主張できる人です。好きなこと・ものを極めるはっきりした性格。特殊技能や技芸の道で活躍できる力があり、密かな楽しみを見つけるのも得意。	内弁慶で大人しく、慣れない場所では良さが発揮できません。優柔不断ではっきりした態度が取れず、誤解されたり、人の言いなりになったりして利用される心配が。
一白水星	艮《ごん》宮	その場の空気を敏感に読み取り、そつなく対応ができる人。特に、人脈作りには天性の才能があります。家庭的な細やかな気遣いで、相手の心をつかみます。	気が変わりやすく、飽きっぽい気質。せっかく始めたことをちゅうちょなく放り出してしまうことも。計画を練るのは好きでも実務は苦手。一度悩むとなかなか抜け出すのが困難。
九紫火星	離《り》宮	華やかで知的、独特の存在感を持つ人。感性豊かで流行にも敏感、時代の空気感を取り込んだ個性派ファッションでセンスが光ります。上昇志向の強さも魅力。	自意識が強く少々見栄っ張り。個性が強く、周囲にうまくなじめないのが難点。気分の浮き沈みも激しく、身近な人を困らせたり、振り回してしまうことも。

傾斜による九星の長所と短所

◆本命星が五黄土星の人

月命星	傾斜	長所	短所
九紫火星	坎《かん》宮	常に一定のペースを保ち、自分のやり方を貫く強さがあります。発想が独特で研究熱心。知的専門分野で頭角を現す可能性大。好きなことには時間と労力を惜しまず集中します。	明るい気分のときと落ち込んだときの差が激しい。無理をしてまで人に合わせないので、人間関係も敵と味方にはっきり二分。周りの評価も極端に分かれます。
八白土星	坤《こん》宮	どっしり構えた姿勢が安心感を与えます。努力を積み重ねて自らの地位を得るたたき上げタイプ。情が深く、家族や仲間には心を尽くす優しさがあります。	慎重でがんこ。言葉が足りず不器用で、気持ちを上手に表現できないため、誤解されたり、損することが多い。状況の変化にも弱く、動きの速い環境では良さを発揮しにくいようです。
七赤金星	震《しん》宮	元気でパワフル、どこにいても目立つ存在で注目を集めます。話術も巧みで説得力は抜群。自然と人の輪の中心に立つことに。見様見真似で何でもできてしまう潜在力の高さも。	好き嫌いが激しく、円滑な人間関係を築くのがむずかしいタイプ。敬遠されやすく、能力がありながら引き立てられないことがあります。短気でイラつきやすいところも欠点。
六白金星	巽《そん》宮	社交的で温厚、時流を読むのにたけた有能な人。ここ一番というときに自分を押し出すことができ、トップに立って活躍できます。成功者になる可能性大。	強引でプライドが高いのが目につきます。都合の悪いことは見ないふりをしてやり過ごす、ご都合主義も欠点。地位や財のある人にこびてしまう、気が小さい一面も。

自分の長所をさらに活用し、短所は補うようにして、開運しましょう。

五黄土星	男：兌《だ》宮 女：乾《けん》宮	気が強くて怖いもの知らず。圧倒的な存在感で目立つ人。仕切ったり、采配をふるのも得意。変化に強く、ゼロからのスタートで大成功をつかんで頂点にのし上がります。	そんたくなく言いたい事を言ってしまいます。強い語調や直接的すぎる言葉で人を傷つけることも多い。憎まれて進路を邪魔されたり、立場を危うくさせられるようなことも。
四緑木星	乾《けん》宮	タフな精神力で、自分の意志を貫く人。世のため人のために力を尽くす、正義感と情熱の持ち主。誇り高く、尊い理念を持つので苦労にくさらず、すべてを自らの糧にできる人です。	要領が悪く、器用に立ち回ることができません。人に頭を下げるのも苦手。素直に甘えたり、愛されたりするのも下手で、何かと損をしやすいようです。無駄にやせ我慢するところも。
三碧木星	兌《だ》宮	人生を楽しみたい人。おしゃべりで社交的、軽快なフットワークでいろいろなことに挑戦します。現実的に考えることができ、的確に物事を判断。無駄に悩むことをしません。	手を広げすぎて収拾がつかなくなることがしばしば。後先考えず、衝動的に行動して窮地に陥ることも。形から入るタイプで、初期投資にお金をかけすぎるのは考えもの。
二黒土星	艮《ごん》宮	独立心が強くてまじめ。落ち着いていて、目標に向かって着々と努力する意志の強い人。若い頃から老成を感じさせます。野心に見合う忍耐力を持ち、着実に望みを実現。	狭量で視野が狭く、自分と違う生き方や考えを許容できないところが。人を信用して任せることができず、常に仕事に追われています。欲が絡むと判断力が鈍るのも問題。
一白水星	離《り》宮	感性が鋭く存在感がある人。自分の考えや信念に忠実で、妥協しません。向上心も強く、新しいものを積極的に取り入れて日々進化。芸術的センスあり。	人が何と言おうと自分を貫くため、人とまさつが生じがち。人の話を聞かず、孤立することも多い。極端に諦めが良い一面があり、長く続けたことを急にやめてしまいます。

傾斜による九星の長所と短所

◆本命星が六白金星の人

月命星	傾斜	長所	短所
一白水星	坎《かん》宮	芯がしっかりしていて高い思考力の持ち主。派手に自己主張せずとも、誇り高く、信念を貫く強さを持ちます。自己コントロール力もあり、決めたルールは必ず守る人です。	ナイーブで、緊張が続くと心身の調子が乱れ、せっかくのチャンスを生かしきれないのが弱点。頭が良すぎて理屈っぽいのも悪印象。見当違いなことに情熱を注ぐところも。
九紫火星	坤《こん》宮	堅実で手堅い人。上昇志向はあっても無理をしないタイプ。意志も強く、目標を定めたら納得いくまで頑張り、いつしか抜きん出た存在に。世話好きでいつも忙しく、人の輪の中心にいます。	現実より志を大切にする理想主義。努力することに意味があると考え、採算度外視で行動しますが、後悔することに。親しい人ばかり特別扱いするのも問題。
八白土星	震《しん》宮	前向きで、スタンスがはっきりしている人。目的達成のためならリスクをいとわずに飛び込む、思い切りの良さが魅力。その場の空気を読む感性も優れています。	未来志向に偏り、伝統や格式などを軽んじる傾向が。自由と新鮮さを求めるあまり、好条件の仕事をけったり、転職をくり返したりします。人に理解されずに苦労することも。
七赤金星	巽《そん》宮	人当たりよく、人脈に恵まれるタイプ。損得に敏感で、自分に不利になることはしないのに、不思議とそんな気配は感じさせません。流行を読む優れた感性の持ち主。	人に対する好き嫌いが多く、嫌いな人には遠慮なく厳しい態度。あからさまに態度に示して、敵を作ってしまう心配が。感情を顔に出すのに本音はハッキリ言わないところも誤解の原因に。

自分の長所をさらに活用し、短所は補うようにして、開運しましょう。

六白金星	坤《こん》宮	自尊心が強く、一流志向。評価やステータスにこだわりますが、それに見合うだけの心意気と根性があります。大事な場面もおくすることなく乗り切り、一途に頑張って大成。	プライドの高さや傲慢さが目立ちます。実力不足や経験不足なら反感を買うだけ。自分を高く評価するあまり、見込み違いや思い違いをすることも。強気な面と弱気な面の差がかなり大きい。
五黄土星	乾《けん》宮	目標に向かって突き進む行動力と、困難に立ち向かう精神力を兼ね備えています。逆境をチャンスに変える強い心の持ち主。他人のために力を尽くす、思いやりの深い人。	少々お節介でやりすぎる傾向が。親切を押し付けることがあるため、人助けをしても感謝されない場合も。大きなことをやり遂げる反面、甘やかした身内や友人から迷惑をかけられやすい。
四緑木星	兌《だ》宮	知・情のバランスがとれた人。常識を備え、社交的で弁舌も巧み。交渉力もあるので、幅広い分野に適性があります。働き者で、遊びも大好き。仲間を盛り上げてリードします。	自分のことになると考えが甘く、見通しを誤りがち。自分の実力を高く見積もったり、現実を無視して都合よく考える傾向が。そのため、間違いに気が付くのが遅くなります。
三碧木星	艮《ごん》宮	おしゃべり好きで気さくな面と、自分の考えを声高に主張するプライドの高い面を持ちます。何事にも熱心で、仕事も遊びも一生懸命。向上心も、克己心も強い。	思い込みが強く、負けず嫌い。配慮や相手の立場に立って考える意識が薄く、自己中心的な言動が目立ちます。気づかないところで人間関係に支障をきたしている恐れが。
二黒土星	離《り》宮	おっとりした印象に反して、気丈で負けん気が強いタイプ。努力を怠らず、トップを目指します。主義主張にこだわり、曲がったことに屈しない強固な意志を持つ人。	人の気持ちや状況に関係なく、自己主張してしまうのが欠点。穏やかな印象とのギャップから、ひどくがんこで傲慢に思われてしまうことも。成功すると不安になる弱さがあります。

傾斜による九星の長所と短所

◆本命星が七赤金星の人

月命星	傾斜	長所	短所
二黒土星	坎《かん》宮	ソフトで穏やか、人に安心感を与えます。しっかりしていてミスが少なく、信頼が厚い人。実力者の優秀な右腕として活躍できるだけの資質と、優れた金銭感覚があります。	繊細でデリケート。嫌いなものや苦手なことが多く、波長の合う人も少ないため、交友関係も偏りがち。許容範囲の狭さに比例して視野も狭くなります。強情な一面も。
一白水星	坤《こん》宮	明るく華やかな雰囲気でも、実は地に足がついた堅実な気質。目標を定め、それに向かって根気よく努力を重ねます。細やかな気遣いができ、何事もていねいに対応できる。	神経質で気むずかしく、ささいなことにこだわります。失敗を立て直すのに時間がかかるタイプ。しかし、細かいことをいう割には、意外なところがアバウト。気の合う人、合わない人が極端。
九紫火星	震《しん》宮	活発で好奇心が旺盛。場を盛り上げたり、人を楽しませたりするのが好きで、華があるタイプ。頭の回転も速く、行動もスピーディ。計画を立てさせたら右に出る者はいません。	ストレート過ぎたり、やり過ぎてしまうところが。得意なことと不得意なことも極端。新しいことにすぐ飛びついても飽きっぽく、継続力に欠けます。
八白土星	巽《そん》宮	温和で社交的、常にスマートな対応ができる人。若くても大人の雰囲気を持ち、何事も慎重に、堅実に進めます。商才に恵まれているので、独立起業で成功する可能性も。	楽しいことに貪欲で、のめりこみすぎるのが欠点。欲しいものがあると、スイッチが入ったように人が変わり、まわりが見えなくなります。壁にぶつかると判断力が鈍って気持ちが不安定に。

自分の長所をさらに活用し、短所は補うようにして、開運しましょう。

七赤金星	艮《ごん》宮	明るくて人懐こく、誰からも好かれる人。面白いことを探し出す嗅覚に優れ、多彩な趣味を楽しみます。そこから縁が生まれて大チャンスが舞い込む可能性も。家族や仲間を大切にします。	隠し事や黙っているのが苦手。うっかり余計なことを話すなど、口の災いで失敗を招いてしまいます。人が良く単純なところがあるので、利用される心配も。調子のよいときと悪いときが極端。
六白金星	乾《けん》宮	負けず嫌いで行動力があり、どこにいても一目置かれる存在。一流志向、本物志向で努力家。人の知らないところで鍛錬を続けるタイプ。センスも良く、おしゃれ。	自信過剰で自分が一番でありたい気持ちが強く、ときどき人を見下すような言動で反感を買います。目上から生意気に思われて押さえつけられたり、不本意な扱いを受けることも。
五黄土星	兌《だ》宮	頭の回転が良く、弁が立つ人。愛想がよく、人を楽しませることが得意。付き合いも良いので、人間関係に恵まれます。巧みな話術で、相手を自分のペースに引き込むのも上手。	実力や知識、経験不足などの弱点を、勢いやはったりでごまかそうとする傾向があります。リーダーになったとしても無責任な行動をとりやすい。また、今が良ければ満足という一面も。
四緑木星	艮《ごん》宮	物腰が柔らかく人当たり良好。上昇志向も強く、「いつかは私も！」と独立や起業を夢みるところがあります。仕事熱心で気遣いが細やかなので営業などに適性あり。	露骨に態度に出なくても、神経質で好き嫌いが激しいところが。シビアに人を選び、相手によって付き合い方を変えます。また、詰めが甘く、そのせいで窮地におちいることも。
三碧木星	離《り》宮	明るく華やかで、とにかく人目をひく人。勘が鋭く、優れたセンスを持つカリスマ的魅力の持ち主。注目を浴びる大舞台でこそ本領を発揮します。	自分のセンスに絶対的な自信があり、こだわりで人を振り回してしまうことが。気分次第で発言が変わり、気に入らないと猛烈に批判。いざというときに頼れる人ゼロということになりそう。

傾斜による九星の長所と短所

◆本命星が八白土星の人

月命星	傾斜	長所	短所
三碧木星	坎《かん》宮	勘が良く、話術も巧み。いわゆる「できる人」です。処世術にもたけているので、新たな環境にでもすぐ適応。苦労しても、それを人に悟らせないくらい芯が強い人。	金銭への執着が強く、収入が伸び悩むとまったくやる気をなくすタイプ。商才はあるのですが、利益を優先してリスクを冒すことも。突発的に事を始める傾向も。
二黒土星	坤《こん》宮	慎重でミスが少なく、優秀な働き手になるタイプ。現実重視で、手堅い仕事をして誰からも信頼されます。まじめで実直。ごく近しい人にだけ見せる可愛らしさが魅力。	まじめすぎ、不器用で、適性が狭い傾向が。サービス精神や柔軟性に欠けるため、瞬発力が必要な場では良さが発揮できません。自分のルールに厳格なのも人間関係にはマイナス要因。
一白水星	震《しん》宮	落ち着いた雰囲気ですが、話すと非常に社交的になり、自己アピールも上手。正直で裏表がなく、意欲的で行動派。状況判断も的確なので信頼できます。	本気になればできることも、手を抜いてしまいがち。情に厚く、寂しがりで、自分のためにならない人間関係や恋愛関係をなかなか断ち切れません。目立ちたがりの一面も。
九紫火星	巽《そん》宮	個性が強くこだわりのあるタイプ。自分の感覚に合う場所にはまれば、人一倍の能力を発揮。関心があれば即座に試すフットワークの軽さも長所。好きなことには根気よく取り組みます。	常人とは違う考え方や感覚の持ち主。妙なことにこだわります。普通のことを普通にすることができず、人間関係も合う、合わないが極端。他人と違う点で悩みやすい。

自分の長所をさらに活用し、短所は補うようにして、開運しましょう。

八白土星	兌《だ》宮	度胸があってやり手な、存在感がある人。言いにくいことをズバリ口にできる大胆さがあります。一度動き出すと猛烈なパワーで前進。趣味が多彩で、風流な一面も。	がんこで不器用なところが最大の欠点。正直すぎて小細工できず、お世辞をいうのも苦手。何事にも貪欲で、欲得で決断したことはたいてい裏目に出ます。身の丈以上のことを求めやすいのも反省点。
七赤金星	乾《けん》宮	頭の回転が良く、強い正義感の持ち主。立てた目標に対しては、用意周到に、着実に課題をクリアしていきます。あいきょうもユーモアのセンスもあるので、人に好かれます。	気まぐれで、何事も気分で判断しがち。約束をドタキャンしたり、遅刻したり、身近な人にはルーズな面を見せます。流行りもの好きで、他にさきがけて手に入れようとして散財することも。
六白金星	兌《だ》宮	いざというときにリーダーシップを発揮する、真の実力者。むずかしいことをわかりやすく伝える、巧みな表現力と頭の良さを持つ賢い人。何をしても平均以上。高い能力の持ち主。	好き嫌いが激しく、人間関係が悩みの種に。人に任せることができず、すべて自分でやらないと気が済まないところが。干渉しすぎる面もあり、なかなか下の人が育ちません。
五黄土星	艮《ごん》宮	穏やかに見えますが、内に野心を秘めた人。着々と実力を蓄え、経験を積んで頭角を現すタイプ。誰にも負けない粘り強さで、失敗もすべて自分の力に変えられます。	協調性に欠け、人と協力し合うのが苦手です。スタンドプレーが原因で、孤立することも。負けん気が強く、甘えたり、頼ったりできず、偉そうな人と誤解されやすいのが悲しいところ。
四緑木星	離《り》宮	落ち着いた雰囲気と社交性を併せ持つ、人好きのするタイプ。スマートで効率的なやり方を考えるのが得意。多くの人から信頼されます。スペシャリストになる才能も。	気分屋で根気が足りません。優柔不断で反応や対応が遅く、断る前に面倒なことを押し付けられてしまいがち。理想と現実の差に悩むことも多いようです。

傾斜による九星の長所と短所

◆本命星が九紫火星の人

月命星	傾斜	長所	短所
四緑木星	坎《かん》宮	おっとりとして明るく、社交的ですが、内面はかなり繊細。本当は自分の思い通りに行動したいタイプなので、やりたいことがあれば周囲に配慮して、秘かに準備して進めます。	秘密主義で、一人で過ごすことを好みます。苦手な人を上手に遠ざけますが、裏があるのが何となく相手に伝わってしまいそう。人の意見を聞かず、独断専行や選択ミスをしがちな面も。
三碧木星	坤《こん》宮	明るく活発で自分の意見をはっきり口にする人。負けず嫌いで自分に厳しく、きっちりやるべきことをして結果も出していく努力家。派手に見えても、堅実に人生を歩みます。	短気で好き嫌いが激しく、交友関係は広がりません。頭が良く、先が見えすぎてやる気を失いがち。やってみないことに対して臆病です。寂しがりで、意地っ張りなところも。
二黒土星	震《しん》宮	おっとりしているように見えて意外にちゃっかりしています。サービス精神旺盛で、人目をひく存在。研究熱心で、好きなことは徹底的に突き詰めます。裏表がなく、公明正大。	目立ちたくない場面でも妙に存在感を発揮するところが。興味や勢いが続かない傾向があり、目標を見出せないと試行錯誤を続けてしまいます。諦めが良すぎるところも。
一白水星	巽《そん》宮	明るく気取らないタイプ。初対面でも、すぐに親しくなる人懐こさが特徴。変化に強く、環境への適応力も高め。時代のニーズを先に読み取り、常に自分を高めていきます。	ダメだと思うとすぐに見切りをつけてしまうところが。人気取りの傾向もあり、ウケるためならポリシーに反することもやってしまいます。長期的視野に立って考えるのが苦手。

自分の長所をさらに活用し、短所は補うようにして、開運しましょう。

九紫火星	坎《かん》宮	好奇心旺盛で、興味があることを徹底的に追求する人。スペシャリストとして大成するタイプです。古いものや忘れられたものに光を当て、価値を見出す才能あり。	一度に多くのことをこなすのが苦手。器用な方ではないので、管理者になると苦労します。自分の理想に現実が追いつかず、立派なことばかり語って内実が伴わないことが多い。
八白土星	乾《けん》宮	明るく前向きで、向上心にあふれる気質。誇り高く、大きな目標を掲げて一生懸命に頑張る人。出会いや人脈を大切にするため、チャンスにも恵まれます。	気分にムラがあり、やる気が続きません。壁にぶつかると、すぐに弱気になって投げやりに。妙にプライドが高いところがあり、反感を買って敵をつくる心配もついてまわります。
七赤金星	兌《だ》宮	朗らかで社交的。パッと人目を引く色気があるタイプ。こだわりは強く、納得できるまで粘り続ける強さがあります。知的でセンスも良く、交友関係も広い。	神経質で気むずかしい一面が。機嫌が悪いと言葉に刺が出て、目を付けた相手を徹底的に攻撃。機嫌が良くなるとすぐに謝るのですが、信用は失います。金銭や異性関係にルーズなところも。
六白金星	艮《ごん》宮	明るくさっぱりした気質で行動派。機転が利いて臨機応変に動くので、何をするにもスマート。家族や仲間を大切にする、温かさも持ち合わせています。	シビアな冷たさがあります。人の能力や性格などにはかなり辛口な評価を下す傾向が。ドライで、メリットがないことは、一切やろうとしません。山っ気があり、一か八かに賭ける危うさも。
五黄土星	離《り》宮	明朗快活で社交的。直観力と集中力に優れ、すべてのジャンルで能力が高い人。大抵のことは難なくできてしまいます。成果主義の職場や環境で実力を発揮し、才能が開花。	自己主張が強くマイペース。好きなこと以外に関心を示さない傾向があるので、世間が狭くなりがち。社交性はあっても、お世辞をいうのが嫌いで、生意気に思われることも。

方位の境目

地図上に自宅からの角度を測って方位を記入していると、自分が出かけようとしている場所が、ちょうど方位の境界線の上になっていることがあります。この場合の方位はどちらとみなすのか、判断に迷います。

仮に、完璧《かんぺき》な方位を地図上に記入することができたとしても、実際の地面の上では気の流れは蛇行していると言われています。したがって、方位の境界の前後5度の範囲は慎重を期して、できるだけ用いないのがよいとされています。

吉方位だと思って出かけたのに、接する隣の方位の気が混じり合って「期待に反する現象が起きてしまった」ということのないように、方位の境界にある場所には注意してください。できるだけ吉方位の中心部分を選んで出かけるのがおすすめです。

もしも、どうしても行かなければならない場所が方位のちょうど境目にある場合は、実際に出かけてみて、現れる現象や実感する作用で方位を見極めましょう。この方法は、初めのうちは判断がむずかしいかもしれませんが、いろいろ実験と経験を重ねていくとできるようになります。

第6章
同会法《どうかいほう》で年運を占う

人生には良い時と悪い時の波があります。運気は一定のリズムでめぐっています。同会法で運勢の流れを知ってチャンスをつかみましょう。大成功も夢ではありません。

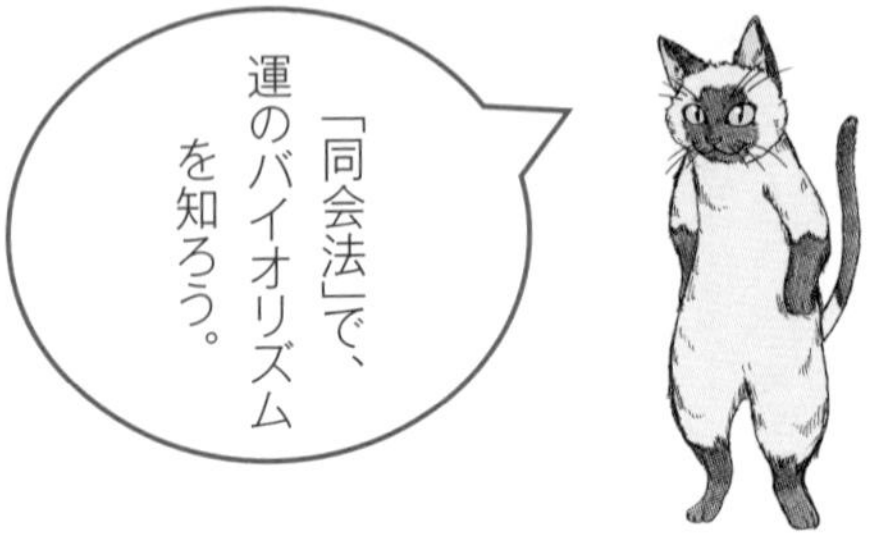
「同会法」で、
運のバイオリズム
を知ろう。

第6章 ① 同《どう》会《かい》法《ほう》とは

1 同会法は運勢を占う

同会法は、ある時点の運勢の状態を占う方法です。毎年、新年を迎える時や新生活がスタートする春、誰もが「今年はどんな年になるだろう」と思うものです。この同会法を使うとその年の運勢がわかります。また、月運、日運、時間単位の瞬間的な運勢なども占うことができます。「探し物はどこにあるのか」、「交渉がスムーズにいくのはいつか」というような、日常の具体的な質問や社会現象を予測したりもできます。同会法はさまざまなことが占えて応用範囲が幅広く、とても便利です。しかし、傾斜《けいしゃ》法と同様に占う方法がとても複雑なので、本書では一年ごとの運命のバイオリズムを知ることに特化してご紹介します。

2 同会法による年運の占い方

年運を占うだけなら、さほどむずかしくはありません。まず、①占いたい年の年盤を探します。次に、②その年盤上において、自分の本命星がどこの宮にいるかを調べます（↓p99）。最後に、③後天定位盤と比べて、後天定位盤の上のどの九星と重なっているかを確認します。④そこから、その年は良い年かどうかとか、どんな現象が起こるのかを判断します。

たとえば、本命星が八白土星の人が２０２７年の運勢（年運）を占うとします。まずは①２０２７年の年盤を見て、自分の本命星がどこに位置しているか調べます。すると、②八白土星は東南（巽宮《そんきゅう》／辰・巳の方位）に位置しています。これを③後天定位盤と重ね合わせます。④すると、年盤の八白土星は、後天定位盤の四緑木星と東南（巽宮／辰・巳の方位）で重なっていることがわかります。

星と星が重なることを、専門用語で「同会《どうかい》」といいます。この年は、同会する四緑木星からの影響を受ける年であり、四緑木星が表す運勢となります。「迷いやすい」、「旅行」、「取引」、「柔軟性」など、四緑木星の象意のキーワードから連想できる現象が起こるでしょう。

●本命星が八白土星の人の年運

2027年九紫火星中宮年（未年）

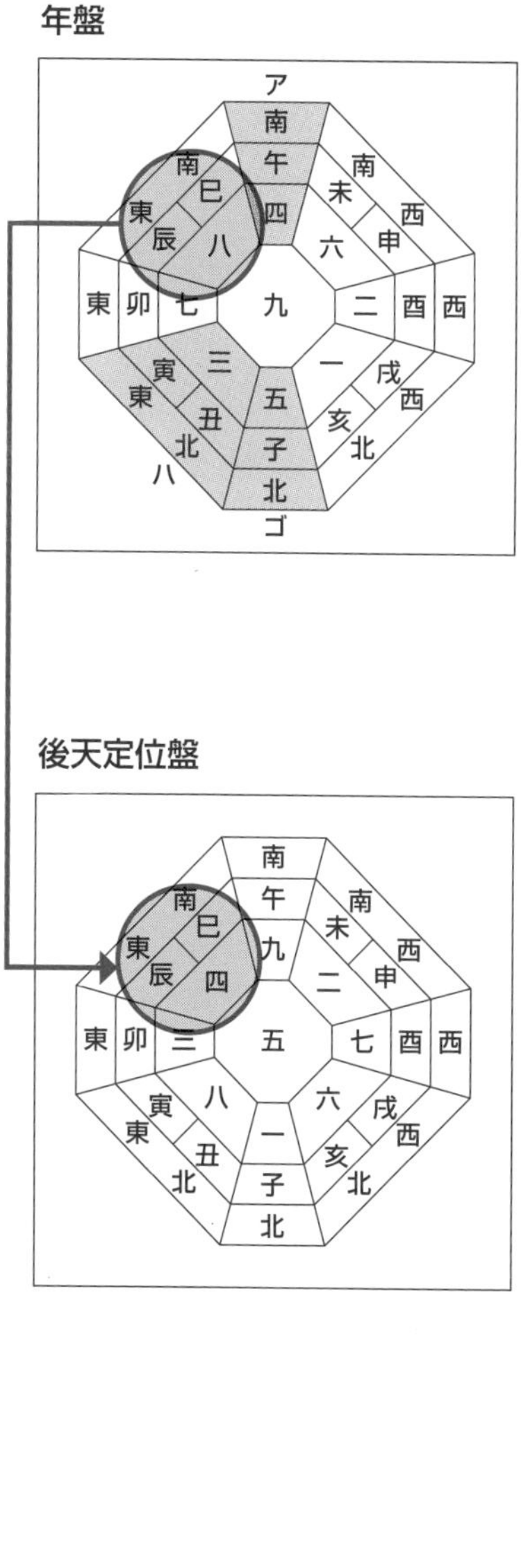

「同会」とは、
九星と九星が
同じ部屋（宮）で
出会う、と
いうことなの。

3　同会法による年運の吉・凶判断

後天定位盤《こうてんじょういばん》は九星の定位置を示すものです。九星の部屋割表のようなもので、それぞれの「宮（→p99）」をどの九星が所有しているのかを示しています。坎宮《かんきゅう》（北）は一白水星の部屋だとか、坤宮《こんきゅう》（西南）は二黒土星の部屋だという具合です。本命星が後天定位盤上の九星に同会するということは、見方を変えれば、部屋の持ち主の九星がいる部屋（宮）に、あなた（本命星）が入っていくようなものです。さきほどの例でいうと、２０２７年はあなた（本命星＝八白土星）が四緑木星のいる部屋に入ったわけです。

そこには、持ち主である四緑木星がいて、部屋は四緑木星の性格が色濃く反映されています。「四緑木星さん」の好みのインテリアになっていると考えるとよいでしょう。風のように爽《さわ》やかな雰囲気で、情報通な性格どおり新聞や雑誌がたくさん揃っています。窓も多く、出入りも自由。そこへ、「八白土星さん（あなた）」が一年間契約で入居しますが、どうも居心地が良くありません。一年間だけ同居の「四緑木星さん」は、四六時中電話したり出かけたりしています。保守的でこだわりが強く、誰よりもプライベートスペースを守りたがる「八白土星さん」にとっては、落ち着きません。五行では、木剋土《もっこくど》の関係です。

つまり年運は、本命星に同会する九星の象意と作用と、五行関係の吉凶を総合的に判断します。この年は、迷いが多かったり、旅行に出かけることが多くなったりするでしょう。

では、翌年２０２８年はどうでしょう。今度は中宮で五黄土星に同会します。五行関係は悪くないのですが、中央の「帝王の部屋」にいて、五黄土星の象意と作用を受ける年です。

●本命星が八白土星の人の年運

2028年八白土星中宮年（申年）

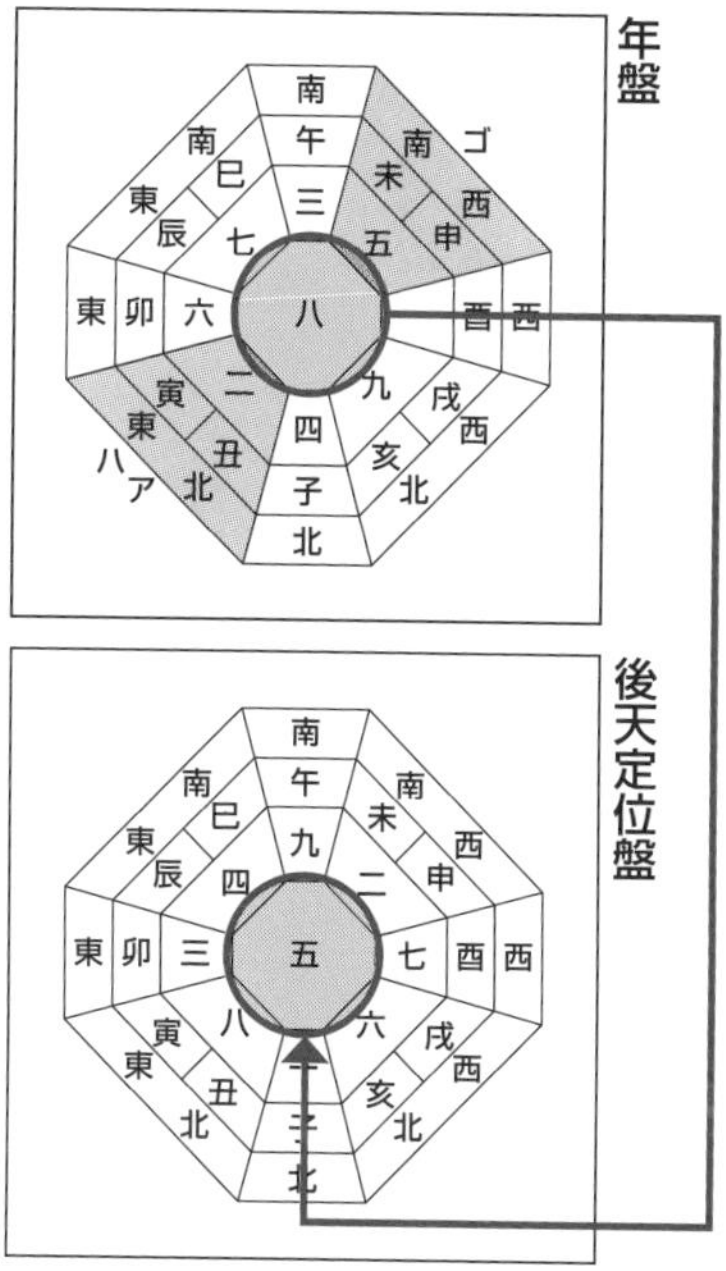

2029年七赤金星中宮年（酉年）

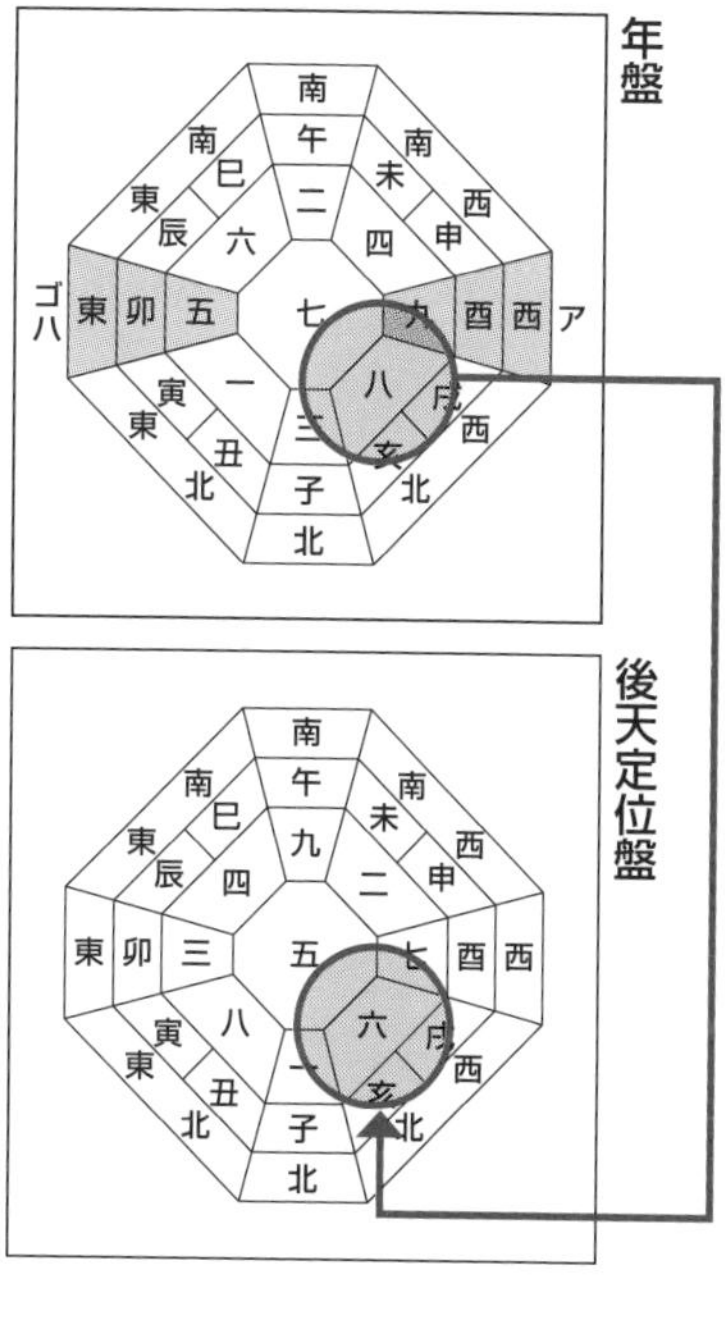

浮き沈みのある運勢で、自信過剰になって足元から崩れていく危うさがあります。
その次の２０２９年は乾宮《けんきゅう》で六白金星に同会します。五行関係も良く、六白金星の象意と作用が表すように、公的に活躍でき、仕事も忙しくなるでしょう。
年によっては歳破に当たったり、本命星が五黄土星以外なら暗剣殺に当たることもあります。その場合は凶作用が強く、運気も下がります。
このように、同会法を使うと、その年に回った（移動した）宮で同会する九星との関係で、毎年の運勢が判断できるのです。

運勢の流れを
上手に活用しよう。

4 年運のバイオリズムを知って開運する

九星は毎年動いていきます。相性の良い九星の宮に回って同会した年は運気が良く、相性の悪い宮に回って同会したときや暗剣殺・歳破に当たった年は運気が下がります。

九星は9年かけて盤のすべての宮をめぐって元の位置に戻り、そして再び同じルートでめぐっていきますから、運勢の波は9年サイクルになります。これを**「年運のバイオリズム」**として、わかりやすくグラフにしてみました。それが次ページからの「本命星別年運のバイオリズム」です。

雨が降っているときに外出するのは大変です。道路も滑りやすく、列車の遅延だってあるかもしれません。そんなときは家でゆったり過ごすのが得策です。それと同じで、運勢の良いときに積極的にアクションを起こし、運勢が良くないときは知識を増やしたりして力を付けることが開運の法則です。ですから、次にどんな運勢の波が来るのかを知っておくことはとても大切なことなのです。

ここでは、本命星別に２０２０年から18年間のバイオリズムをグラフで示しています。これをもとに長期計画を立ててリスクを回避し、チャンスの年に行動を起こして幸運をつかみましょう。

本命星別 年運のバイオリズム

※2037年以降も基本バイオリズムは同じです。

一白水星

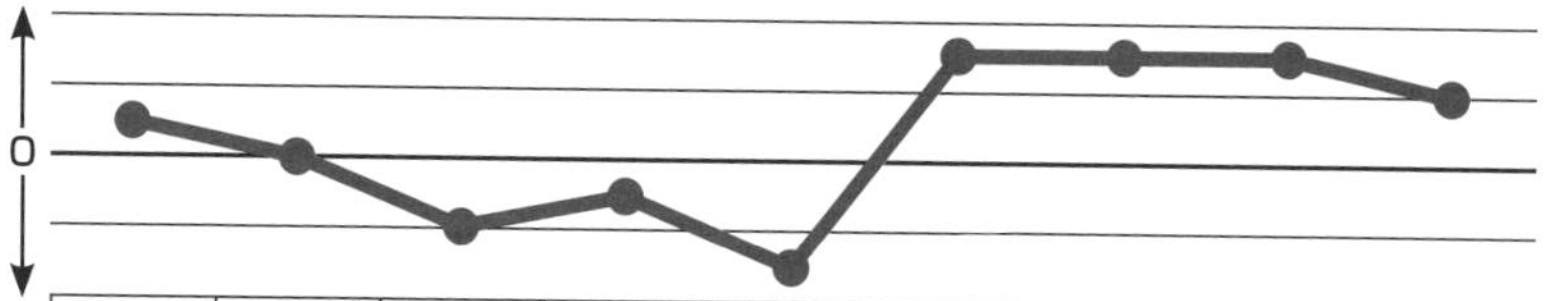

2020	2021	2022	2023	2024	2025	2026	2027	2028
2029	2030	2031	2032	2033	2034	2035	2036	2037
東北	南	北	西南	東	東南	中央	西北	西

二黒土星

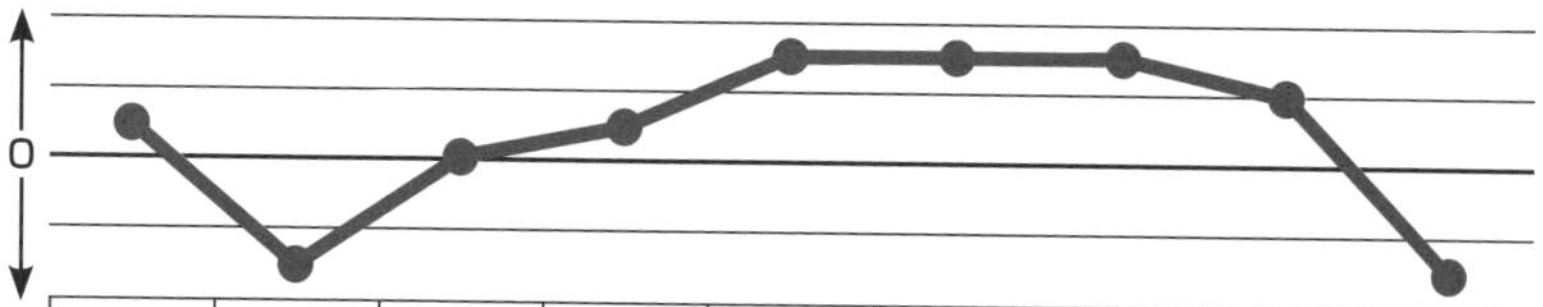

2020	2021	2022	2023	2024	2025	2026	2027	2028
2029	2030	2031	2032	2033	2034	2035	2036	2037
南	北	西南	東	東南	中央	西北	西	東北

三碧木星

2020	2021	2022	2023	2024	2025	2026	2027	2028
2029	2030	2031	2032	2033	2034	2035	2036	2037
北	西南	東	東南	中央	西北	西	東北	南

各年に九星が位置している方位を示す

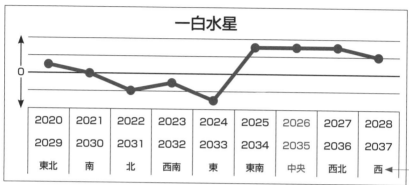

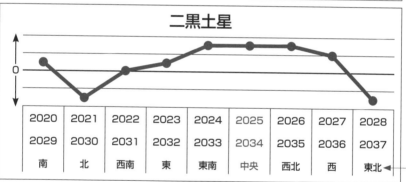

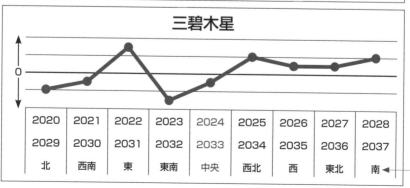

本命星別 年運のバイオリズム

※2037年以降も基本バイオリズムは同じです。

四緑木星

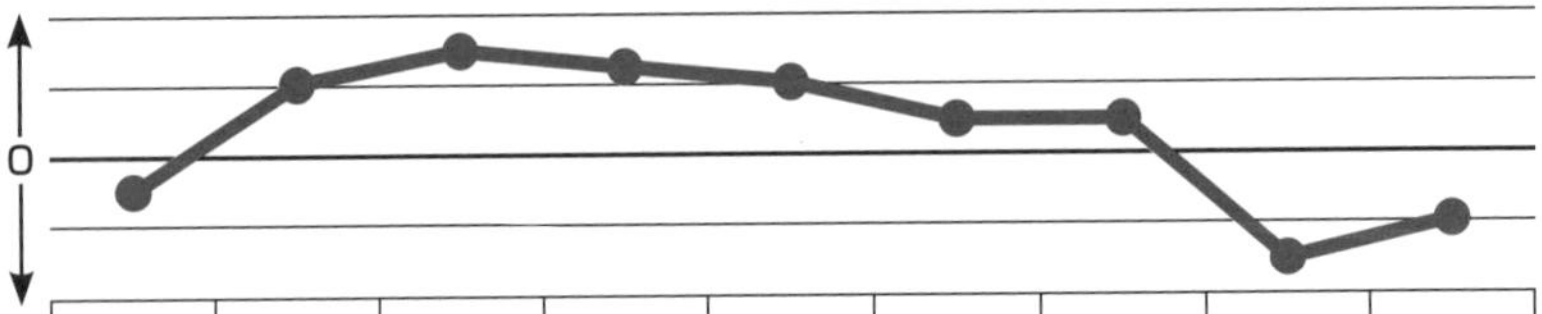

2020	2021	2022	2023	2024	2025	2026	2027	2028
2029	2030	2031	2032	2033	2034	2035	2036	2037
西南	東	東南	中央	西北	西	東北	南	北

五黄土星

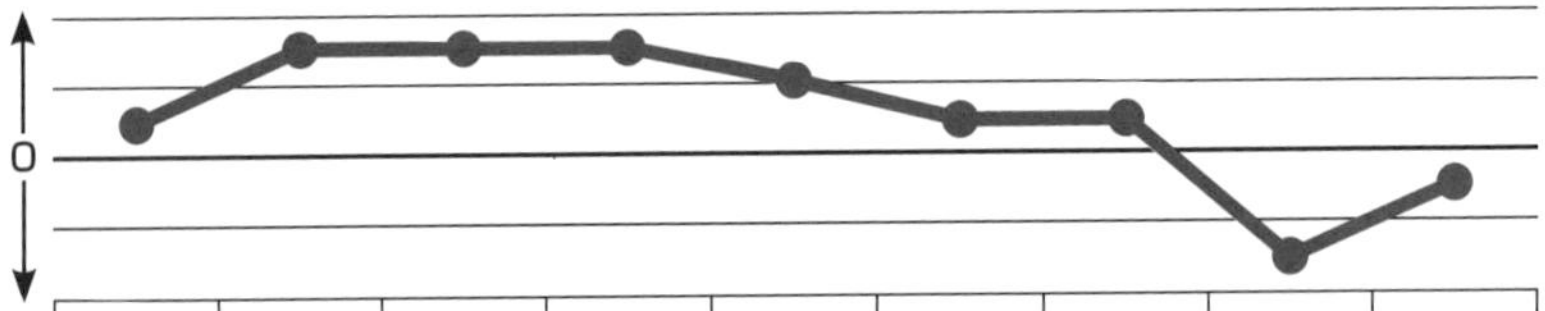

2020	2021	2022	2023	2024	2025	2026	2027	2028
2029	2030	2031	2032	2033	2034	2035	2036	2037
東	東南	中央	西北	西	東北	南	北	西南

六白金星

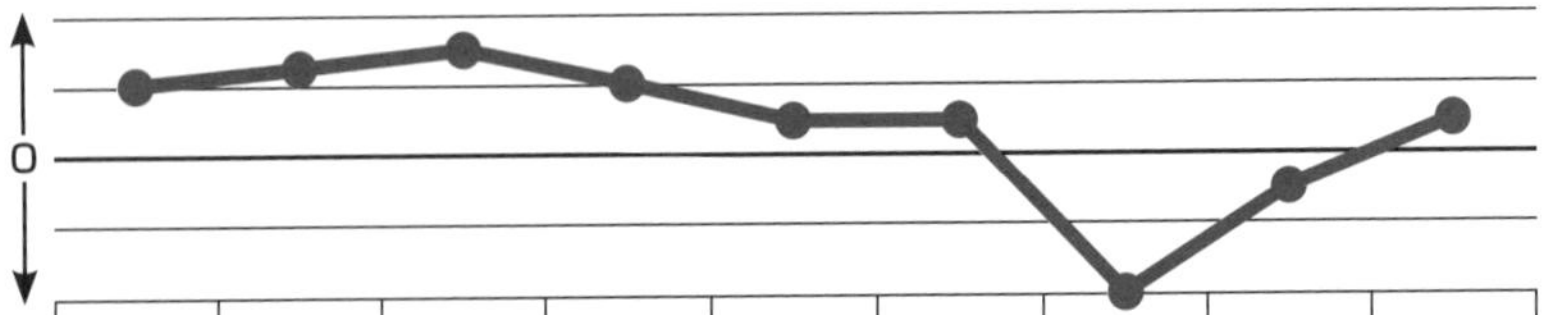

2020	2021	2022	2023	2024	2025	2026	2027	2028
2029	2030	2031	2032	2033	2034	2035	2036	2037
東南	中央	西北	西	東北	南	北	西南	東

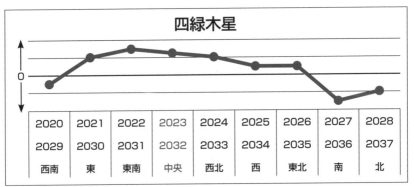

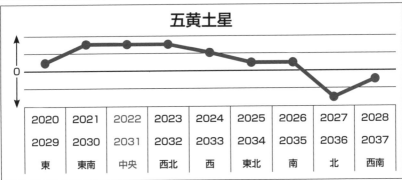

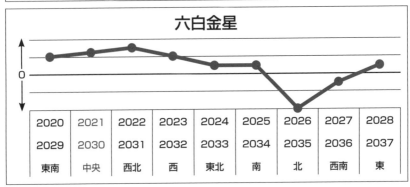

※中央（中宮）に本命星がめぐる年は、前年までの過ごし方次第で運勢が変化します。
※本命星に歳破がつく年は、運勢が３割減します。バイオリズム表と年盤を照らし合わせましょう。

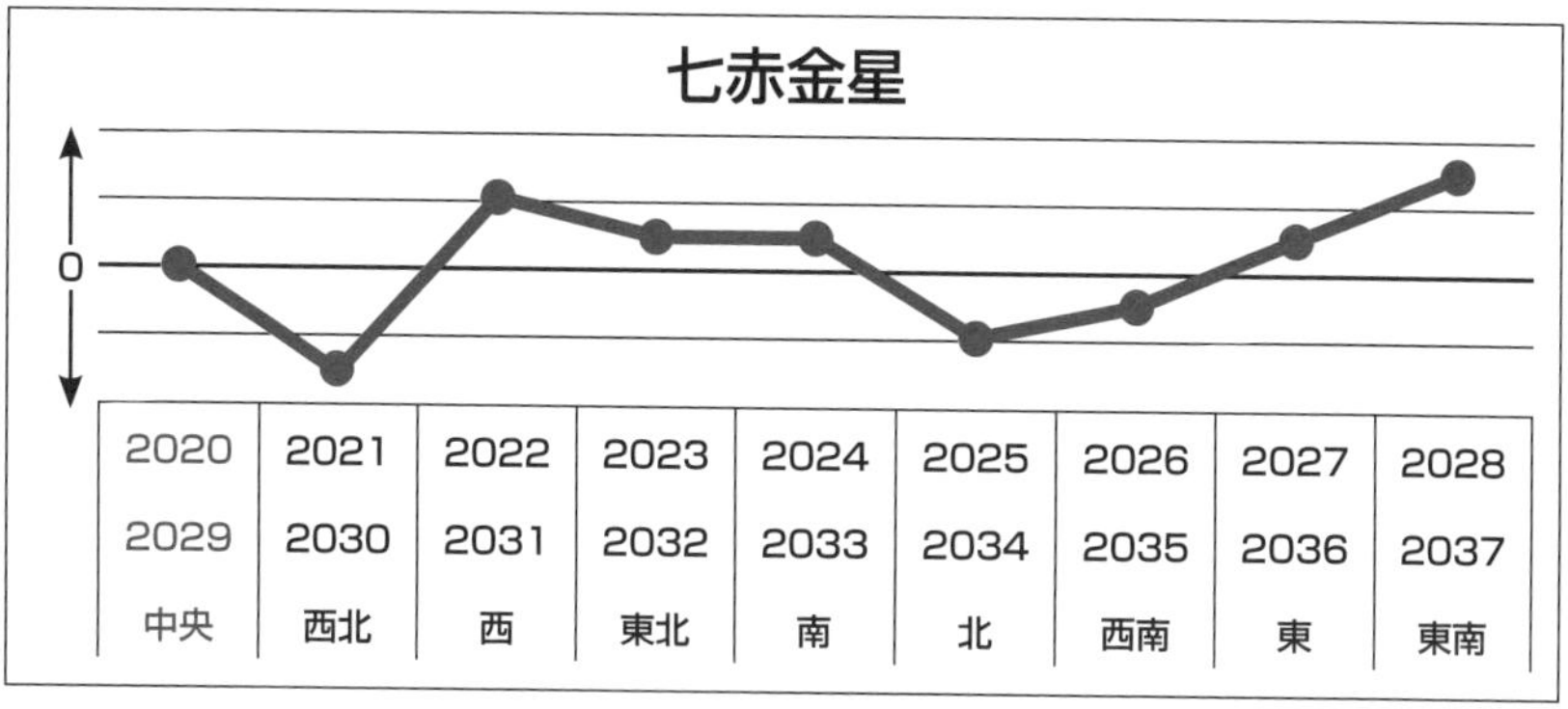

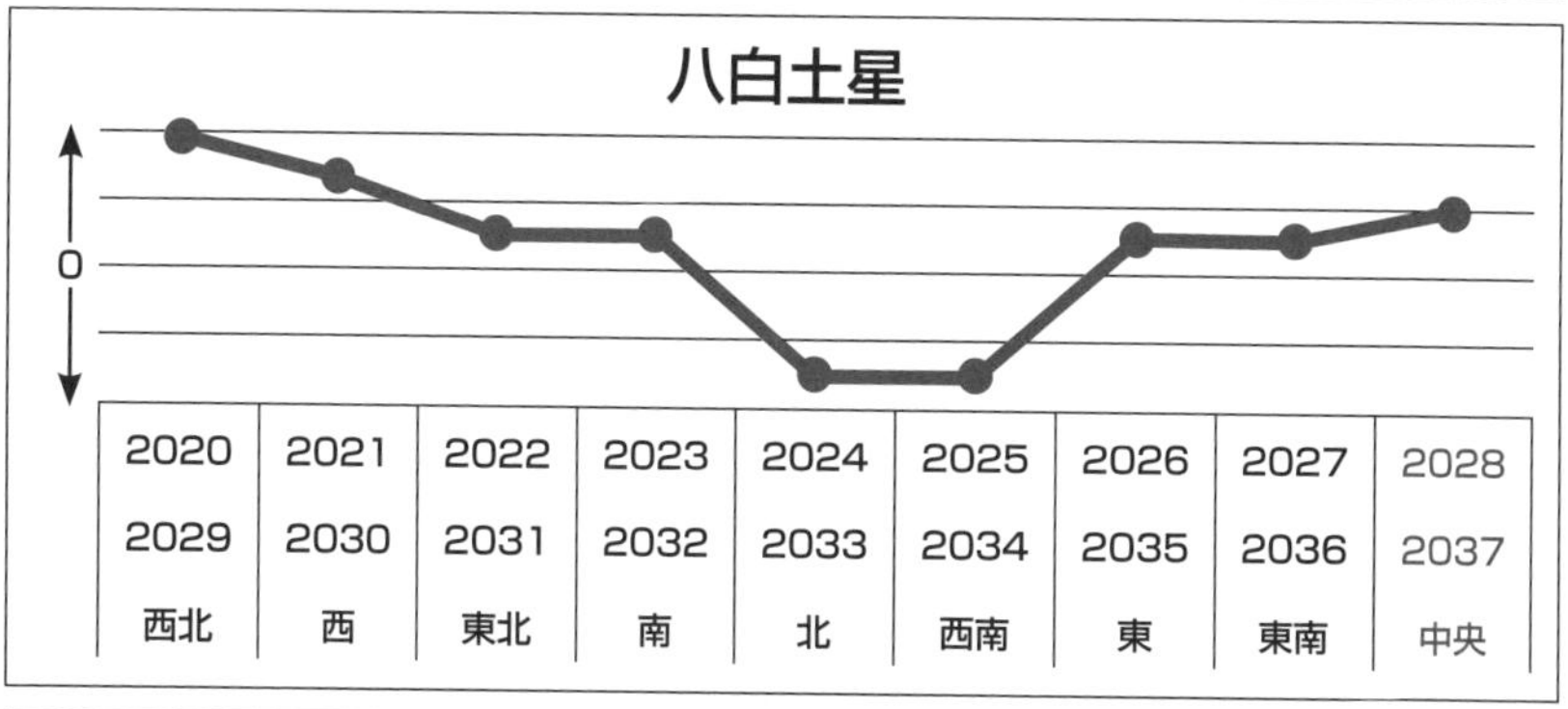

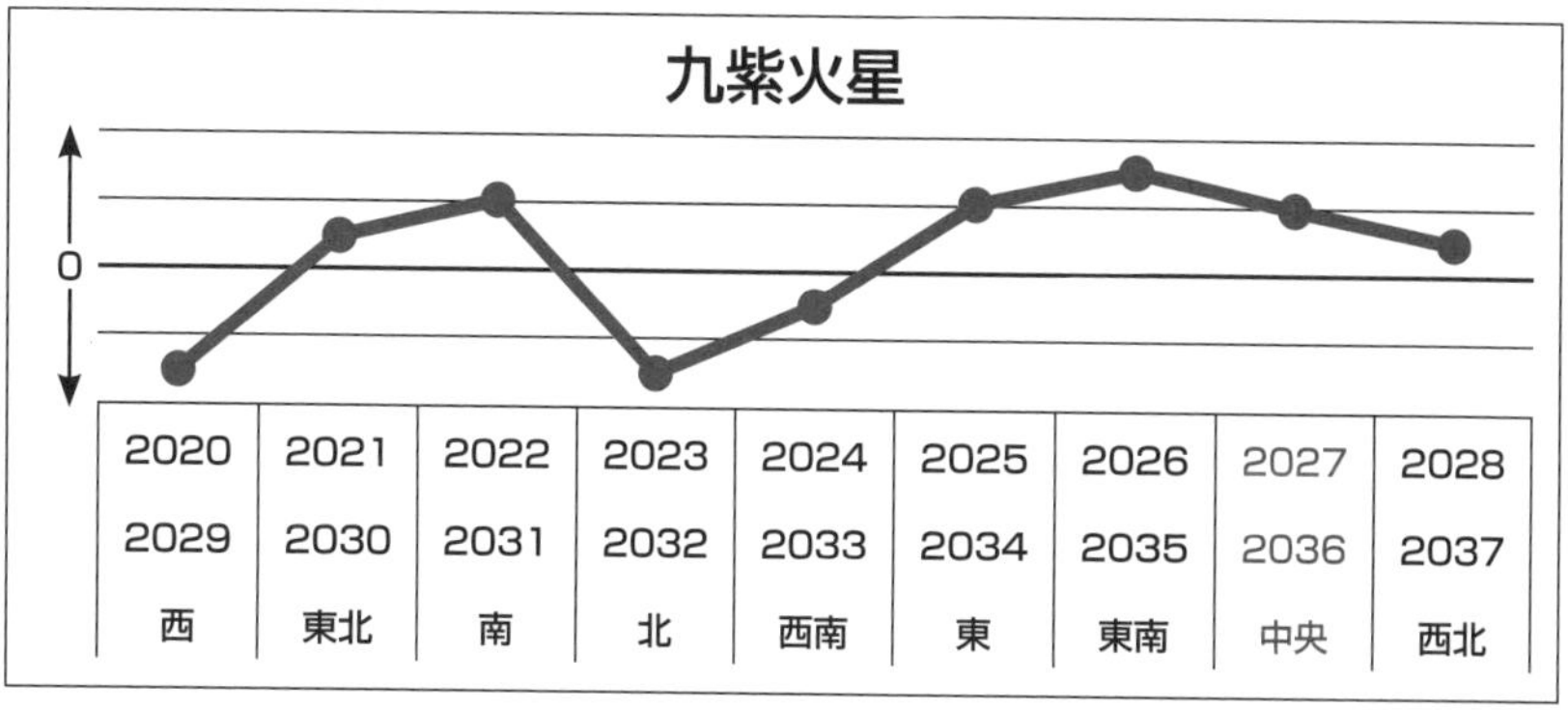

運勢判断のヒントにしてね。

5　本命星が各宮と同会したときの年運

本命星は、毎年違う九星と同会し、その作用と影響を受けます。乾宮《けんきゅう》（西北）で六白金星と同会したら、活動的になったり投資や勝負事に興味が出てきたり、そのような事柄がその年のテーマになります。

これが年運になるわけですが、一白水星や五黄土星のように、苦労や波乱などのネガティブな作用を持つ九星の定位に回ったときは運気が低迷します。

ここでは、同会した九星別に、どのような年になりやすいのかをわかりやすくまとめました。これをヒントに、毎年の運勢を自分なりに推測してみましょう。

たとえば、来年、自分の本命星が坎宮《かんきゅう》（北）に回って一白水星と同会するなら、「一白同会の年運　本命星が坎宮（北）に回る年」を参考にしてください。基本的には停滞や悩みのある年ですが、本命星との五行関係などを考慮すれば、その限りではありません。

本命星が各宮と同会したときの年運

各運勢の数値は5点満点で示しています。

◆一白同会の年運

本命星が坎宮（北）に回る年

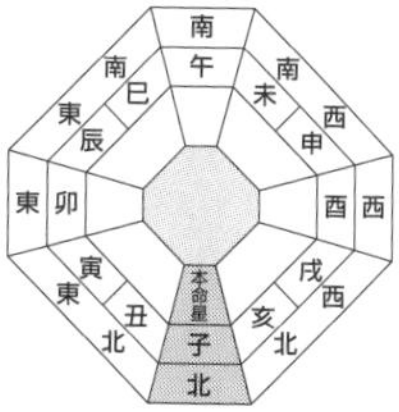

全体	1
愛情	3
金運	1
仕事	2
健康	1

パワーが出ず、流れが滞るときです。特に健康運は黄色信号が点滅。ささいなことから症状が慢性化する危険が。体力の過信は禁物です。仕事でもプライベートでも、悩み事が増えたり、力不足を感じることが多い模様。金運も、収入より支出がかさむ、不安定な運勢。ただし、研究職や著述業に携わる人には意外な恩恵があります。愛情運は良好です。妊娠したり、それがきっかけで結婚話が急進展となる場合も。恋人募集中の人は、身近な相手に注目するとよいでしょう。親密な関係が期待できます。しかし、不倫など隠れた恋に陥る場合も。甘い誘惑には要注意です。なお、いろいろあっても裏では、新たな流れが始まる兆しがあります。再出発の年でもあります。

◆二黒同会の年運

本命星が坤宮（西南）に回る年

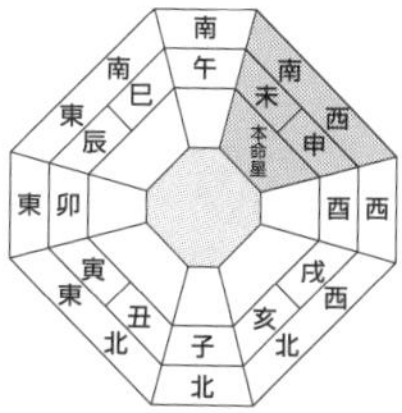

全体	2
愛情	2
金運	2
仕事	3
健康	2

運勢が上向き、動きが出てくるときです。しかし、基本的にはまだ「種まきの期間」。仕事でもプライベートでも、裏方役を期待されることが多くなります。それに伴ってストレスもたまりやすいですが、努力に対しては相当の評価が得られるでしょう。健康は運動不足や胃腸のトラブルに用心してください。金運は、節約精神が強まって、無駄使いが減る予感。限られたお金を最大限生かすことができ、貯蓄額も増えるでしょう。愛情運はアピール不足で苦戦が続く暗示があります。恋愛の対象というより、世話役やいうことを聞いてくれる人としての役目を期待されることが多いかもしれませんが、その役を担い切ることで希望が叶います。

本命星が各宮と同会したときの年運

各運勢の数値は5点満点で示しています。

◆三碧同会の年運

本命星が震宮（東）に回る年

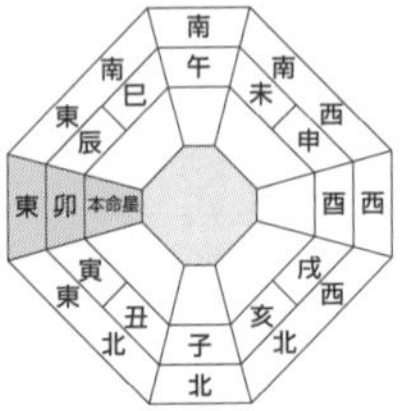

全体	3.5
愛情	4
金運	2
仕事	4
健康	3

心身が活性化し、意欲急上昇。運勢も上向きになり、アイデアを実行に移すチャンスが到来します。特に愛情運は好調。シングルの人は出会いを求めて積極的に行動するとよいでしょう。気になる異性がいたら、告白やアプローチなど、攻めの姿勢を貫いてください。アピール力が出てくるときなので、転職や就職、オーディションなど、仕事にも力を入れると結果が楽しみです。営業成績も上がりそう。計画を実行に移す良い年です。ただ、金運はさえません。行動範囲が広がって出費が増え、努力が直接収入に結びつくことは少ないでしょう。健康運は過労によるトラブルが起きやすい。ケガや事故にも用心してください。

◆四緑同会の年運

本命星が巽宮（東南）に回る年

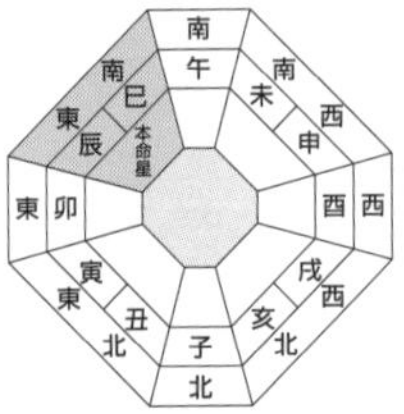

全体	5
愛情	5
金運	4
仕事	5
健康	4

これまでの努力が実り、多くの状況が「整う」時です。また、人との交流やコミュニケーションが活発になります。人脈も広がり、他の人から相談を受けることも増えますが、奉仕することでチャンスが広がります。特に愛情運はとても良く、結婚が決まったり良い相手に巡り合えたりと、うれしいことが続くでしょう。仕事も充実し、やりがいを感じることができそうです。紹介など、人を介して幸運がつかめる時なので、求職中の人は顔の広い人を頼ってみましょう。金運も悪くありませんが、いつも以上に外出が増え、交際費や美容代などがかさみがちです。意識的に出費を抑える心掛けを。健康運は、気疲れによる不眠に注意が必要です。かぜや流行性の病気に気をつけて。

本命星が各宮と同会したときの年運

各運勢の数値は5点満点で示しています。

◆五黄同会の年運

本命星が中宮（中央）に回る年

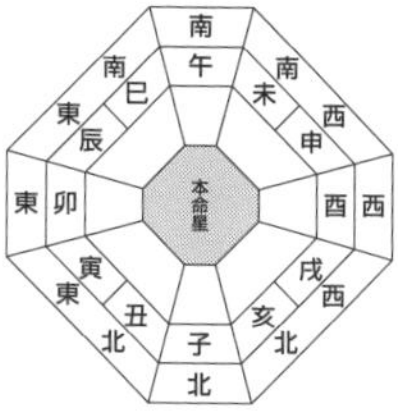

全体	3
愛情	3
金運	3
仕事	3
健康	3

強運に恵まれるものの、強気になってやり過ぎたり、面倒を背負わされたりしやすい一年。基本的に、それまでの生き方の結果が出ます。積極策は裏目に出やすいので、何事においても慎重になりましょう。愛情運は片思いや復活愛の成就の可能性がありますが、後で苦労したり、期待したようにいかないなど、良さと悪さが交錯します。仕事では成績が上がり評価されることが多くなりますが、やはり、そのために周囲とまさつが生じがち。金運は、予期せぬ出費や投資話に心が揺らいだりしながらも、収入は増える傾向です。健康運は、調子に波があり、極端。何事もふり幅が大きくなる年ですから、常に客観的に自分を振り返っていれば、大きく飛躍できる可能性を秘めています。

◆六白同会の年運

本命星が乾宮（西北）に回る年

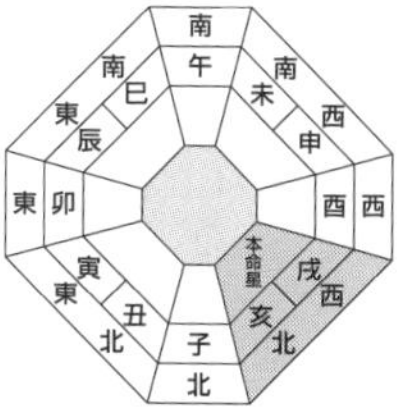

全体	5
愛情	2
金運	4
仕事	5
健康	3

パワーが最高潮のとき。公私ともに忙しくなる一年です。仕事をしている人は、努力が実り、今までよりハイレベルな世界と縁ができたり、受賞、入賞という形で報われる可能性があります。仕事をしていない人も、外に意識が向いて意欲的に活動を始めます。金運も良好。仕事もプライベートも充実し、立場の向上に伴って収入増が望めます。その分交際費などの出費が増えるので、収支は五分五分になりますが、お金では得難いものが得られそう。長期的視野に立って資産形成を始める好機。しかし、愛情運は低調。忙しくて恋愛にさく時間がなく、自然消滅になるパターンも。健康運は過労が原因で体調が乱れることが考えられます。スポーツ時のケガにもご用心。

本命星が各宮と同会したときの年運

各運勢の数値は5点満点で示しています。

◆七赤同会の年運

本命星が兌宮(西)に回る年

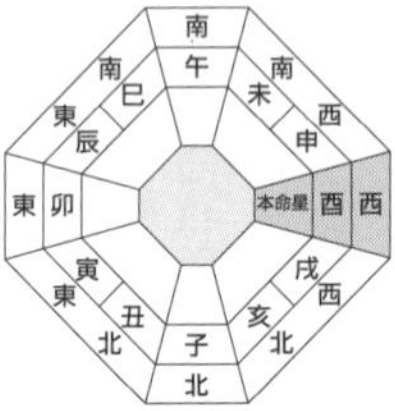

全体	4
愛情	5
金運	4
仕事	2
健康	3

昨年（六白同会の年）までの上昇運気の流れはひと段落。リラックスして、ほっと一息つくときです。特に愛情運は絶好調。食事会やパーティーなど、出会いの機会が増え、ラブチャンスも急増。交際中の人は、順調に愛を育むことができます。金運は、臨時収入があったり、セールを上手に活用できたりと、さまざまに恵まれますが、金銭感覚がゆるくなりやすいのが気を付けたいところ。貯蓄にも力を入れるとよいでしょう。健康運は胃腸や口腔内のトラブル、呼吸器疾患が起きやすく、慢性化する恐れがあるので予防に努めておくと安心です。なお、遊びに気持ちが流れるため、仕事運はダウン傾向。口が災いしないよう、発言には十分気を付けましょう。

◆八白同会の年運

本命星が艮宮(東北)に回る年

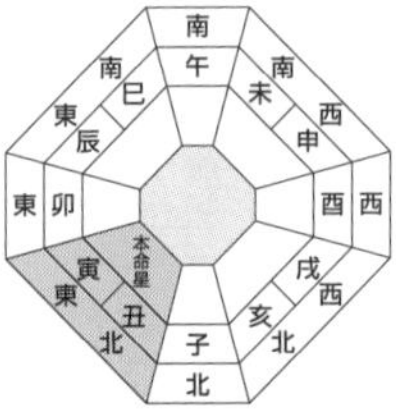

全体	3
愛情	3
金運	3
仕事	3
健康	2

さまざまな変化が起こるときで、順調に進んできたことが行きづまり、方向転換を迫られるような運勢です。仕事でもプライベートでも、状況の変化に対応せざるを得ないことが起こってくるでしょう。仕事運自体は悪くありませんが、健康運は変化に伴う不安や心配が募って体調が狂いやすくなります。特に持病の悪化やトラブルの再発、腰痛に注意が必要です。体質が変わる場合も。金運は貯蓄への意欲が高まります。変化の流れに反比例して感情は守りに傾くので、「いざというとき頼れるものはやはりお金」だと、強く思うようになるためです。愛情運は今まで縁に恵まれずにいた人にとってはチャンス。再会や紹介をきっかけにスピード婚、という可能性が。

本命星が各宮と同会したときの年運

各運勢の数値は5点満点で示しています。

◆九紫同会の年運

本命星が離宮(南)に回る年

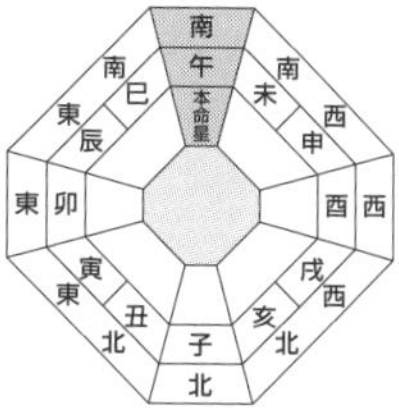

全体	3
愛情	3
金運	2
仕事	4
健康	3

すべてを明らかにする火の作用が働くとき。隠れた善行は報われて悪事はあばかれるなど、隠れていたことが現れてくる年です。また、裁判や争いなども起きてくる可能性があり、良くも悪くも白黒がはっきりします。愛情運は一目ぼれによる急展開が期待できる一方で、予期せぬ別れの暗示も。くれぐれも慎重に。仕事運は良好です。頭が冴えて大活躍できるでしょう。能力や才能を認められて注目を浴び、一躍有名になる場合も多いのです。金運は低調。派手に消費したり、高品質や高額の品ばかり求める傾向がでてきます。この年は、収支をしっかり把握しておきましょう。健康では、眼や心臓、精神面の疾患に注意。

日常生活の中で吉方位パワーを蓄積（充電）しよう！

吉方位の開運パワーは距離と時間に比例します。本来ならば、できる限り遠くへ、長い時間滞在できる旅行などに行きたいものです。しかし現実は、そんな時間がなかなか作れないという方も多いことでしょう。そんな時は、日常生活のなかで、吉方位パワーを蓄積する工夫をしましょう。たとえ短距離の移動では一回に得られるパワーは小さくても、くり返し吉方位へでかければ、蓄積されて大きなパワーになります。

例えば、①ほぼ毎日用事でかける場所、②一週間に数回出かける場所、③月に1～2回くらいでかける場所をメモしましょう。次いで、その場所の方位をあらかじめ調べておきましょう。そして、日盤をみて、その場所が吉方位となるタイミングで出かけようにするのです。こうすれば、買い物や美容室、郵便局、日々の散歩など、用事で出かけることがそのまま吉方位パワーの蓄積となります。まさに一石二鳥です。

年間の行事は年盤を、月の行事は月盤を、日々の生活では日盤を、自在に使えるようになれば、「開運力」が高まります。

もしも吉方位に出かけられない日が続いたとしても、気にしないようにしましょう。ネガティブな気持ちになると、せっかく蓄積した吉方位パワーが損なわれてしまいます。無理なく少しずつパワーが蓄積されていくのを楽しみましょう。

巻末資料

2020～　年盤

ゴ：五黄殺　ア：暗剣殺　ハ：歳破　タ：対冲殺　＊誰にとっても凶方位

2028（令和10年）申

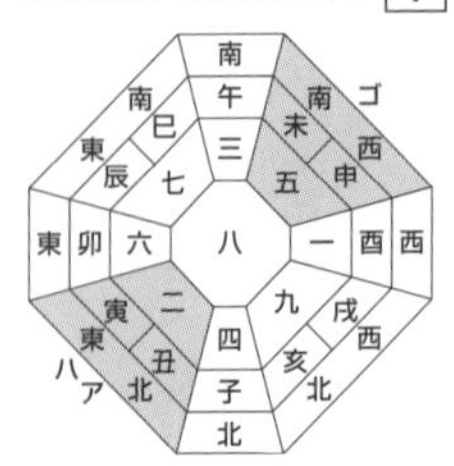

2024（令和6年）辰

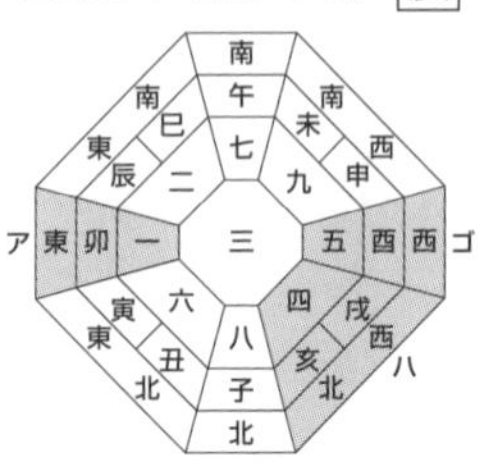

2020（令和2年）子

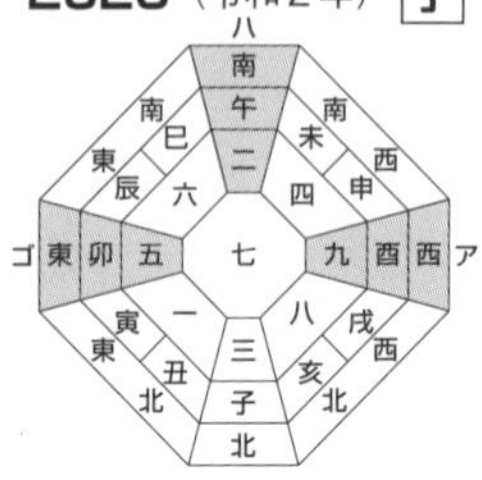

2029（令和11年）酉

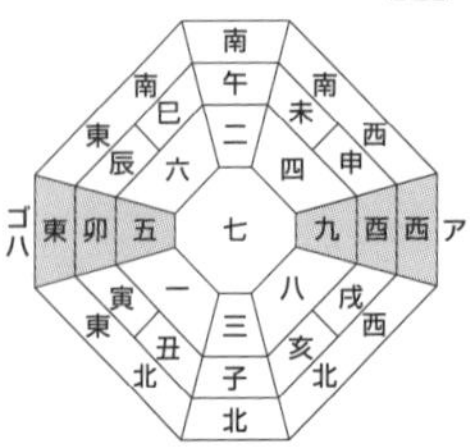

2025（令和7年）巳

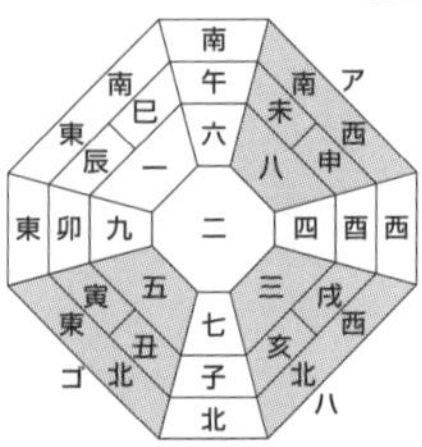

2021（令和3年）丑

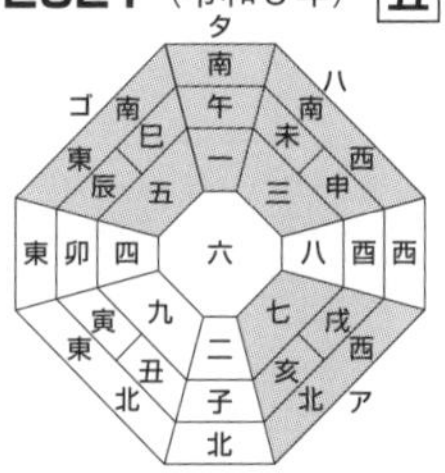

2030（令和12年）戌

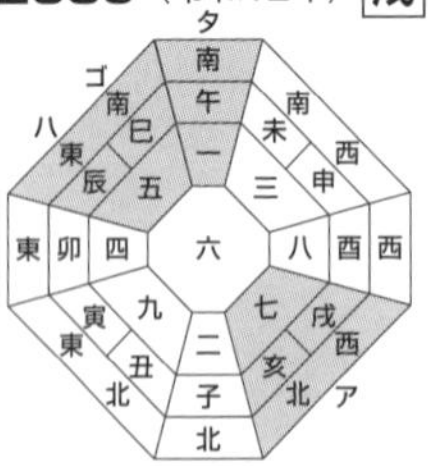

2026（令和8年）午

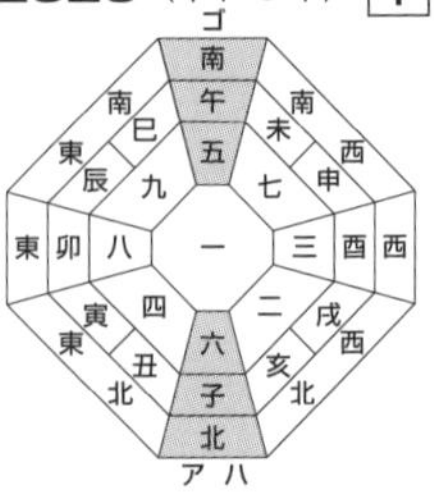

2022（令和4年）寅

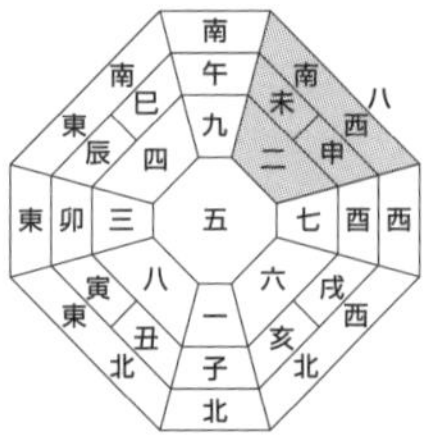

2031（令和13年）亥

2027（令和9年）未

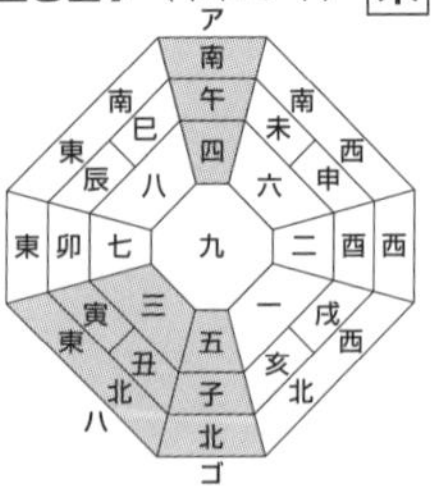

2023（令和5年）卯

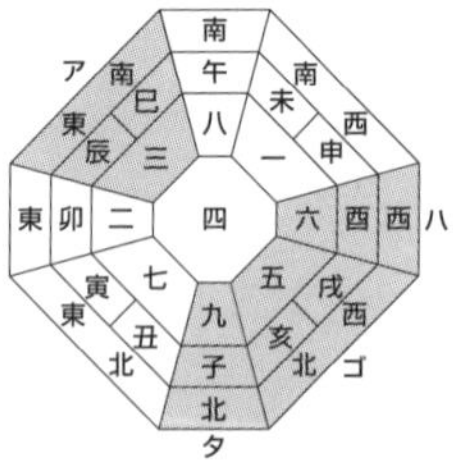

2032～　年盤

ゴ：五黄殺　ア：暗剣殺　ハ：歳破　タ：対冲殺　＊誰にとっても凶方位

2032（令和14年）子

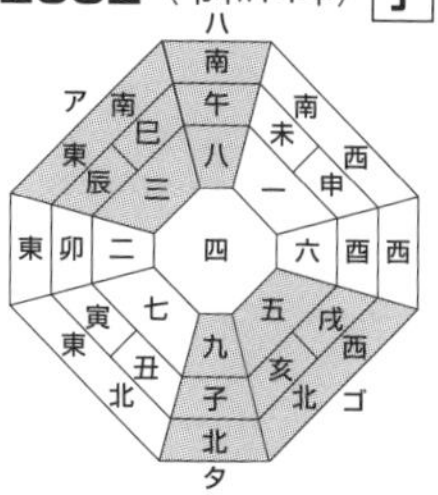

2033（令和15年）丑

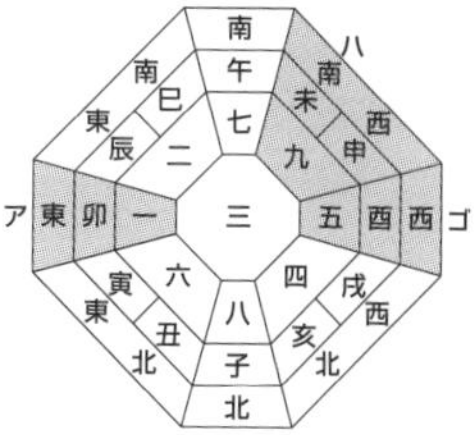

2034（令和16年）寅

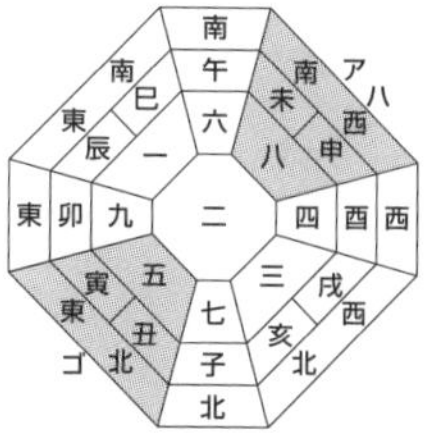

2035（令和17年）卯

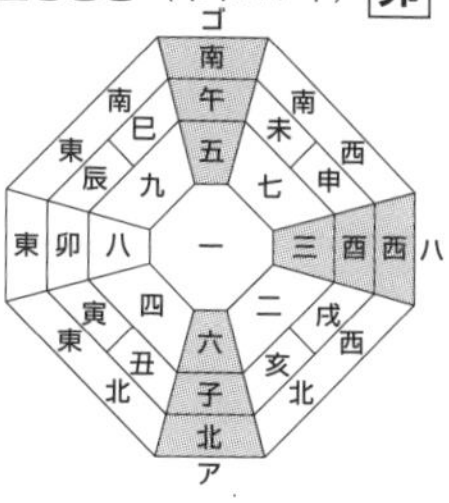

2036（令和18年）辰

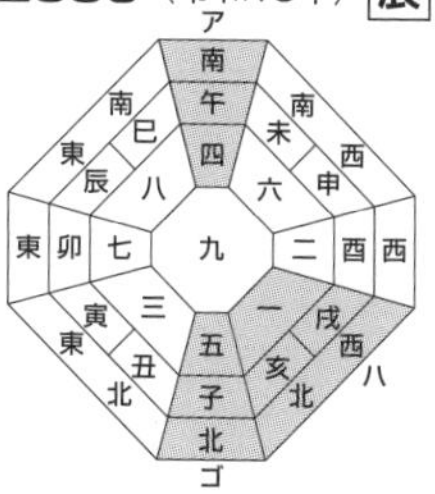

2037（令和19年）巳

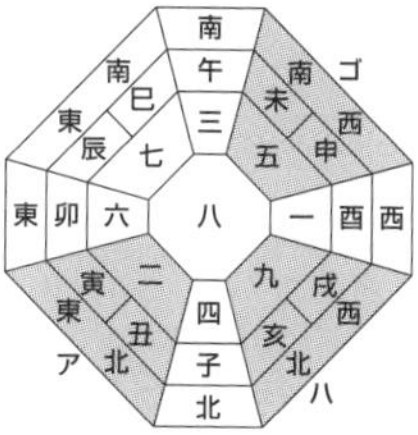

2038（令和20年）午

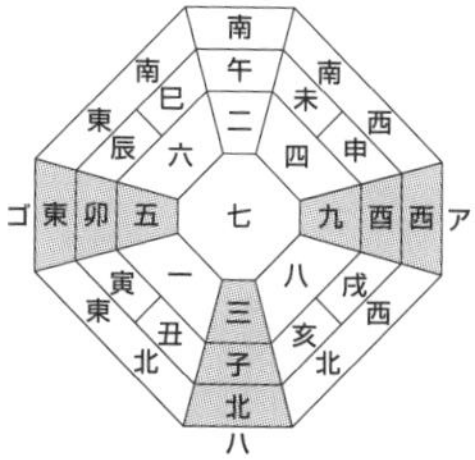

2039（令和21年）未

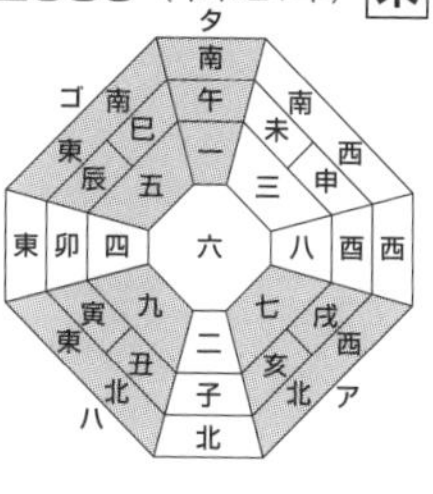

2040（令和22年）申

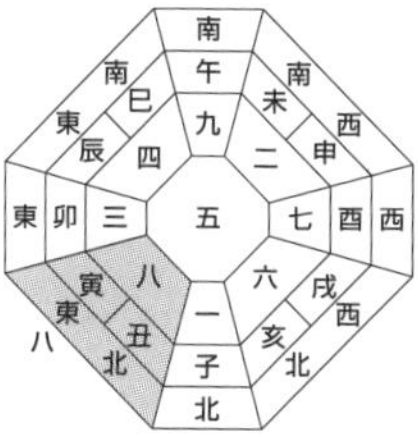

2041（令和23年）酉

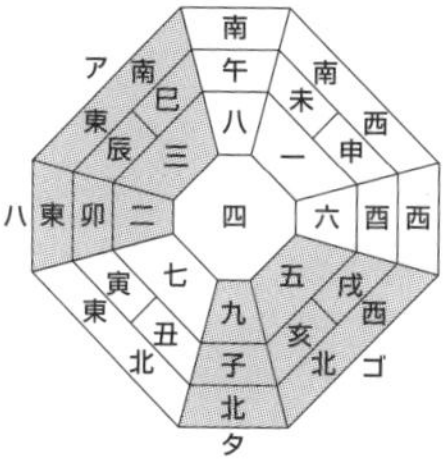

2042（令和24年）戌

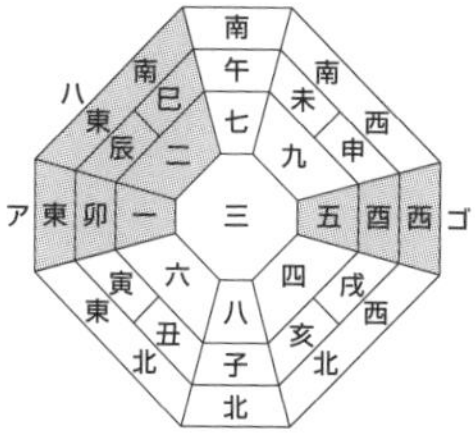

2043（令和25年）亥

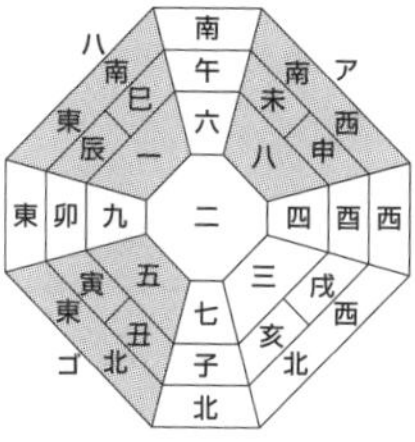

一白・四緑・七赤（子・卯・午・酉）年の 月盤

ゴ：五黄殺　ア：暗剣殺　ハ：月破　タ：対冲殺　＊誰にとっても凶方位

2月　寅

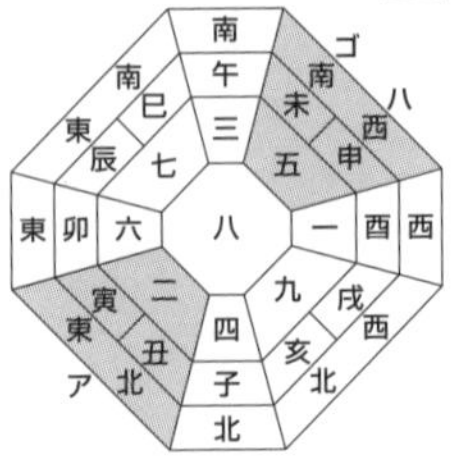

3月　卯

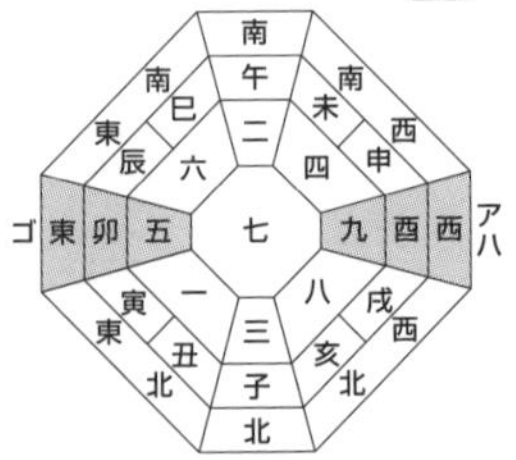

4月　辰

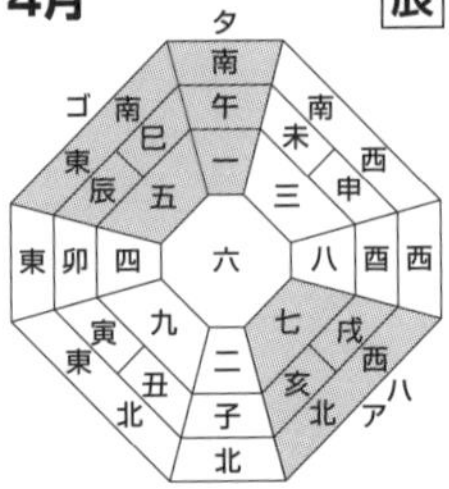

5月　巳

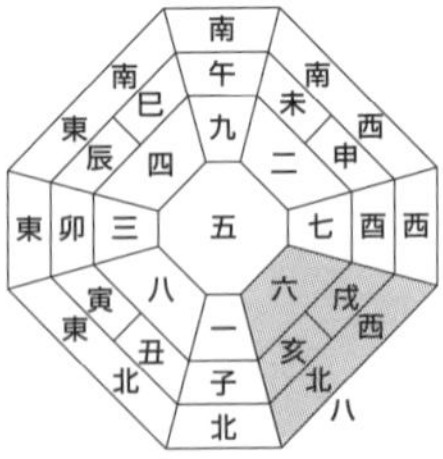

6月　午

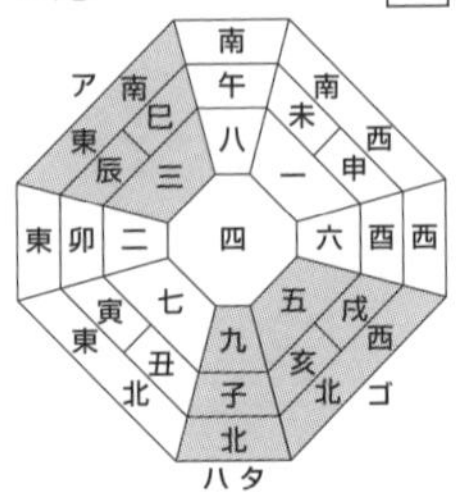

7月　未

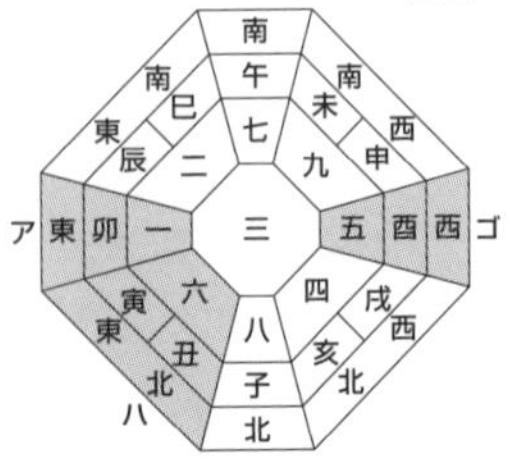

8月　申

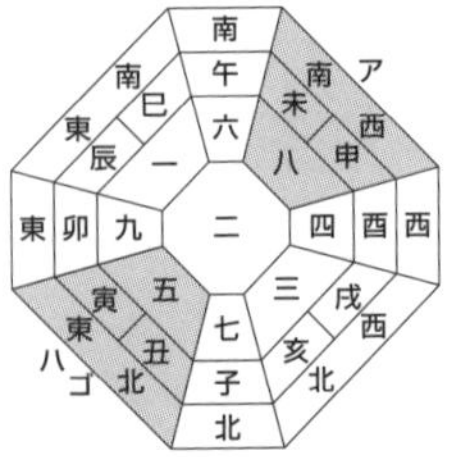

9月　酉

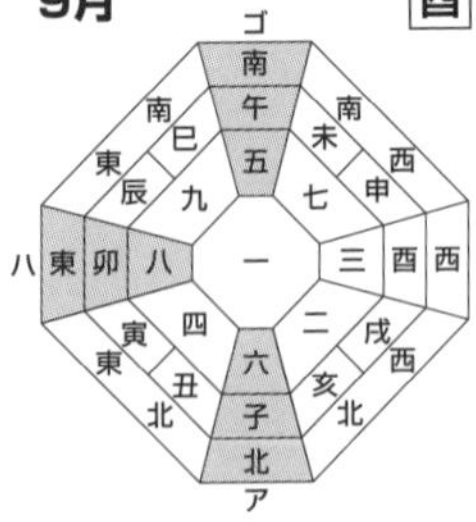

10月　戌

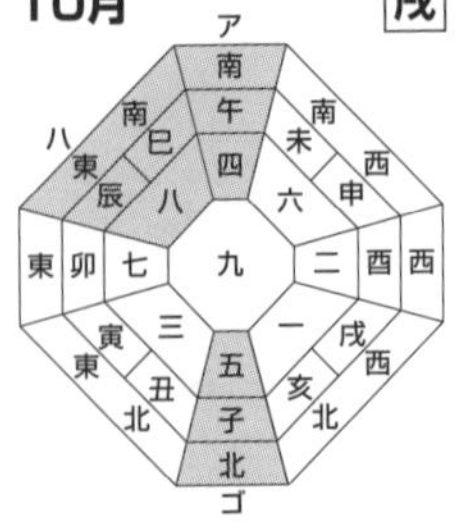

11月　亥

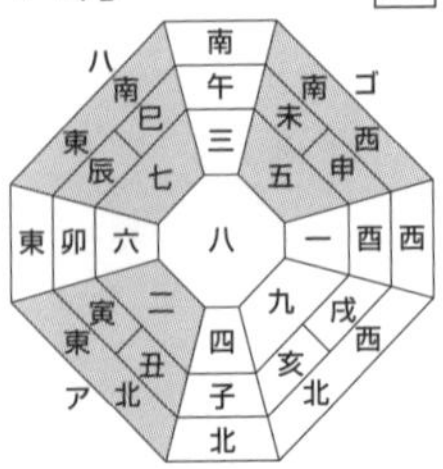

12月　子

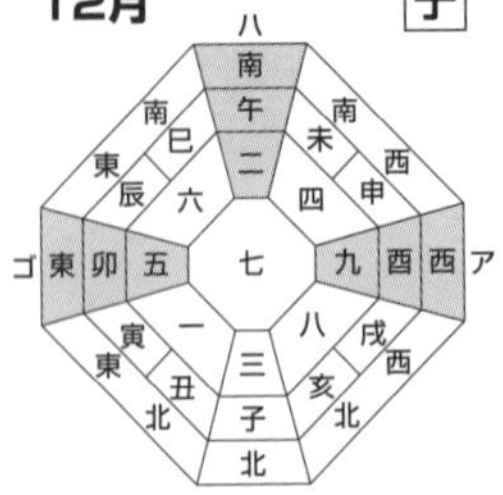

1月　丑

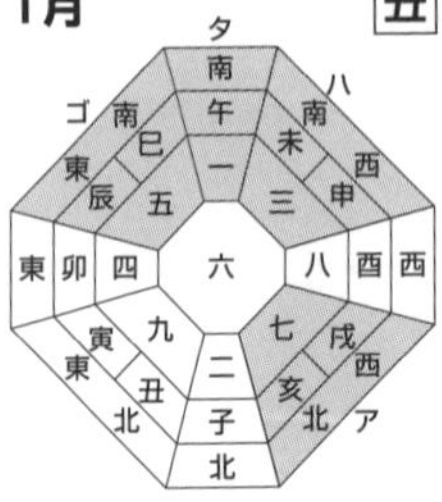

三碧・六白・九紫（丑・辰・未・戌）年の 月盤

ゴ：五黄殺　ア：暗剣殺　八：月破　タ：対冲殺　＊誰にとっても凶方位

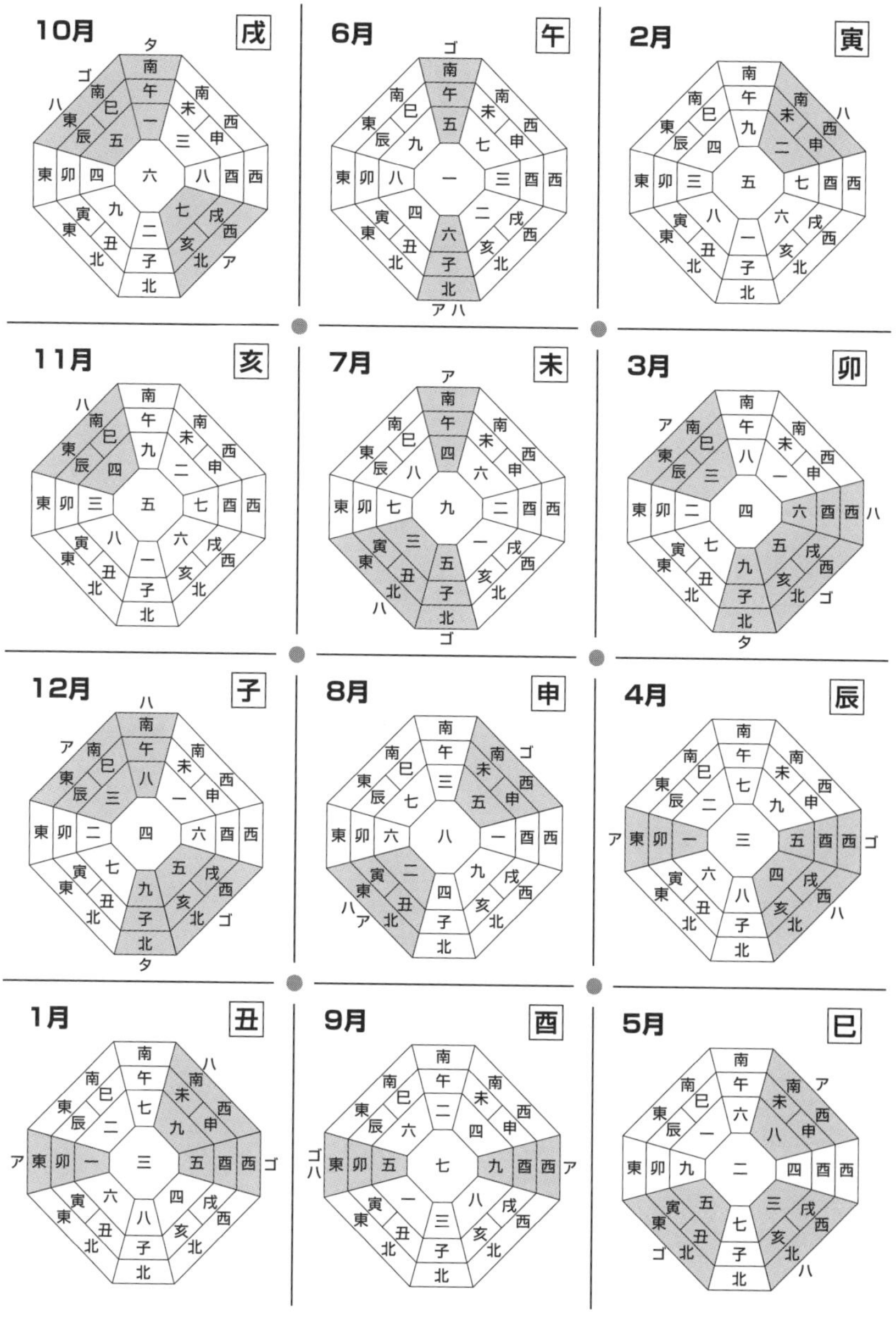

二黒・五黄・八白（寅・巳・申・亥）年の 月盤

ゴ：五黄殺　ア：暗剣殺　ハ：月破　タ：対冲殺　＊誰にとっても凶方位

10月 戌

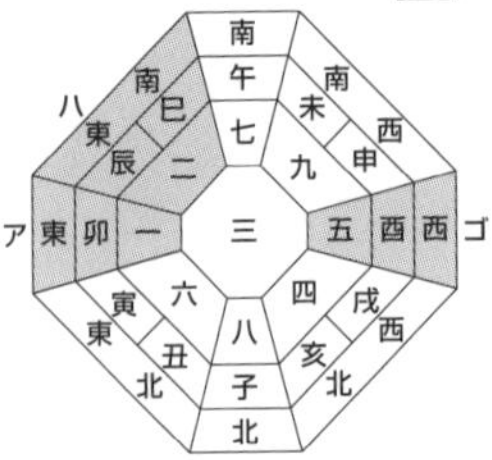

6月 午

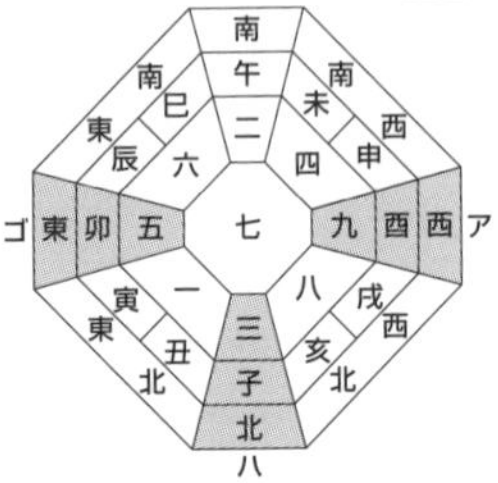

2月 寅

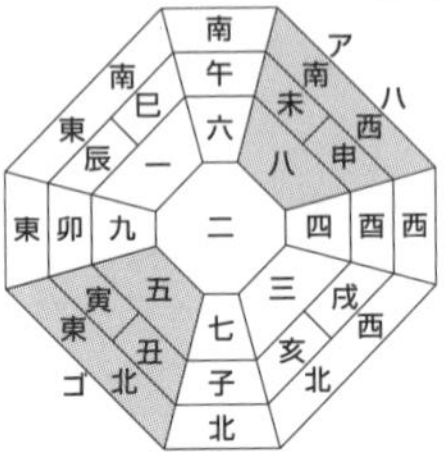

11月 亥

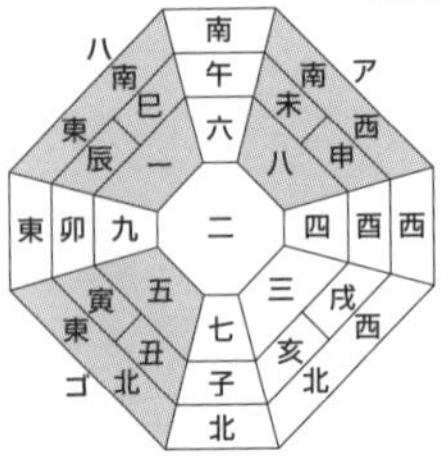

7月 未

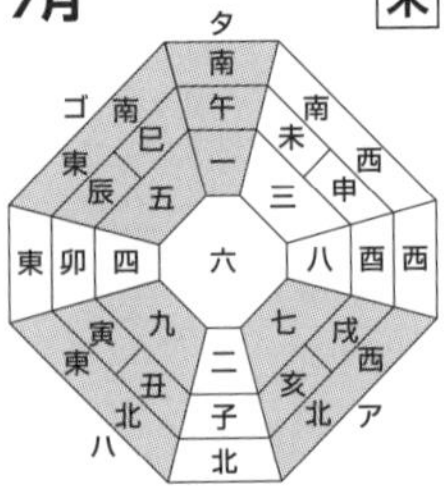

3月 卯

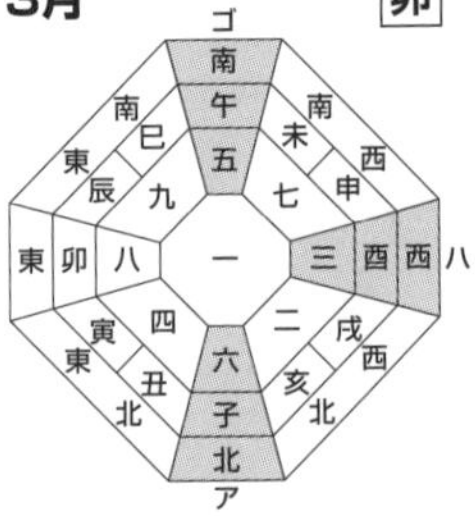

12月 子

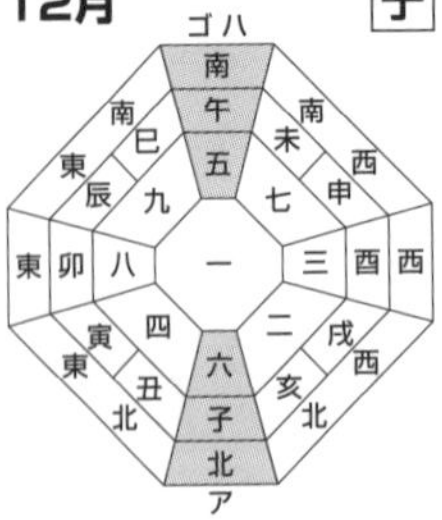

8月 申

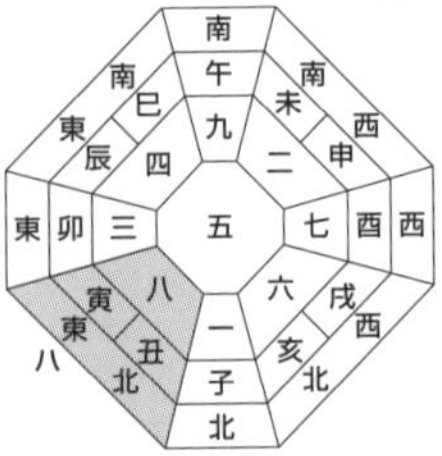

4月 辰

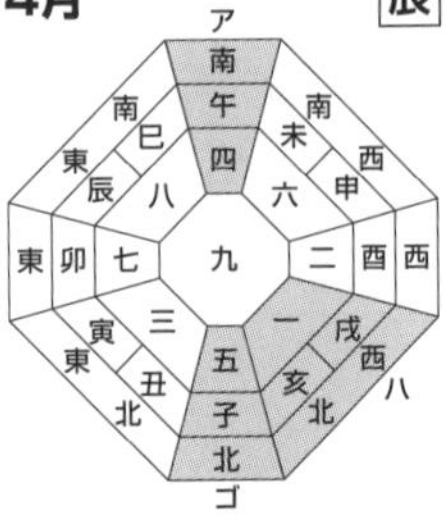

1月 丑

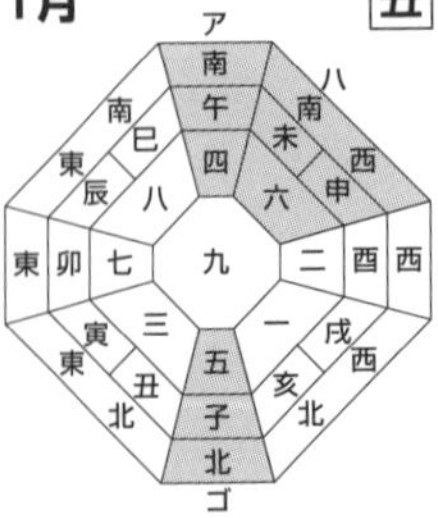

9月 酉

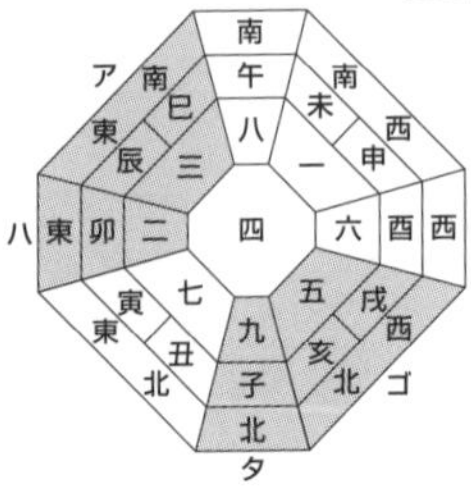

5月 巳

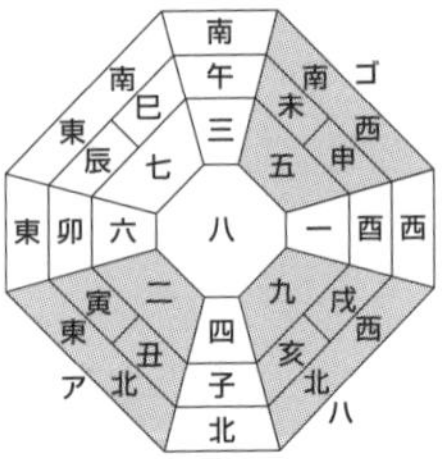

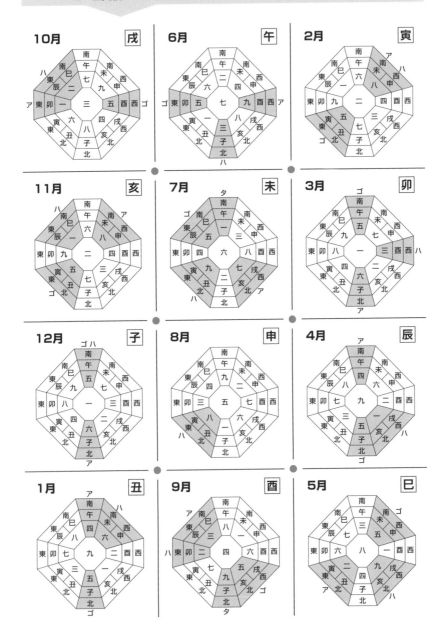

一白中宮 のときの 日盤・時盤

ゴ：五黄殺　ア：暗剣殺　ハ：日破・時破　タ：対冲殺　＊誰にとっても凶方位

申

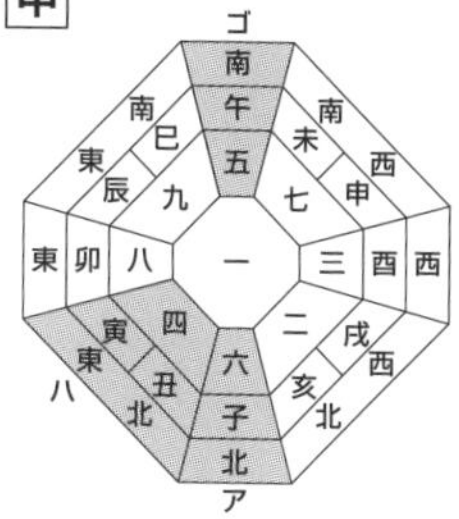

辰

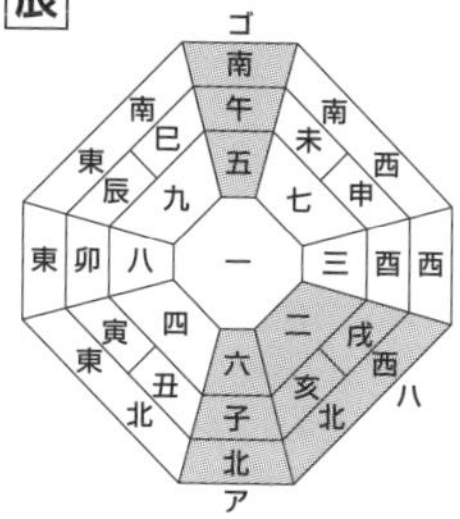

子

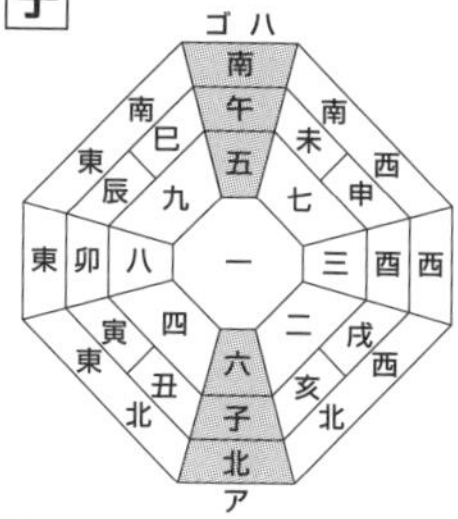

酉

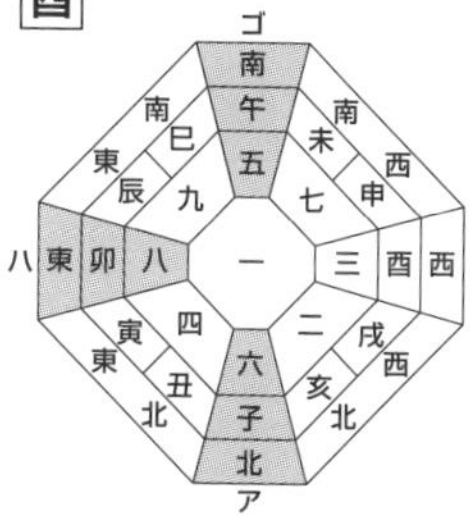

巳

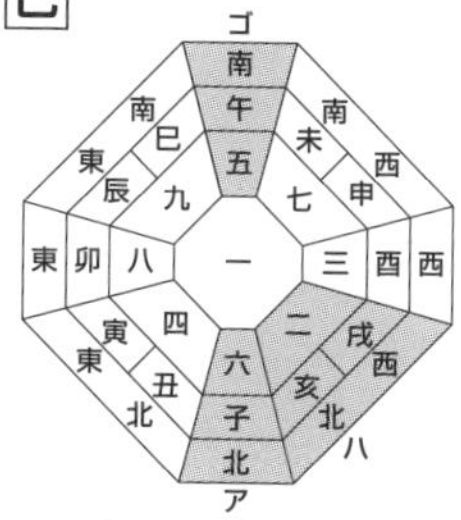

丑

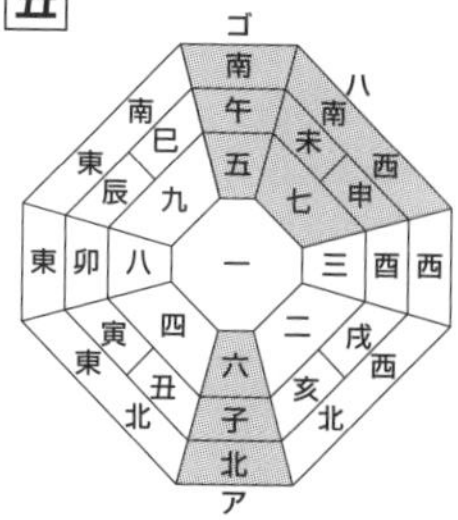

戌

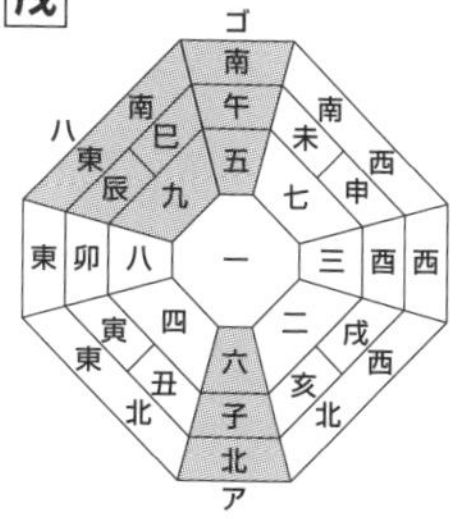

午

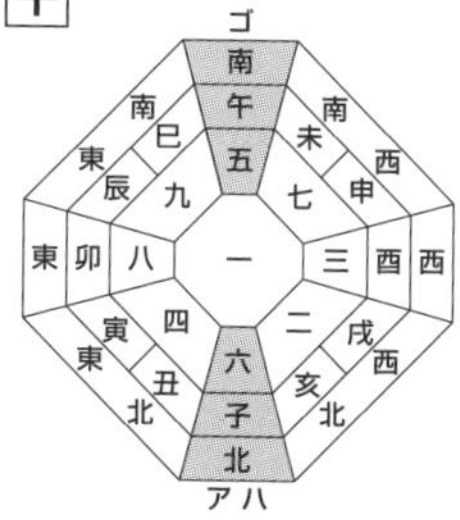

寅

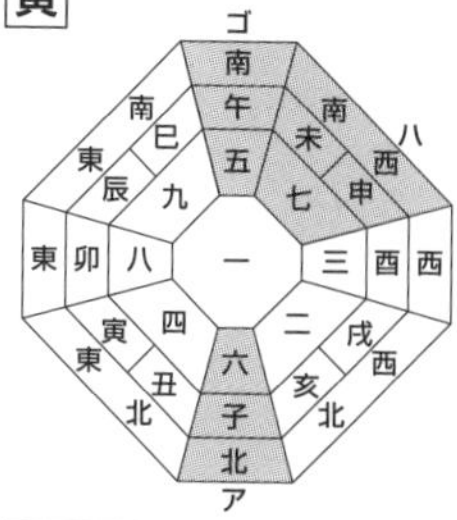

亥

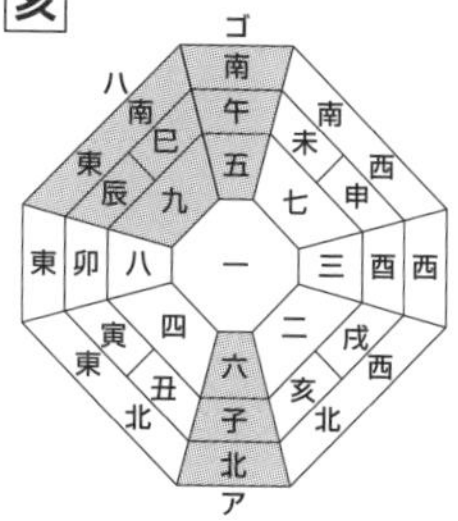

未

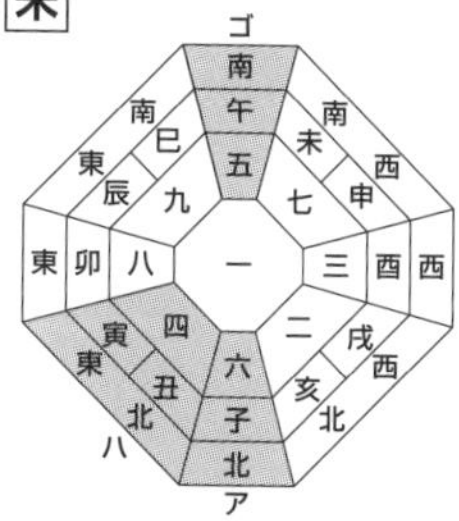

卯

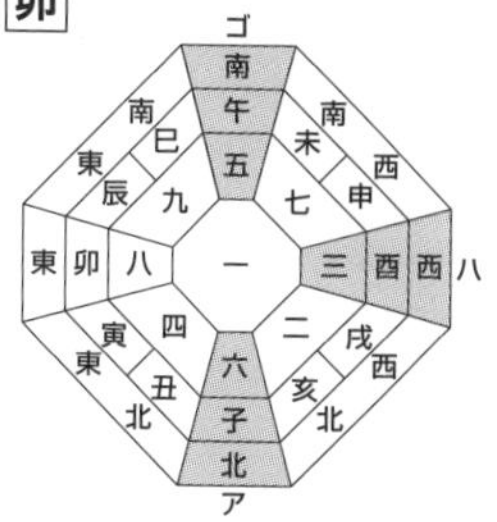

二黒中宮 のときの 日盤・時盤

ゴ：五黄殺　ア：暗剣殺　八：日破・時破　タ：対冲殺　＊誰にとっても凶方位

申

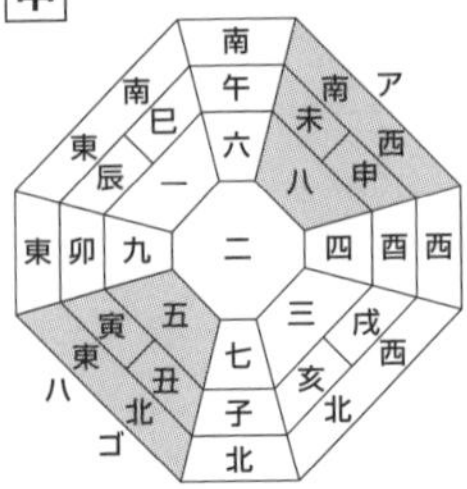

辰

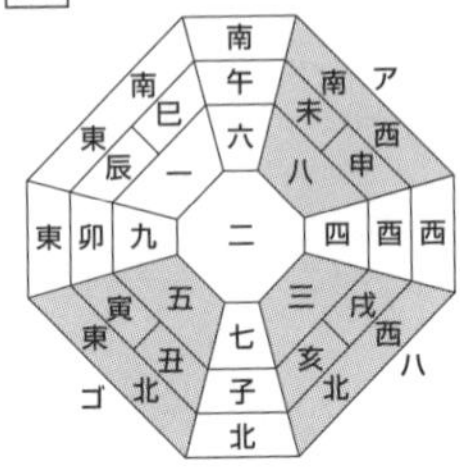

子

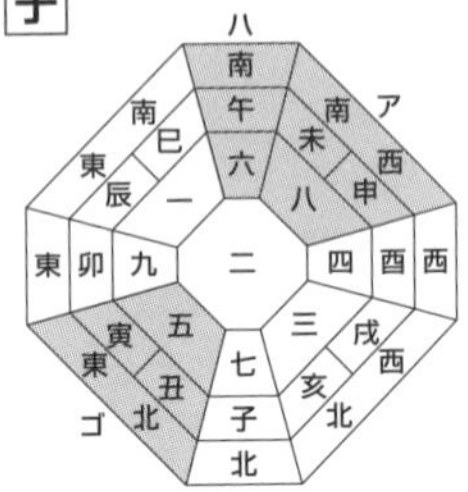

酉

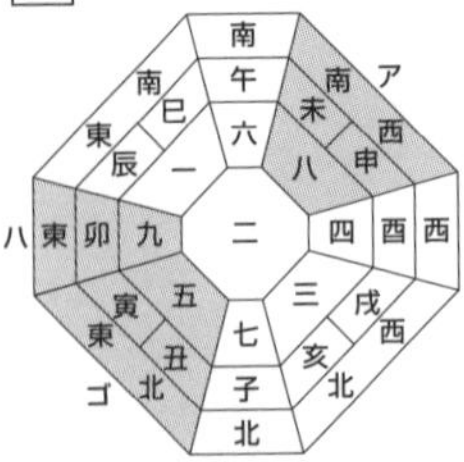

巳

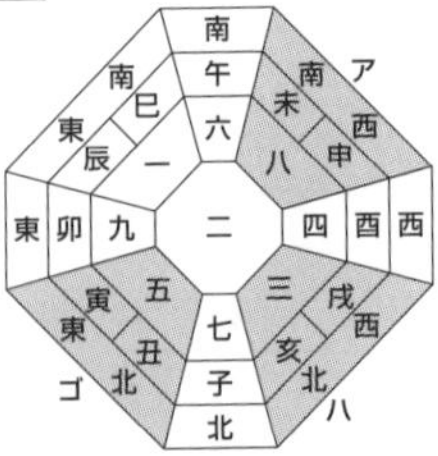

丑

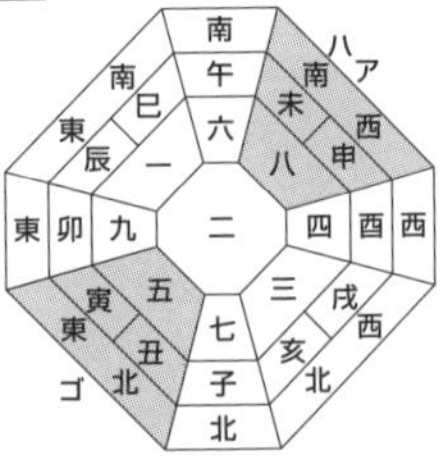

戌

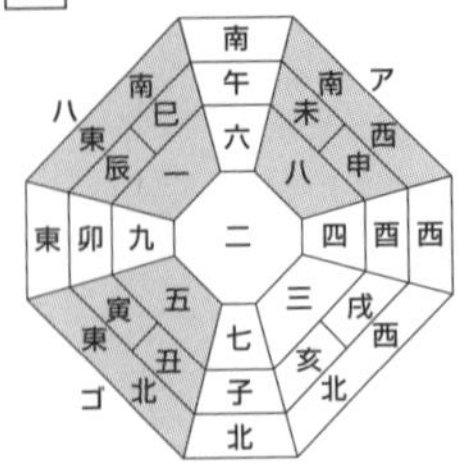

午

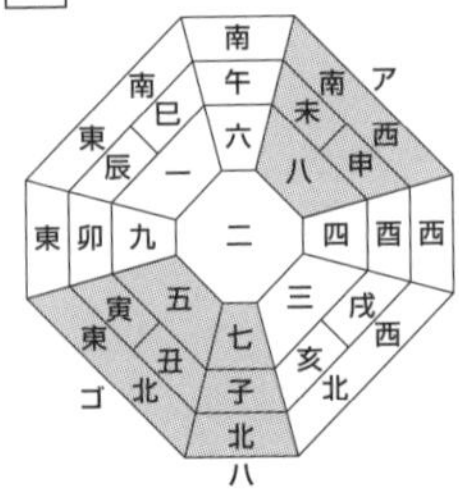

寅

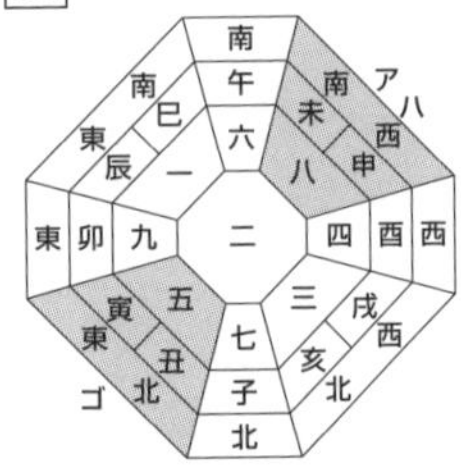

亥

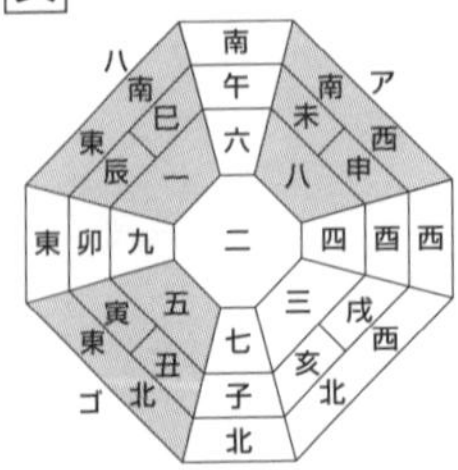

未

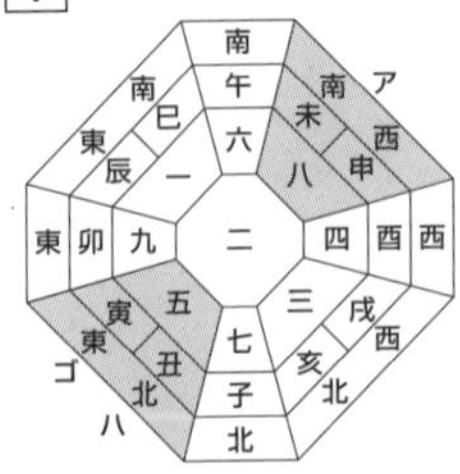

卯

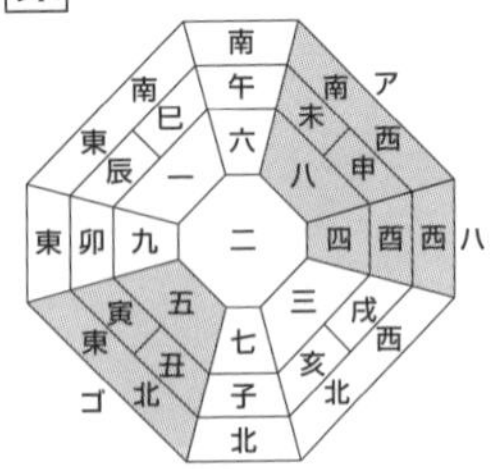

三碧中宮のときの日盤・時盤

ゴ：五黄殺　ア：暗剣殺　ハ：日破・時破　タ：対冲殺　＊誰にとっても凶方位

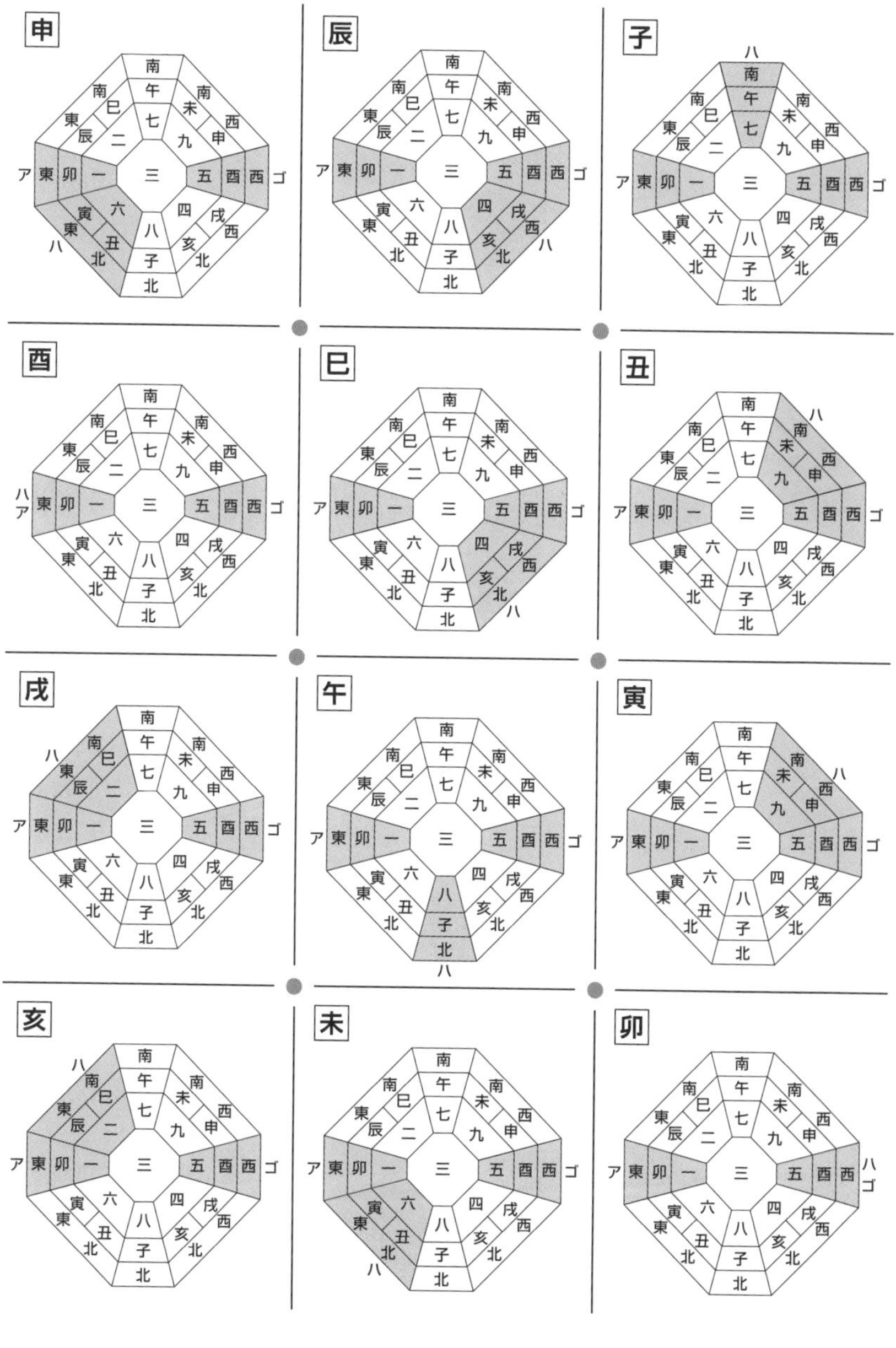

四緑中宮 のときの 日盤・時盤

ゴ：五黄殺　ア：暗剣殺　ハ：日破・時破　タ：対冲殺　＊誰にとっても凶方位

申

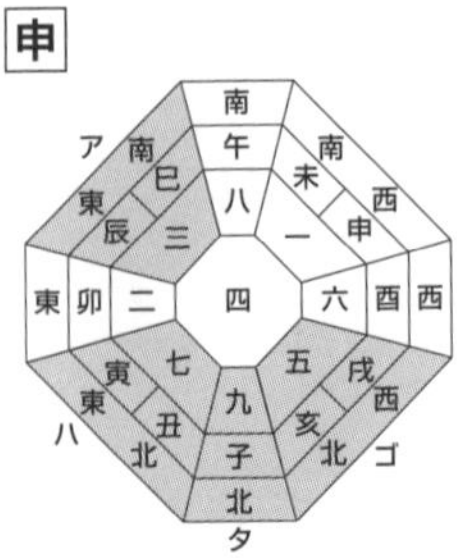

辰

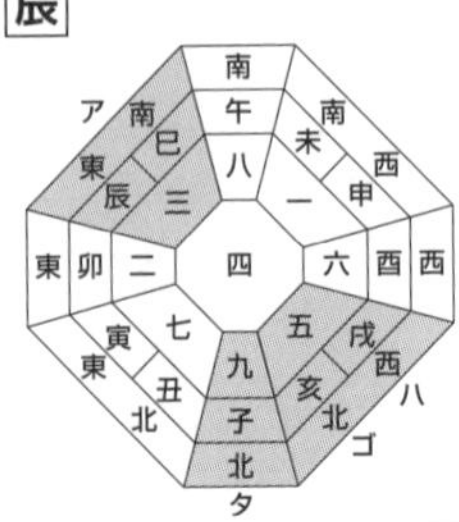

子

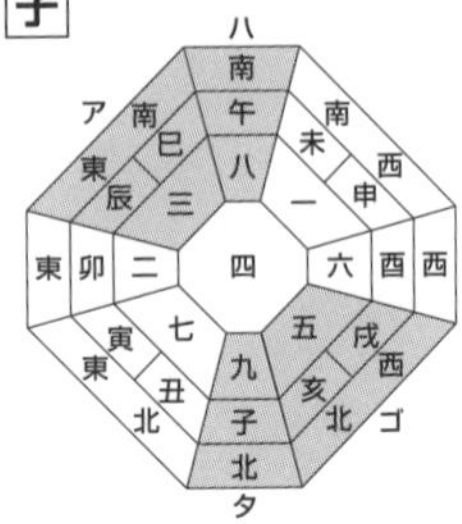

酉

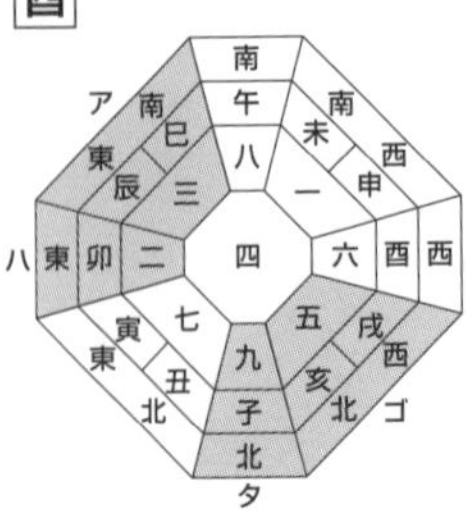

巳

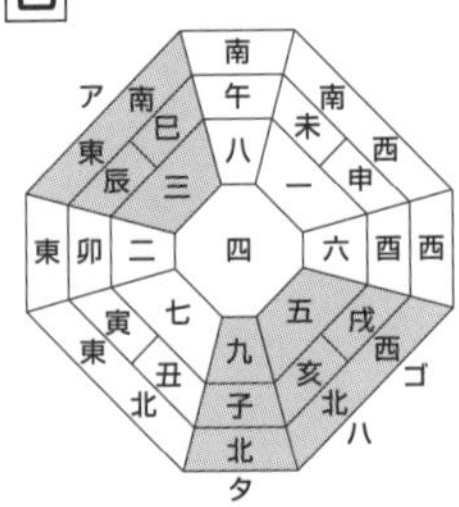

丑

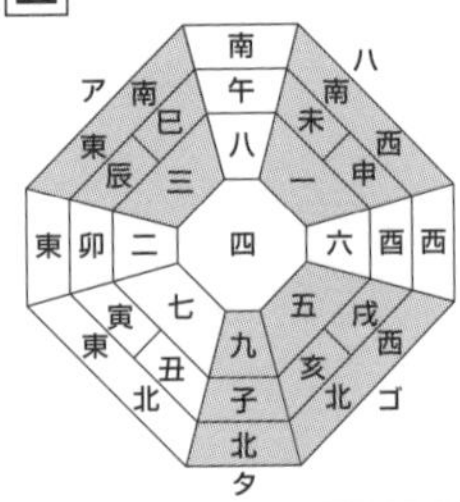

戌

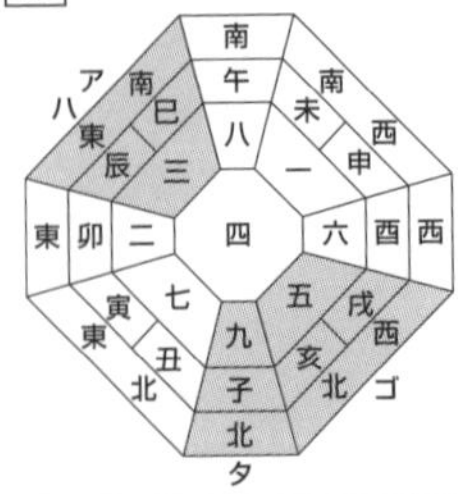

午

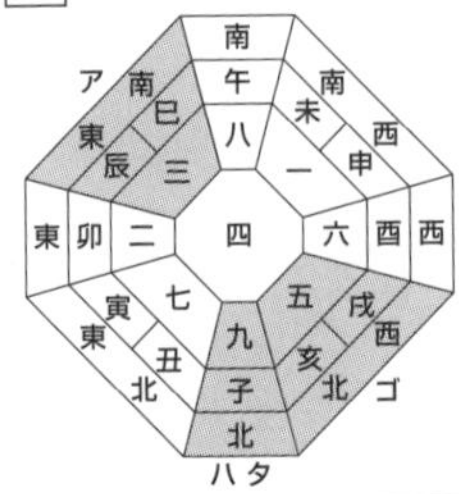

寅

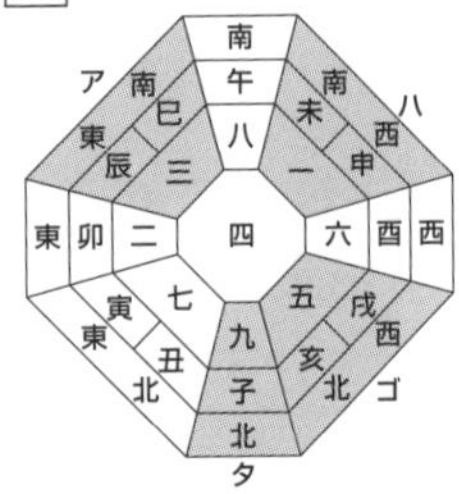

亥

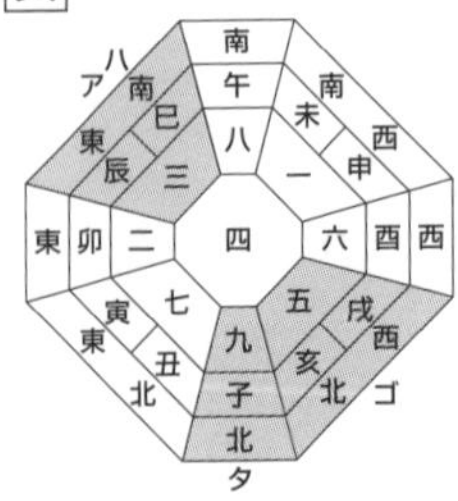

未

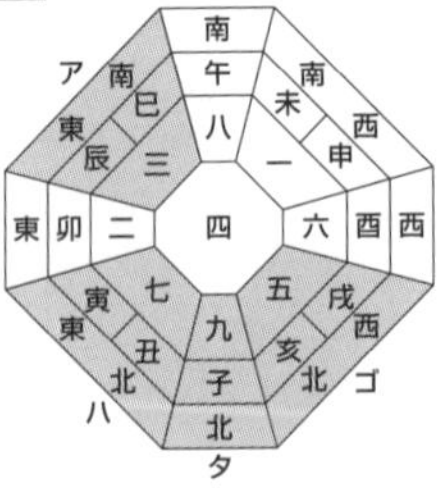

卯

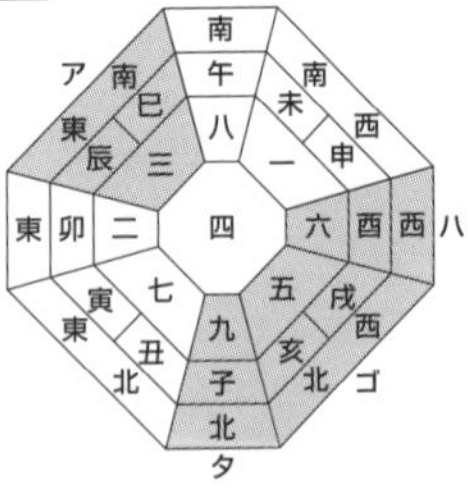

五黄中宮 のときの 日盤・時盤

ゴ：五黄殺　ア：暗剣殺　八：日破・時破　タ：対冲殺　＊誰にとっても凶方位

申

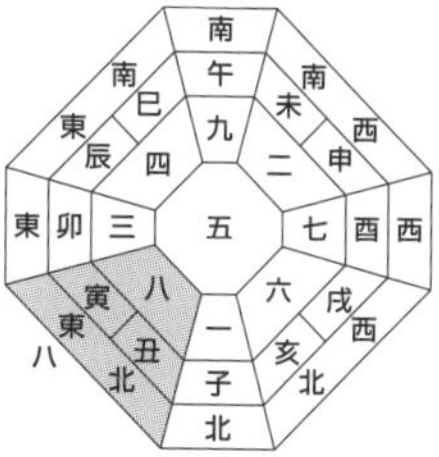

辰

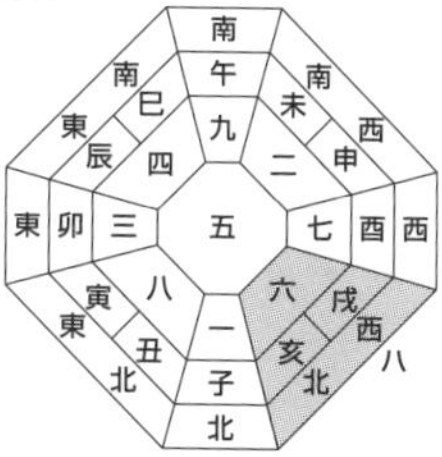

子

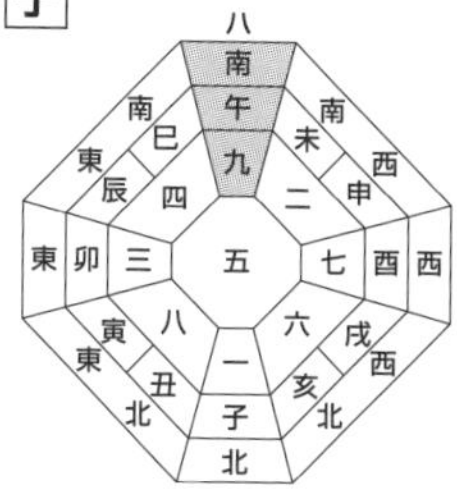

酉

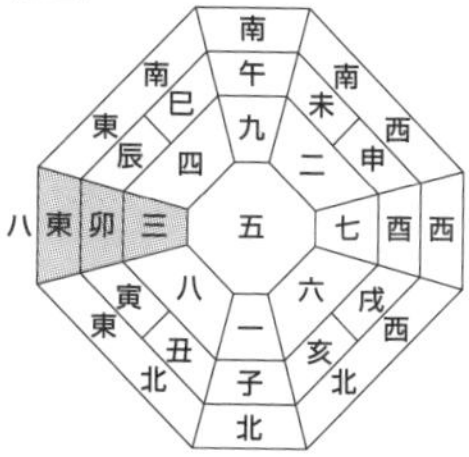

巳

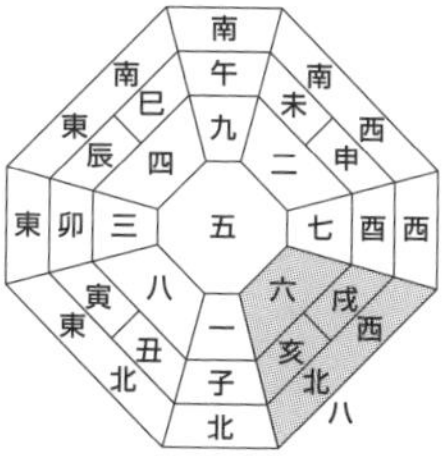

丑

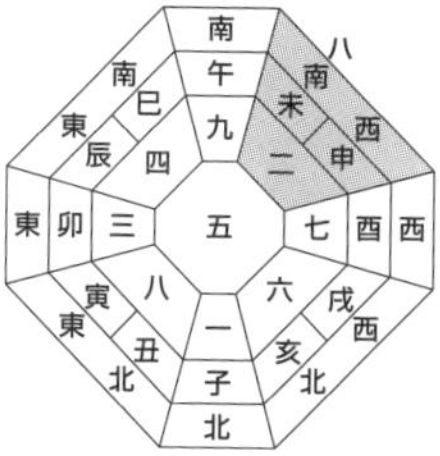

戌

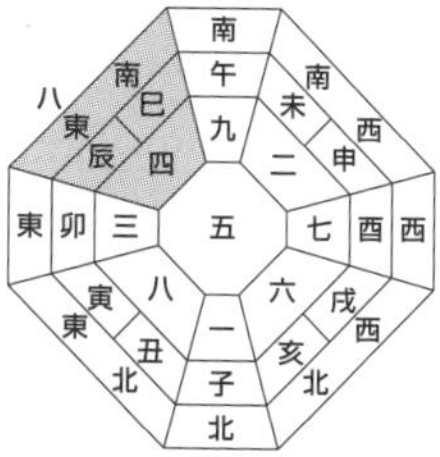

午

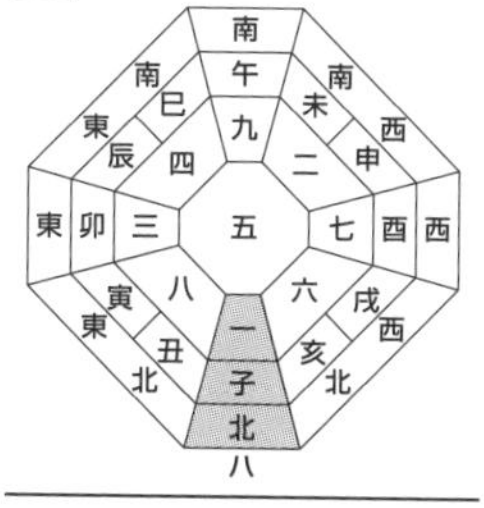

寅

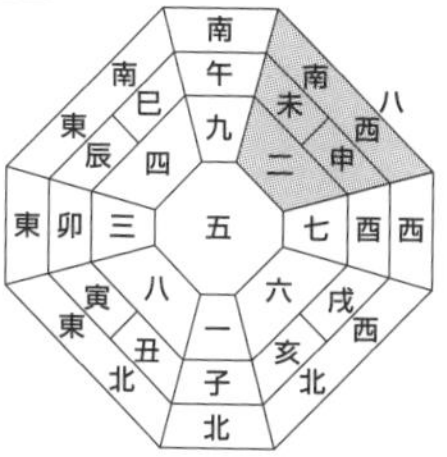

亥

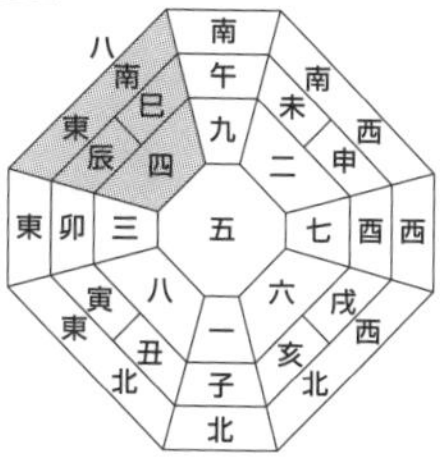

未

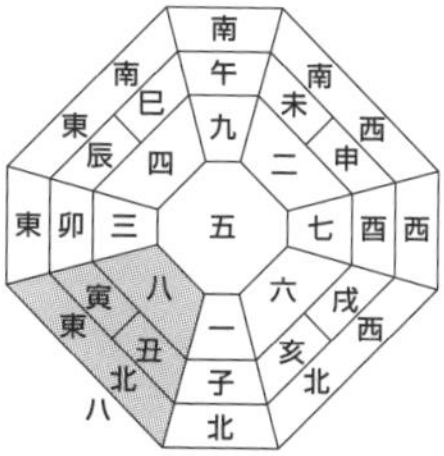

卯

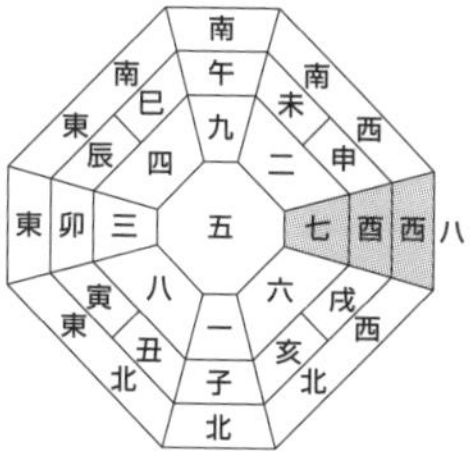

六白中宮 のときの 日盤・時盤

ゴ：五黄殺　ア：暗剣殺　ハ：日破・時破　タ：対冲殺　＊誰にとっても凶方位

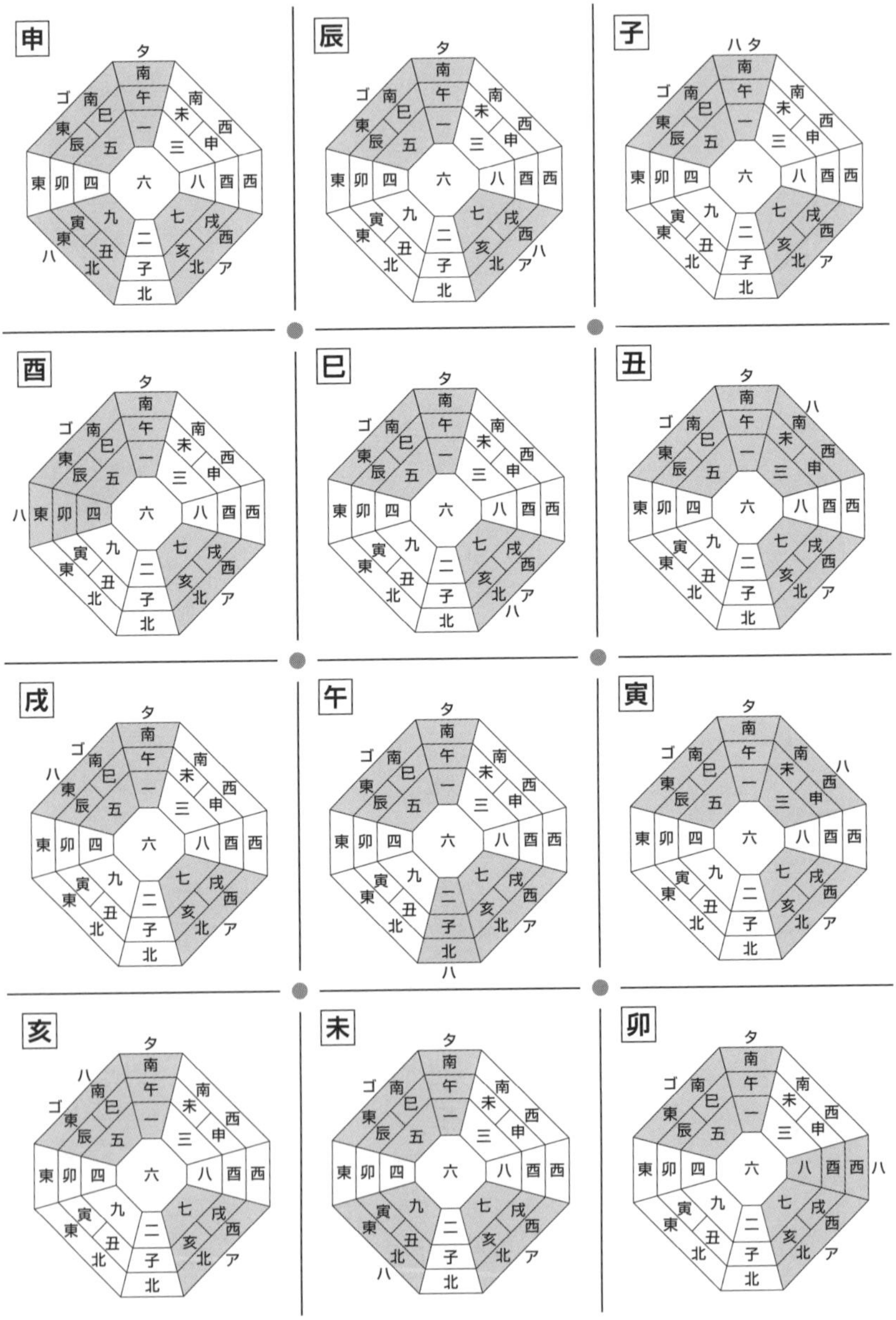

七赤中宮 のときの 日盤・時盤

ゴ：五黄殺　ア：暗剣殺　八：日破・時破　タ：対冲殺　＊誰にとっても凶方位

申

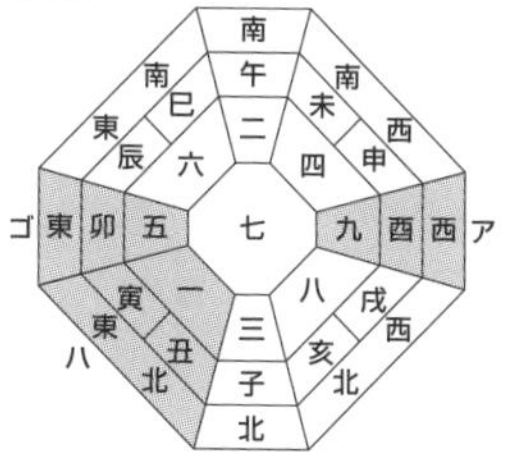

辰

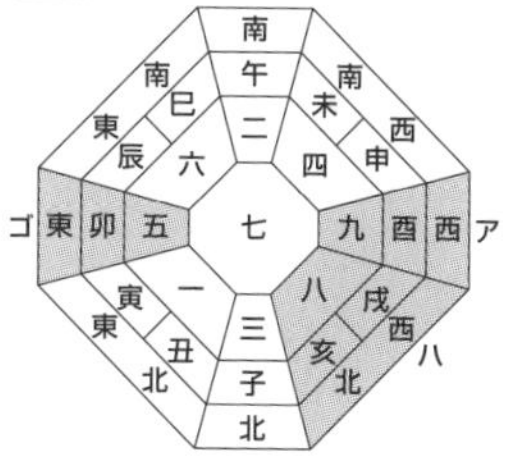

子

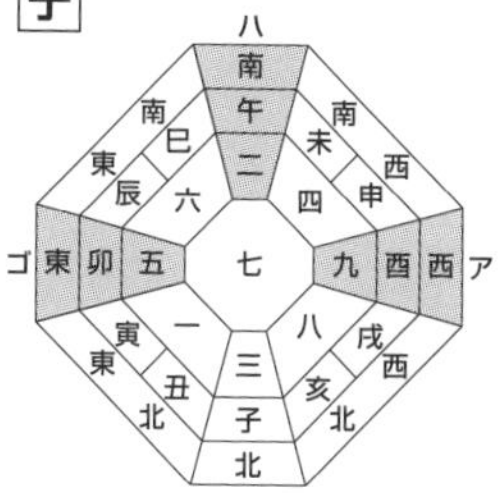

酉

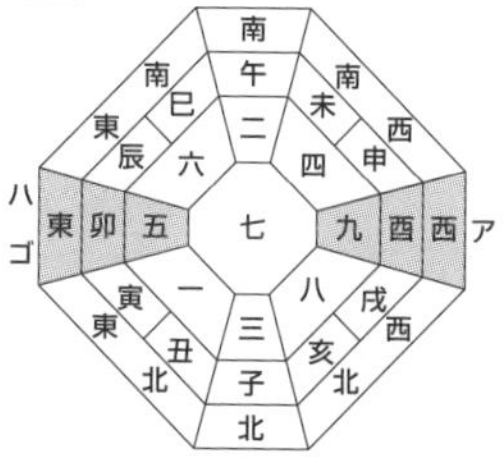

巳

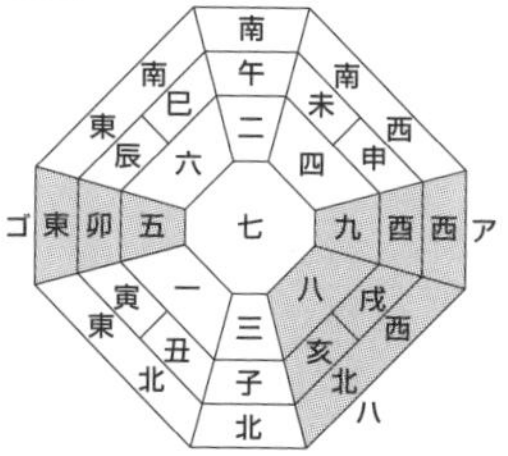

丑

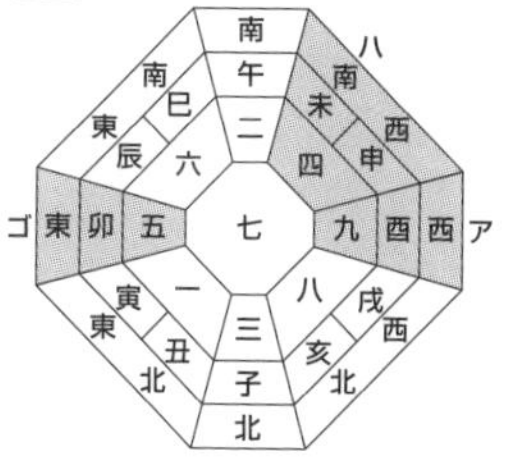

戌

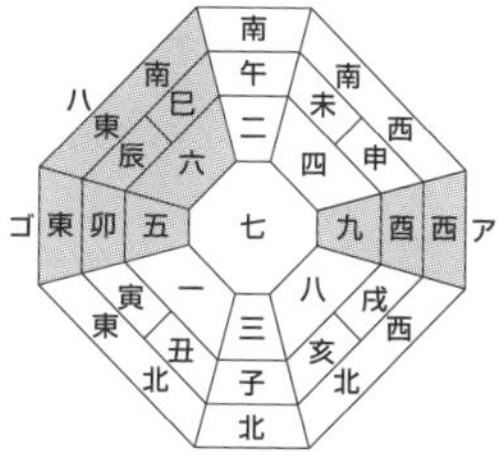

午

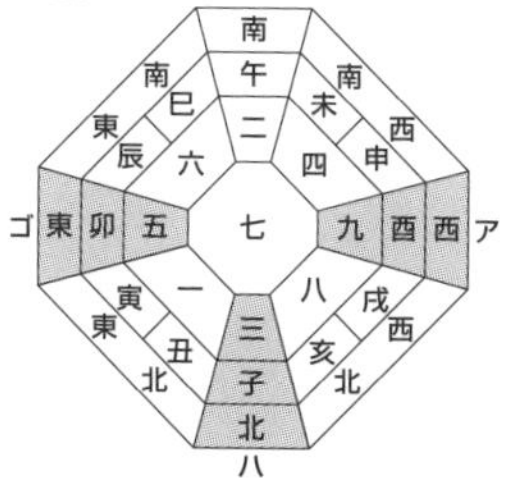

寅

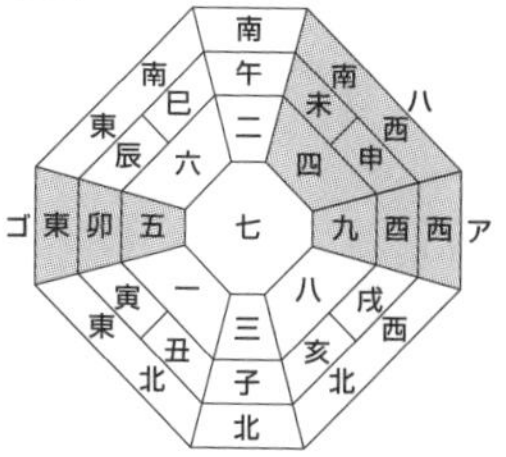

亥

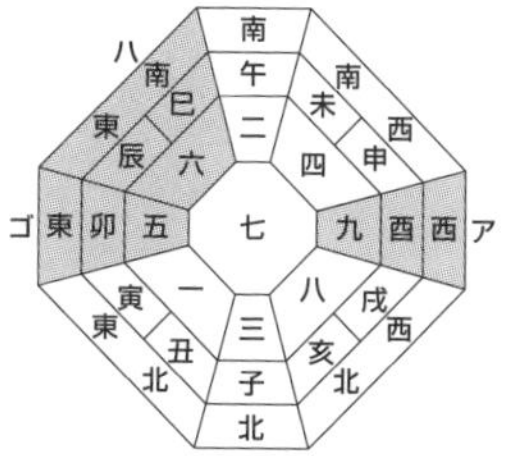

未

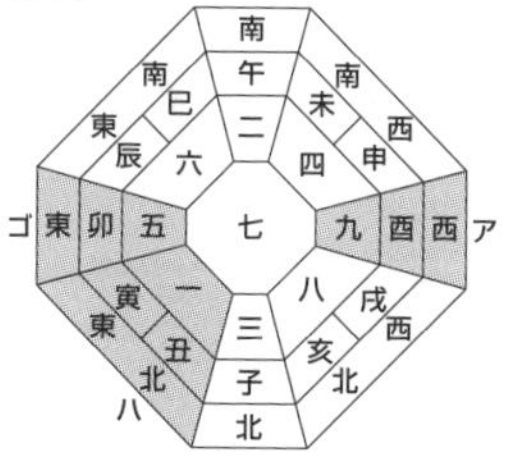

卯

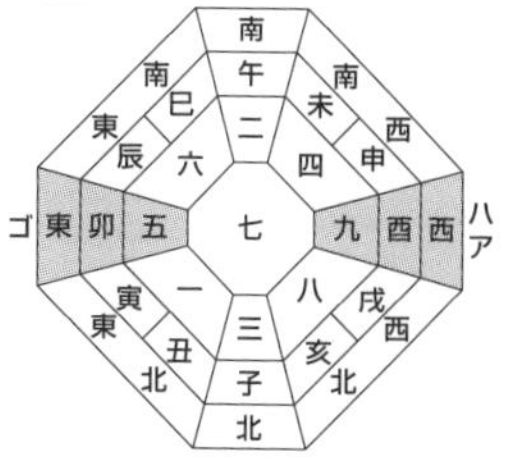

八白中宮 のときの 日盤・時盤

ゴ：五黄殺　ア：暗剣殺　ハ：日破・時破　タ：対冲殺　＊誰にとっても凶方位

申

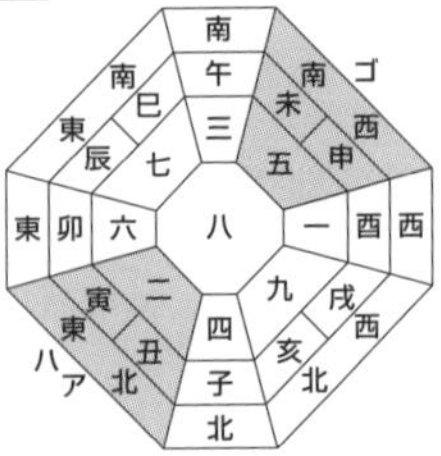

辰

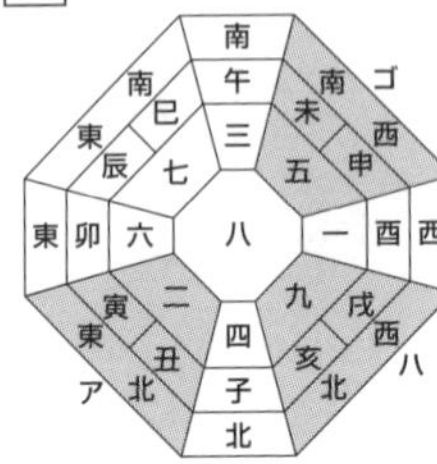

子

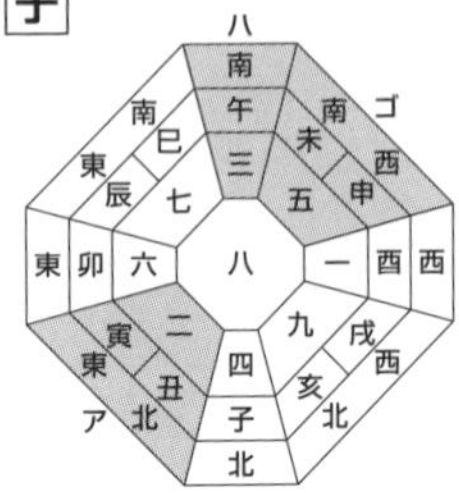

酉

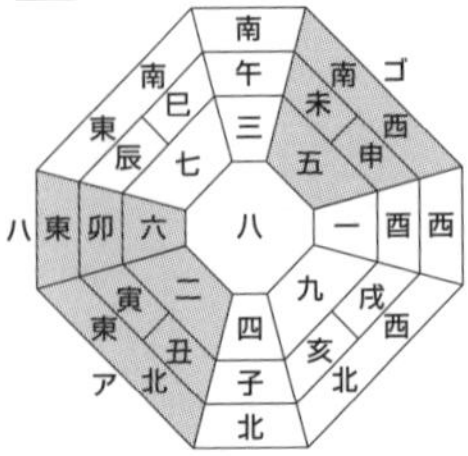

巳

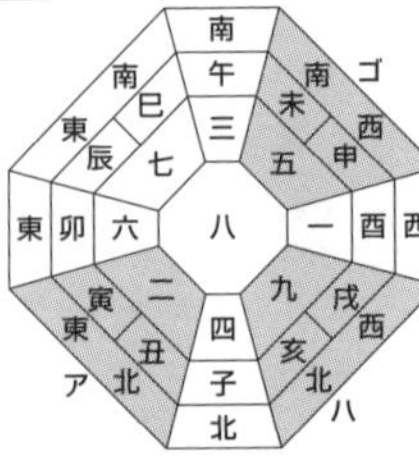

丑

戌

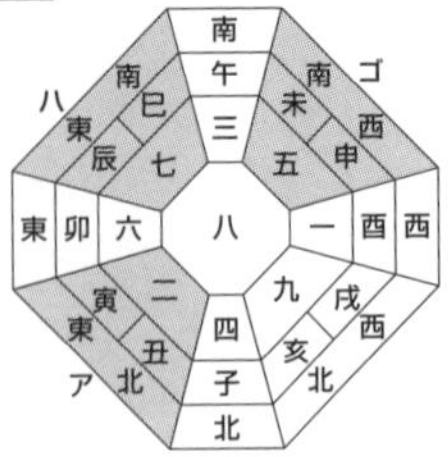

午

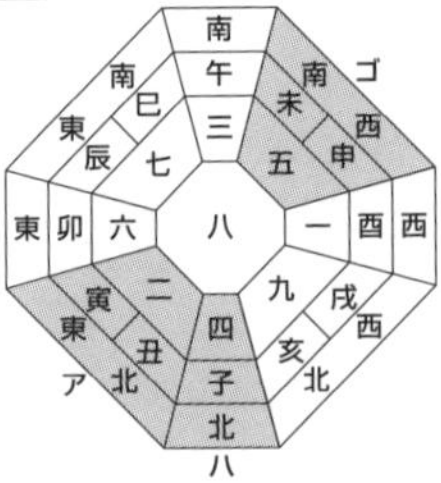

寅

亥

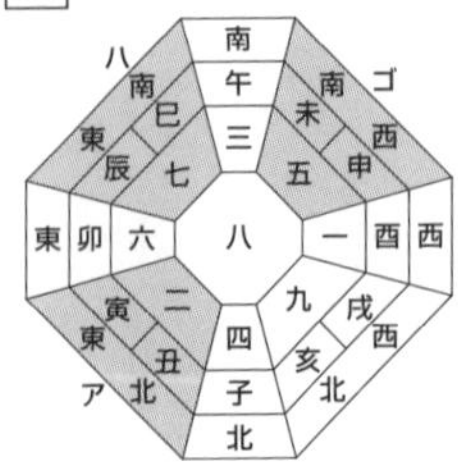

未

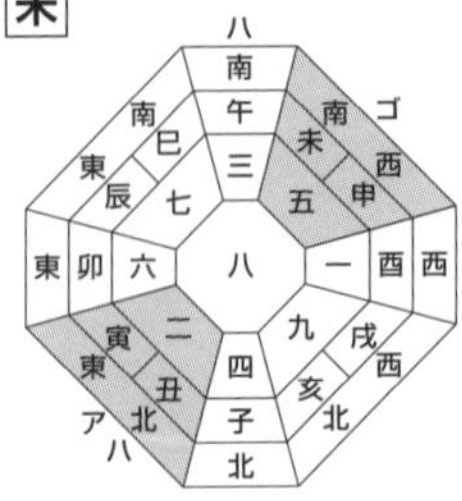

卯

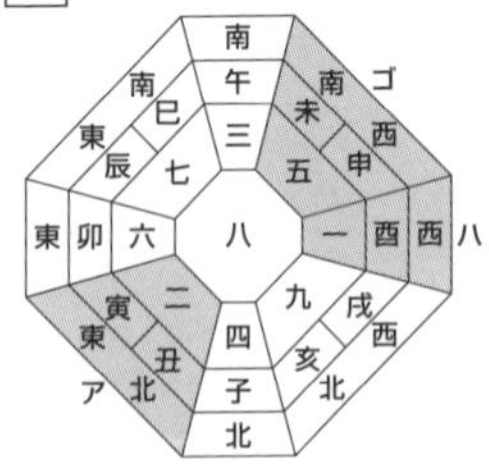

九紫中宮 のときの 日盤・時盤

ゴ：五黄殺　ア：暗剣殺　ハ：日破・時破　タ：対冲殺　＊誰にとっても凶方位

申

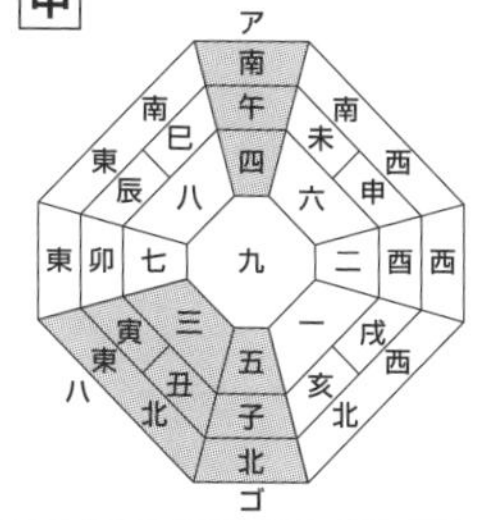

辰

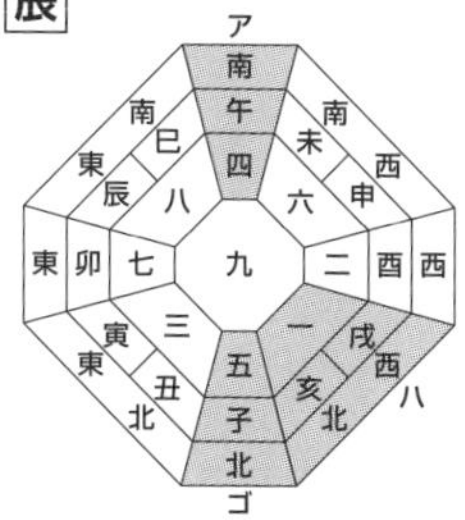

子

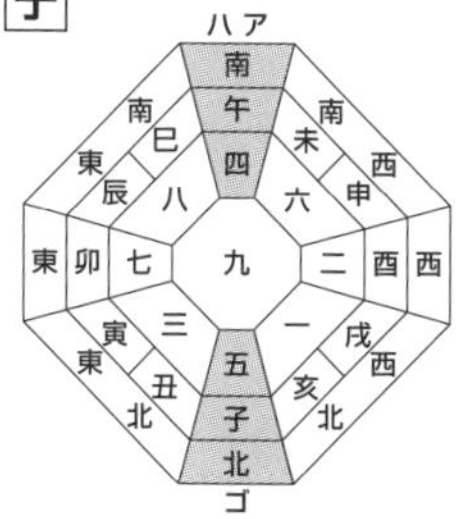

酉

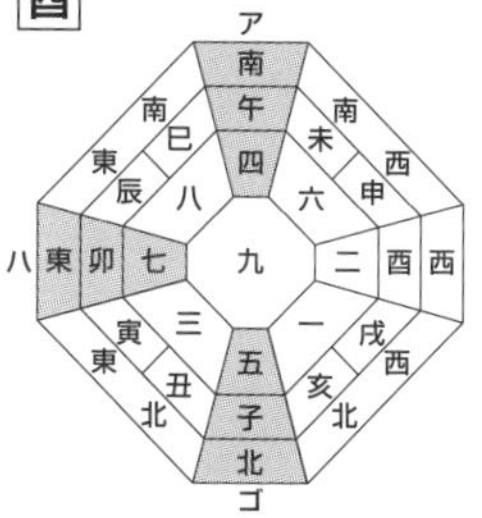

巳

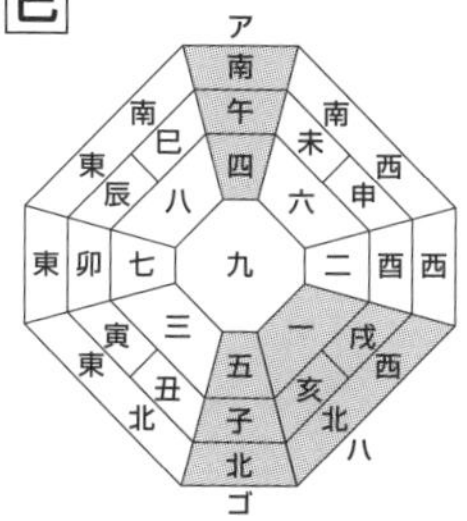

丑

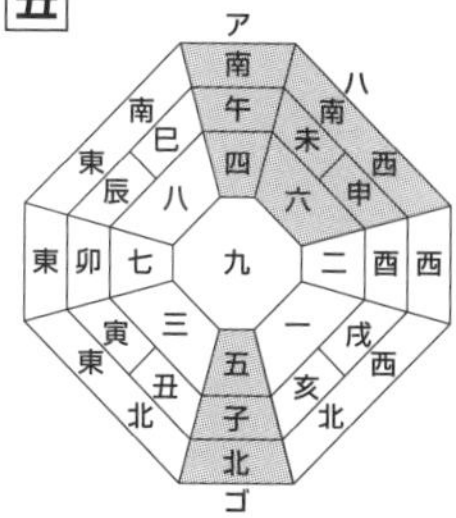

戌

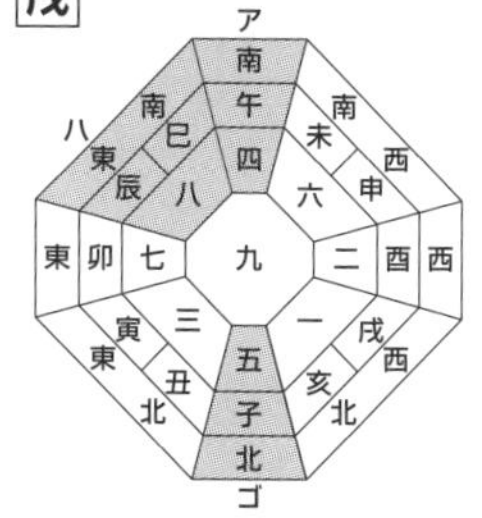

午

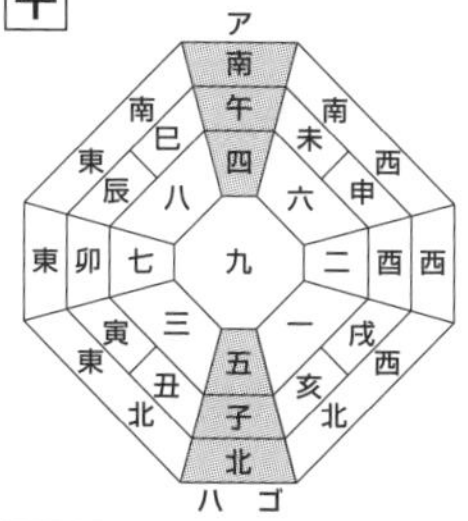

寅

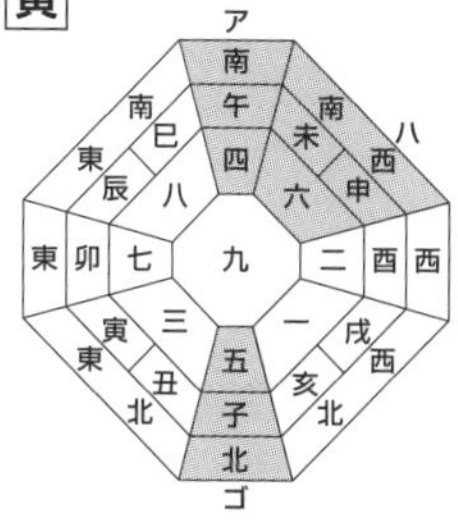

亥

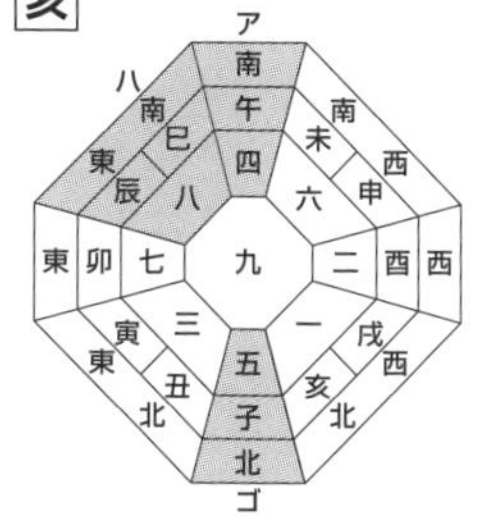

未

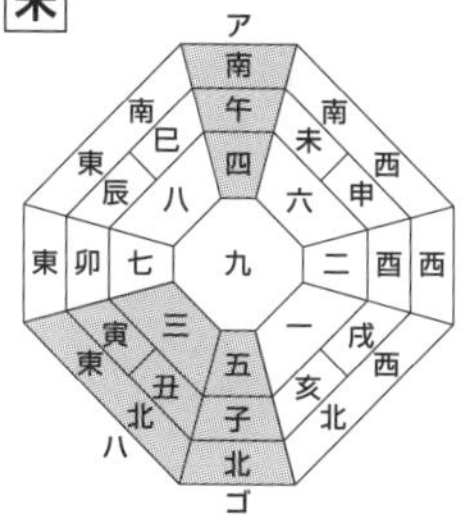

卯

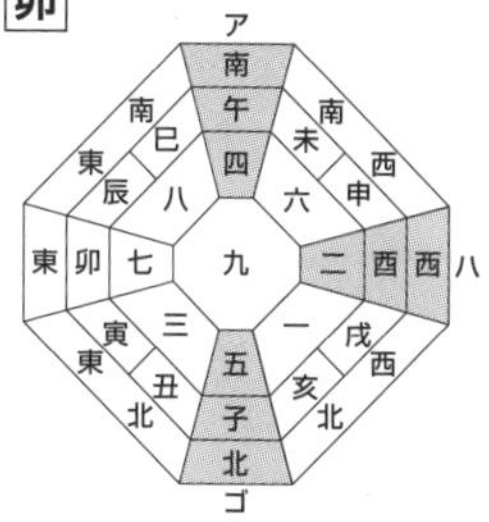

一白水星 生まれの 吉方位・凶方位

吉：吉方位　ゴ：五黄殺　ア：暗剣殺　ホ：本命殺　テ：本命的殺　タ：対冲殺

八白中宮の盤

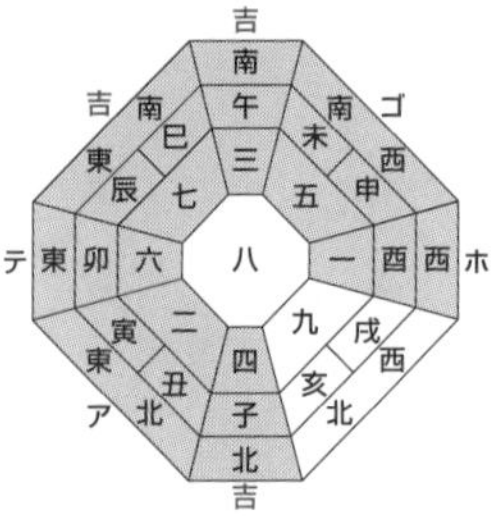

二黒中宮の盤

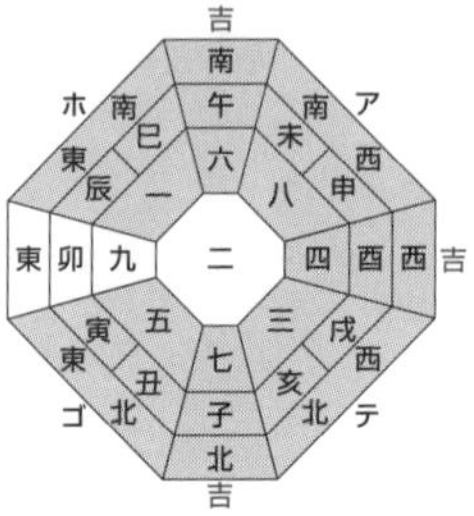

五黄中宮の盤

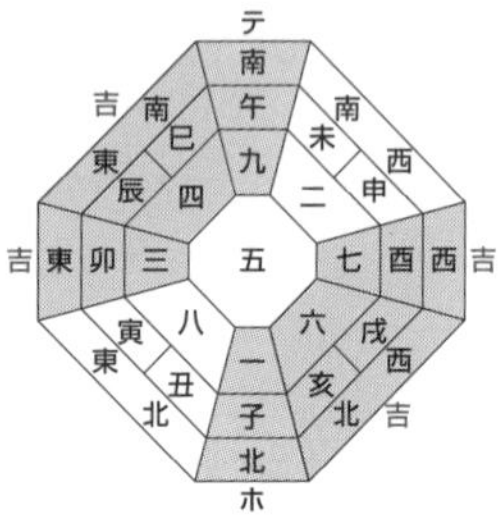

七赤中宮の盤

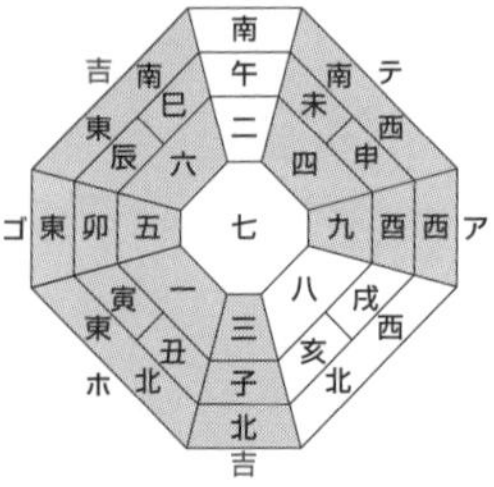

一白中宮の盤

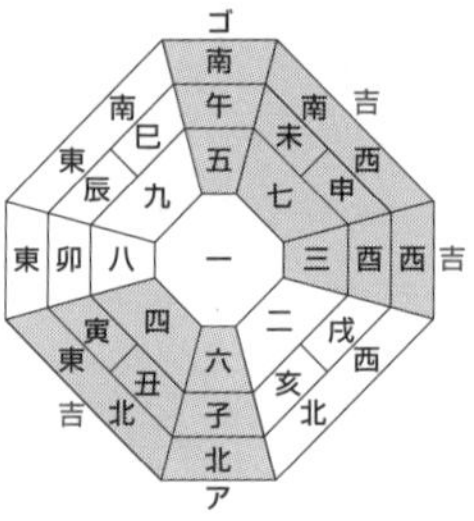

四緑中宮の盤

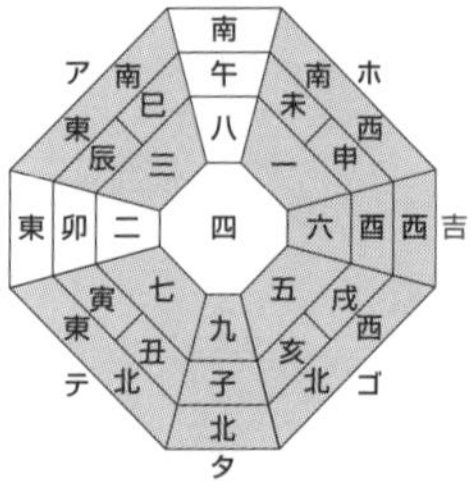

六白中宮の盤

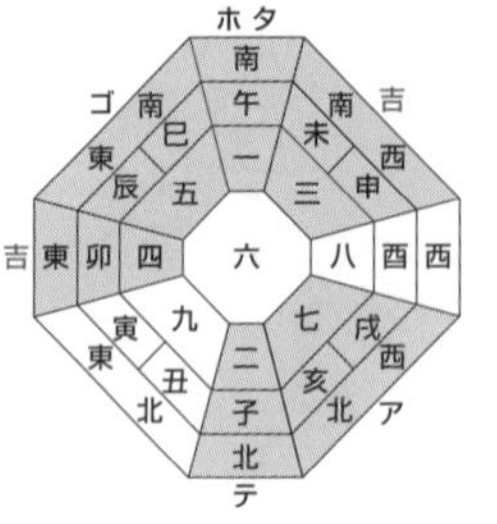

九紫中宮の盤

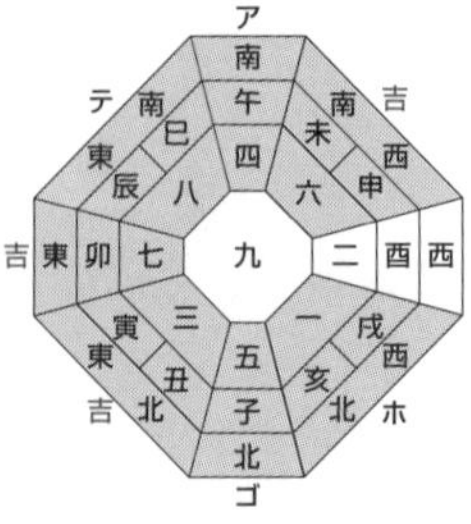

三碧中宮の盤

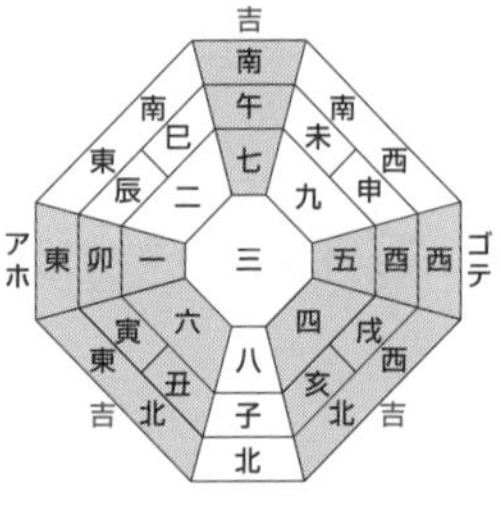

二黒土星 生まれの 吉方位・凶方位

吉：吉方位　ゴ：五黄殺　ア：暗剣殺　ホ：本命殺　テ：本命的殺　タ：対冲殺

八白中宮の盤

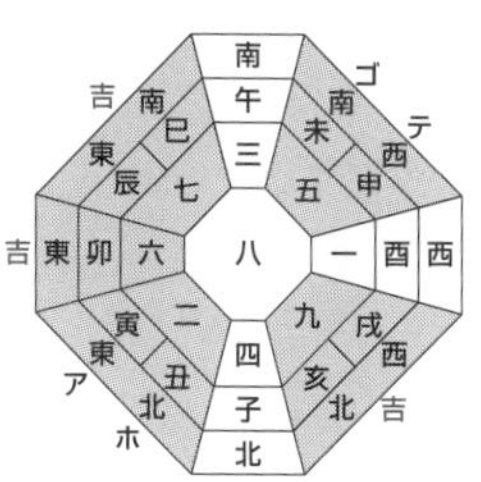

二黒中宮の盤

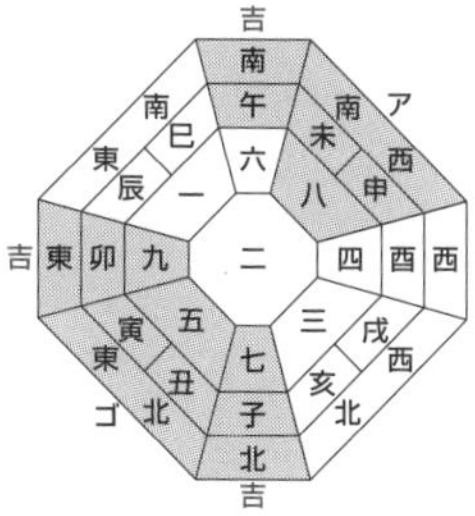

五黄中宮の盤

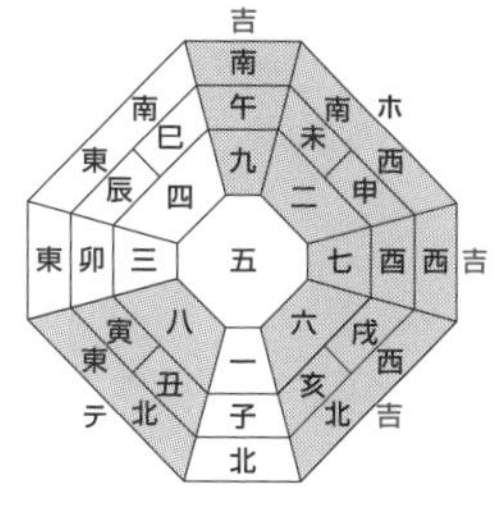

七赤中宮の盤

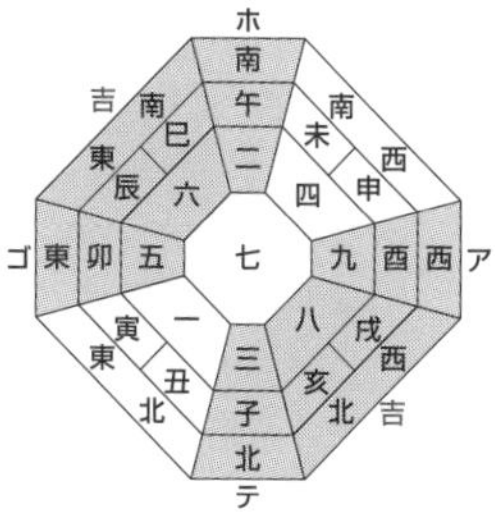

一白中宮の盤

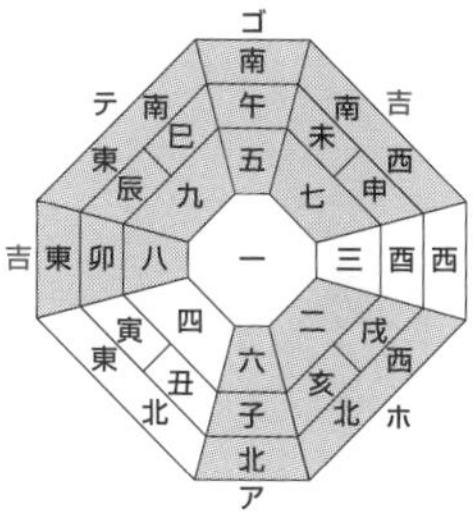

四緑中宮の盤

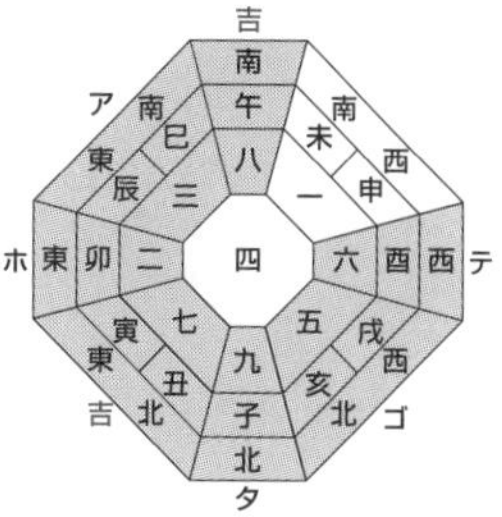

六白中宮の盤

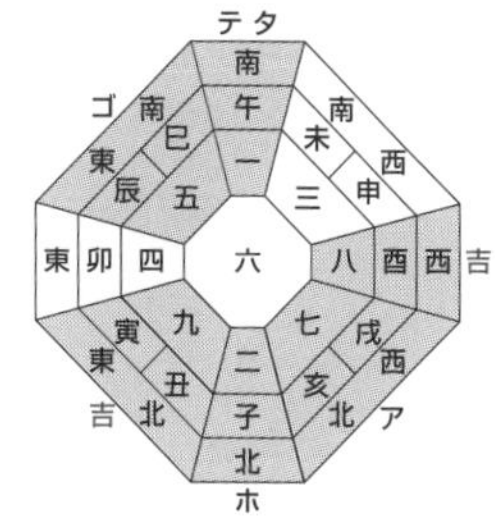

九紫中宮の盤

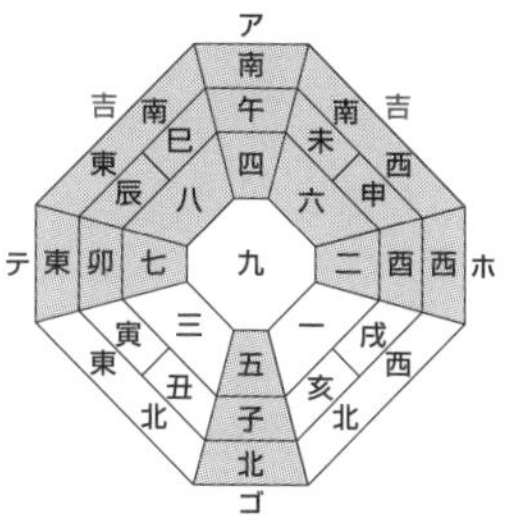

三碧中宮の盤

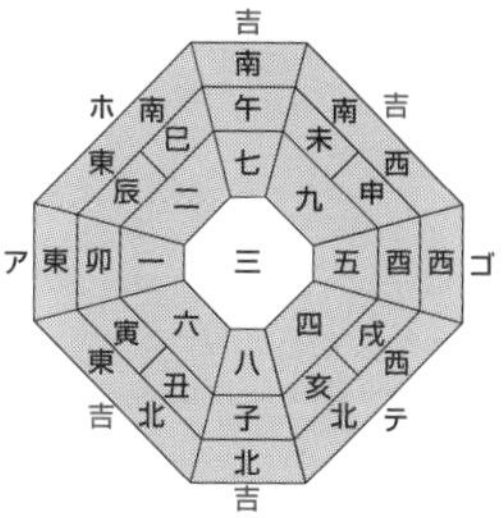

三碧木星 生まれの 吉方位・凶方位

吉：吉方位　ゴ：五黄殺　ア：暗剣殺　ホ：本命殺　テ：本命的殺　タ：対冲殺

八白中宮の盤

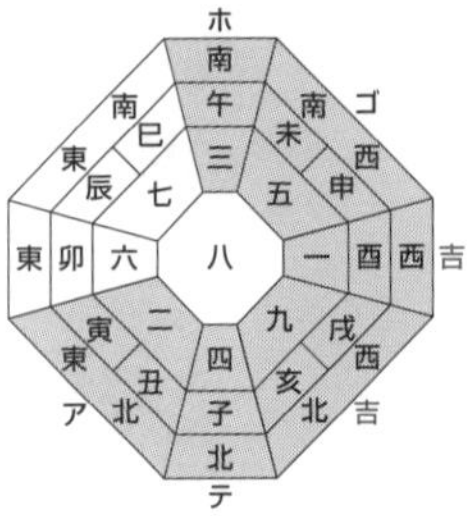

二黒中宮の盤

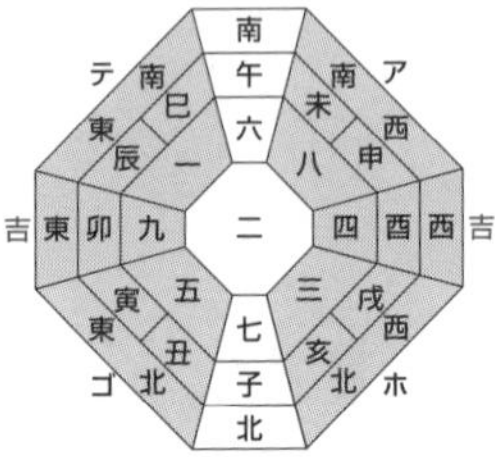

五黄中宮の盤

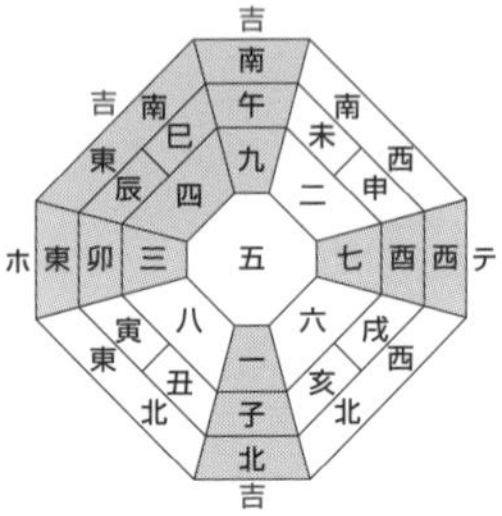

七赤中宮の盤

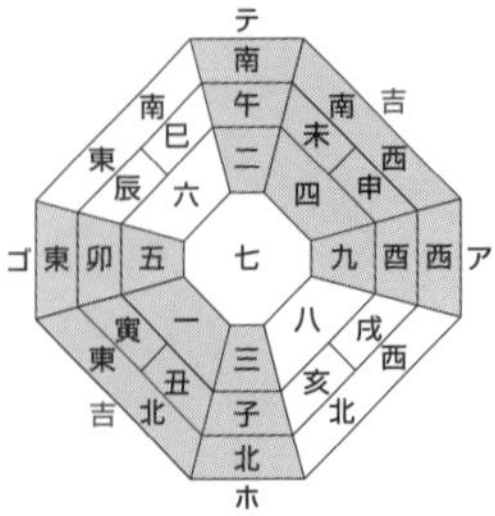

一白中宮の盤

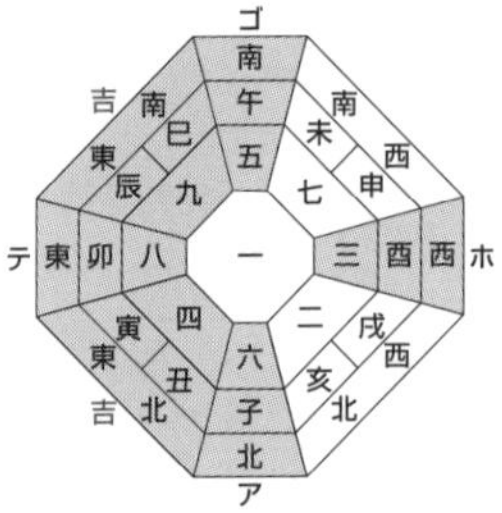

四緑中宮の盤

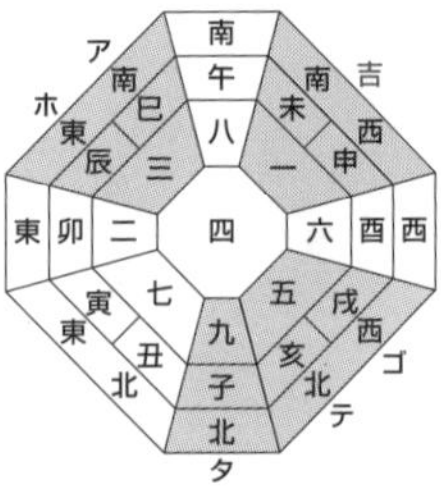

六白中宮の盤

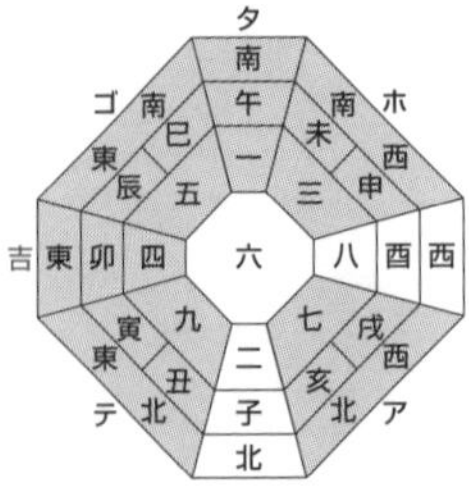

九紫中宮の盤

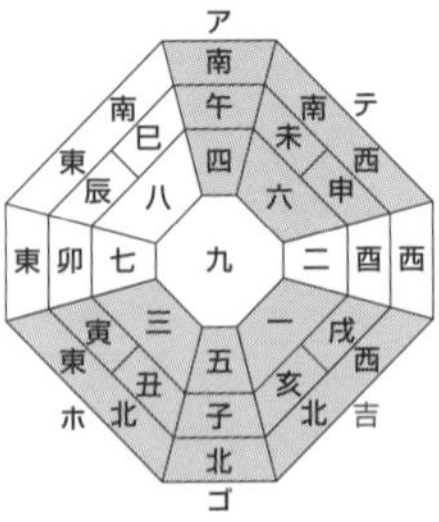

三碧中宮の盤

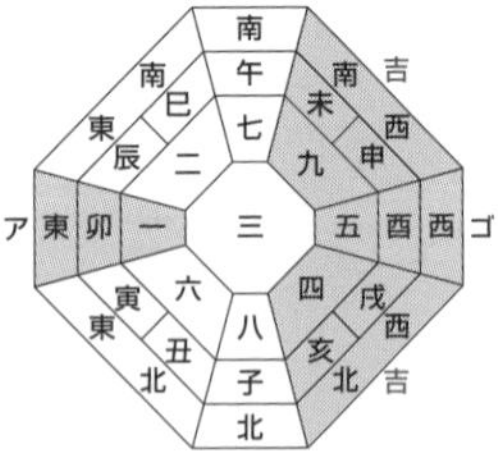

四緑木星 生まれの 吉方位・凶方位

吉：吉方位　ゴ：五黄殺　ア：暗剣殺　ホ：本命殺　テ：本命的殺　タ：対冲殺

八白中宮の盤

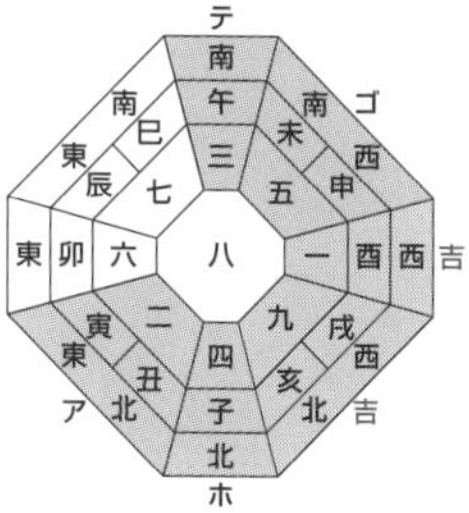

二黒中宮の盤

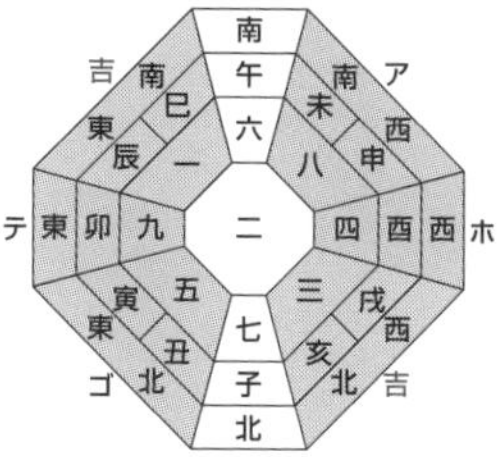

五黄中宮の盤

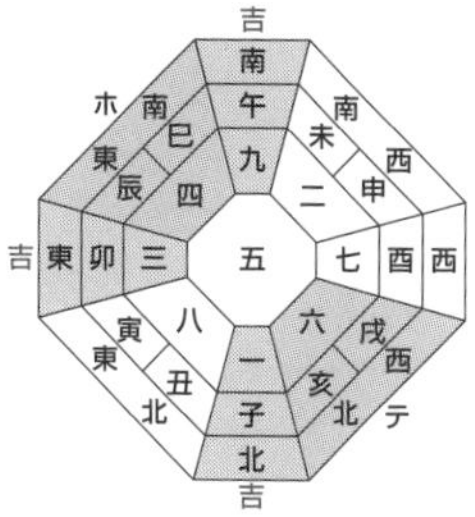

七赤中宮の盤

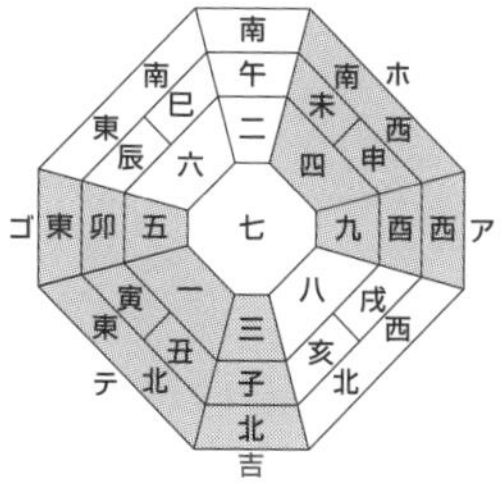

一白中宮の盤

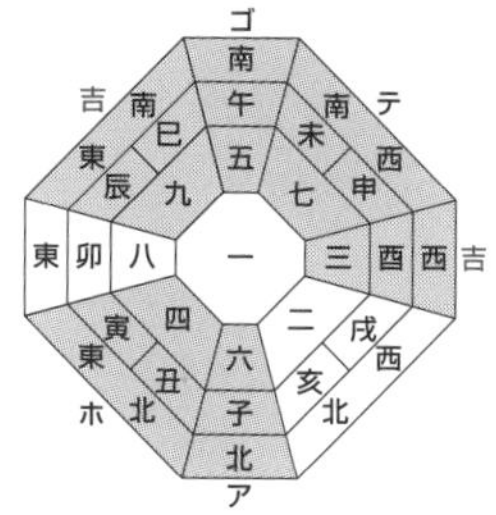

四緑中宮の盤

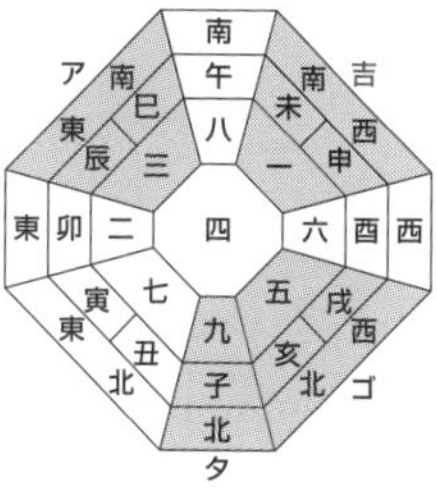

六白中宮の盤

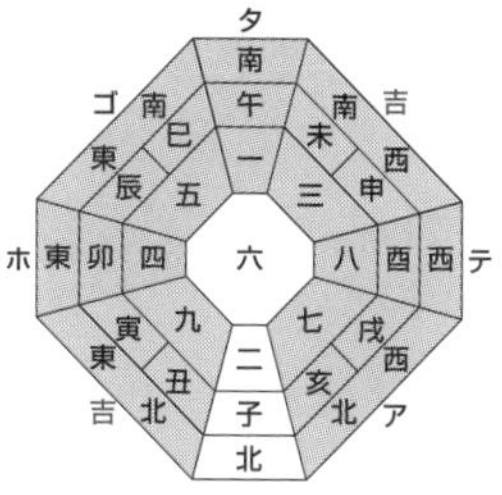

九紫中宮の盤

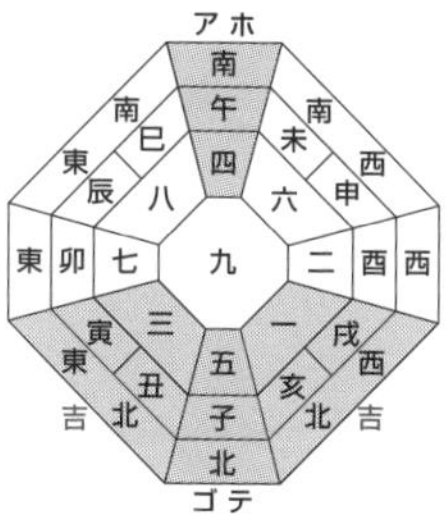

三碧中宮の盤

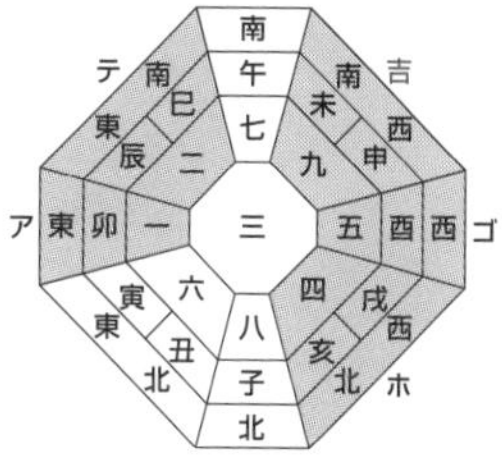

五黄土星 生まれの 吉方位・凶方位

吉：吉方位　ゴ：五黄殺　ア：暗剣殺　ホ：本命殺　テ：本命的殺　タ：対冲殺

八白中宮の盤

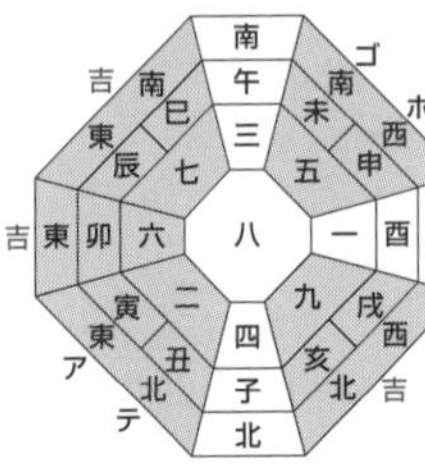

二黒中宮の盤

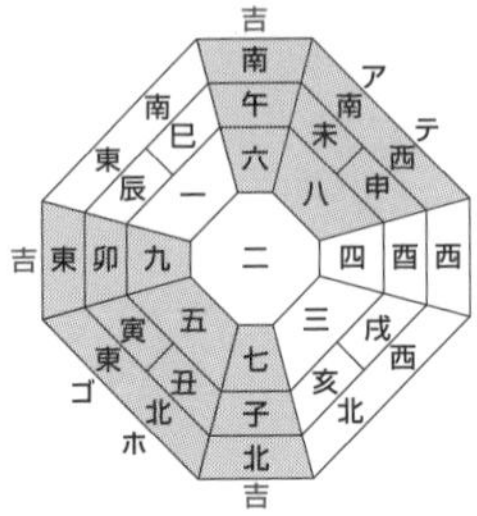

五黄中宮の盤

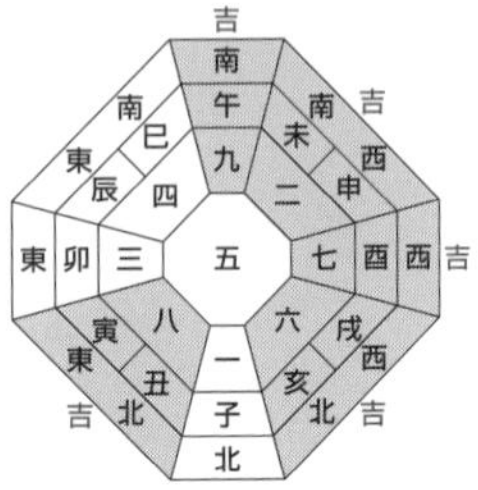

七赤中宮の盤

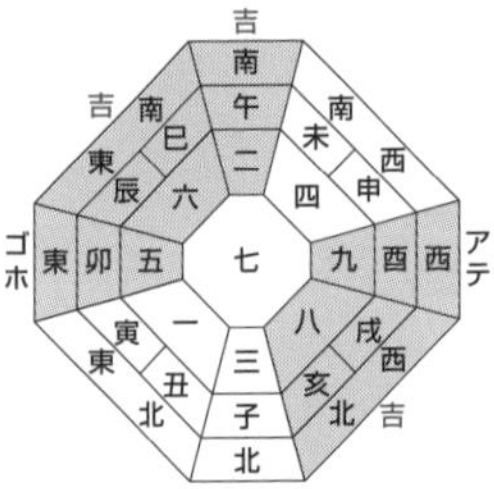

一白中宮の盤

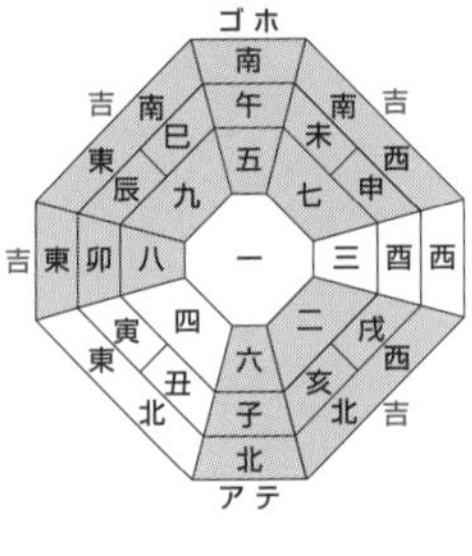

四緑中宮の盤

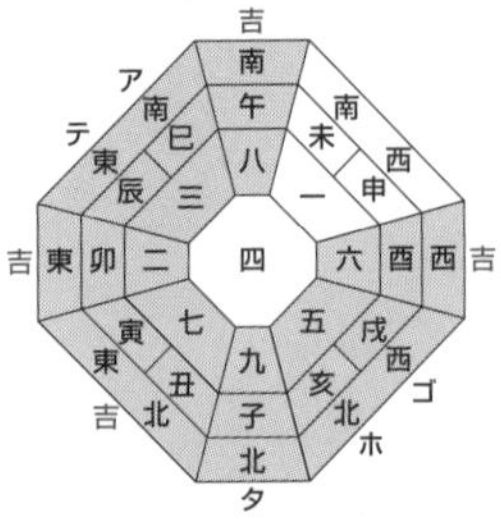

六白中宮の盤

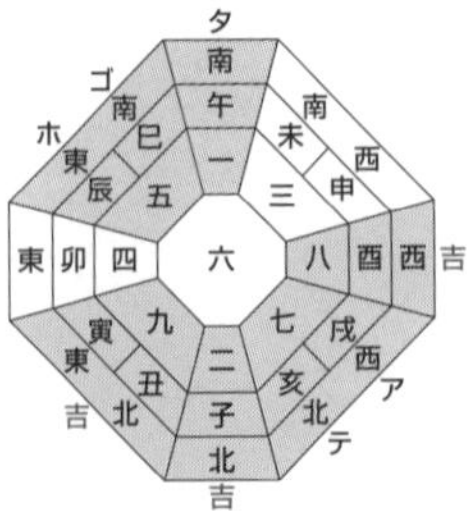

九紫中宮の盤

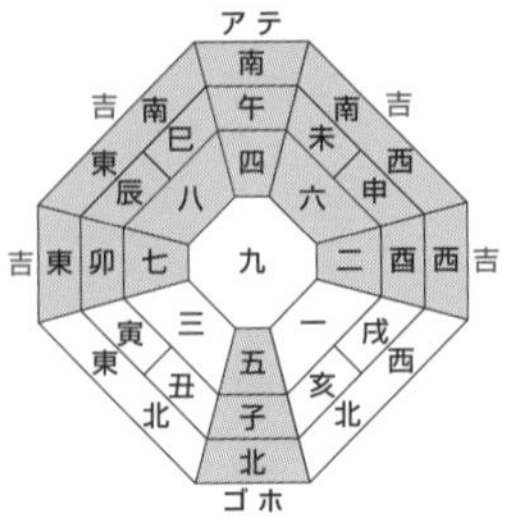

三碧中宮の盤

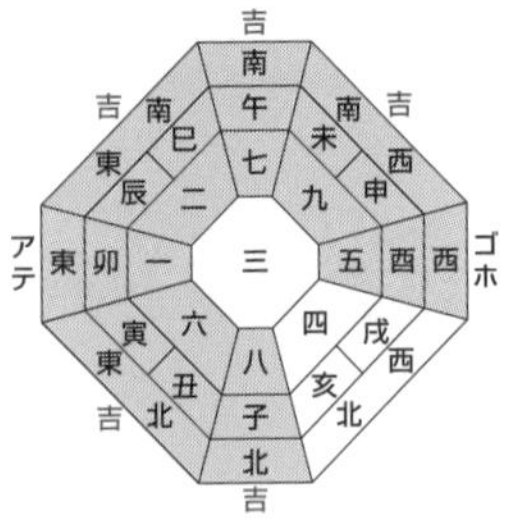

六白金星 生まれの 吉方位・凶方位

吉：吉方位　ゴ：五黄殺　ア：暗剣殺　ホ：本命殺　テ：本命的殺　タ：対冲殺

八白中宮の盤

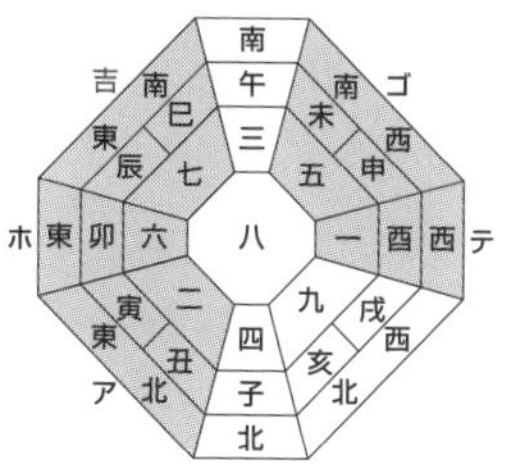

二黒中宮の盤

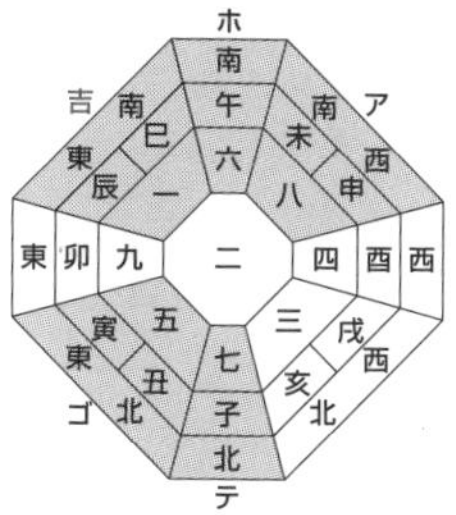

五黄中宮の盤

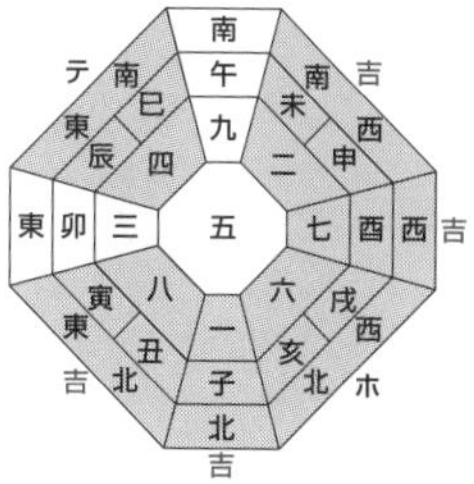

七赤中宮の盤

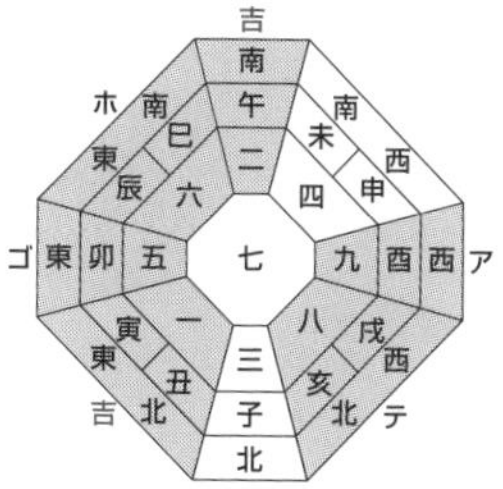

一白中宮の盤

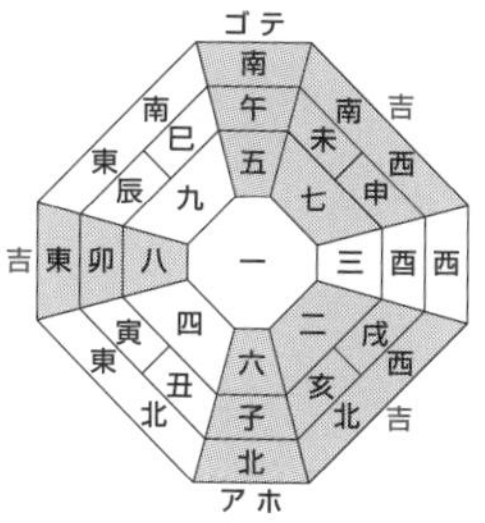

四緑中宮の盤

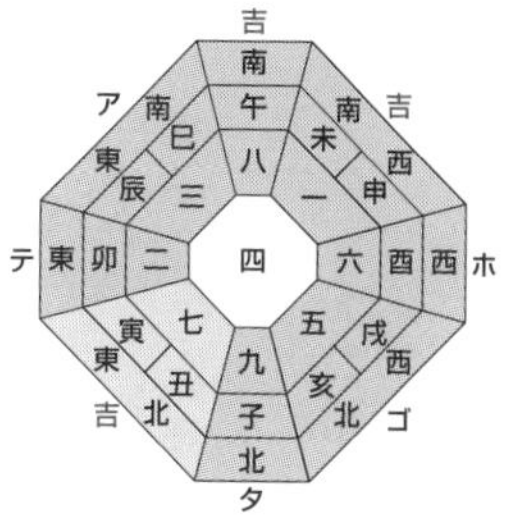

六白中宮の盤

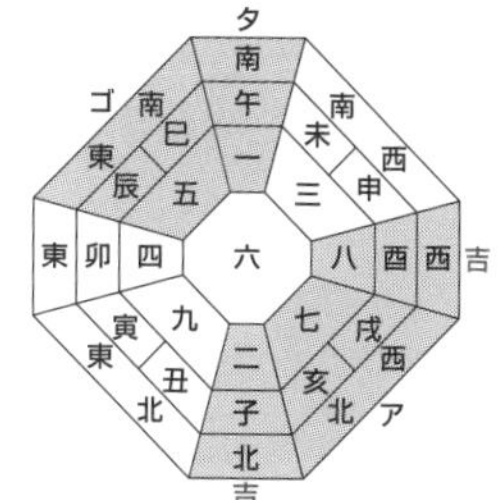

九紫中宮の盤

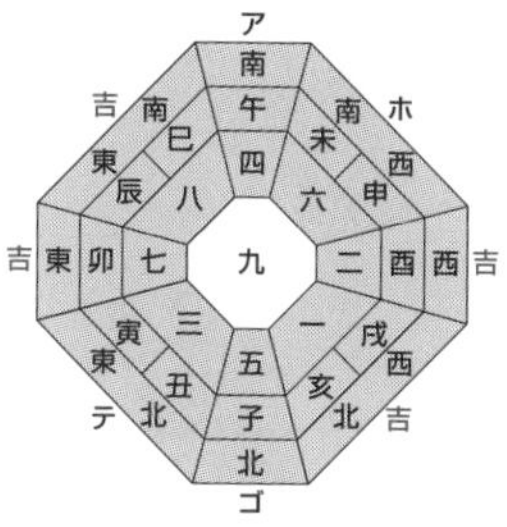

三碧中宮の盤

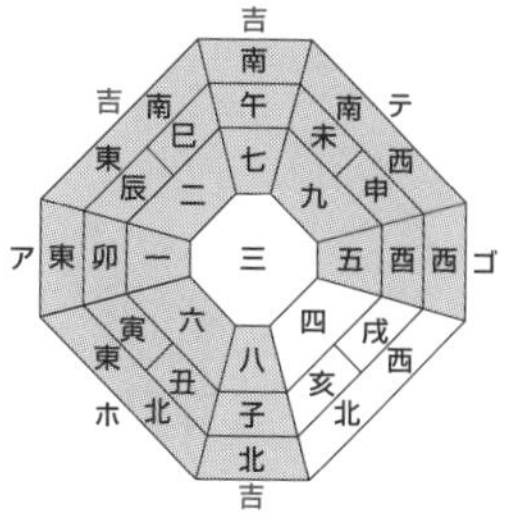

七赤金星 生まれの 吉方位・凶方位

吉：吉方位　ゴ：五黄殺　ア：暗剣殺　ホ：本命殺　テ：本命的殺　タ：対冲殺

八白中宮の盤

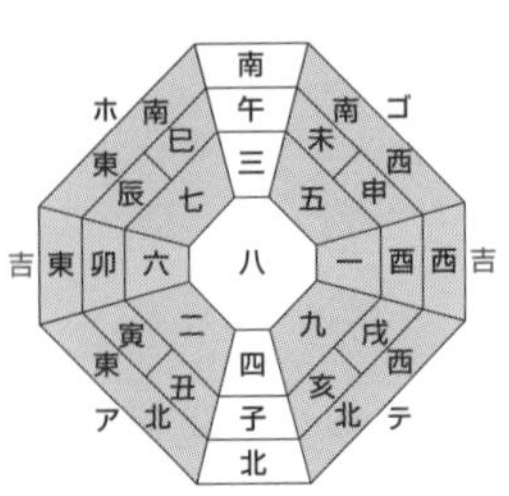

二黒中宮の盤

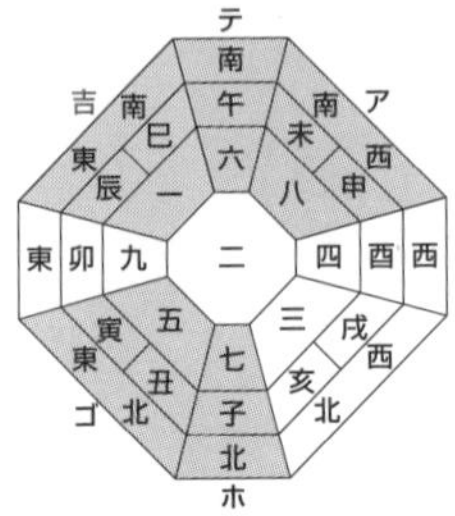

五黄中宮の盤

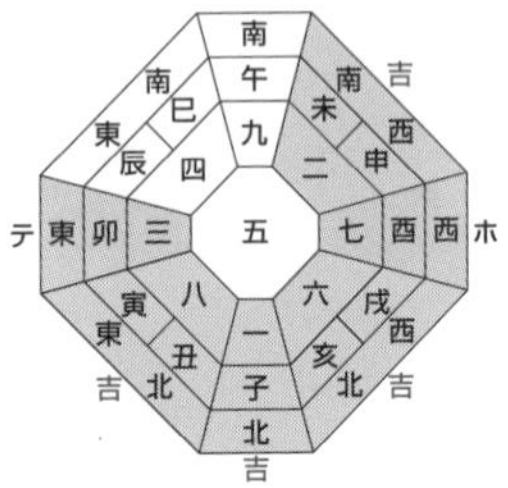

七赤中宮の盤

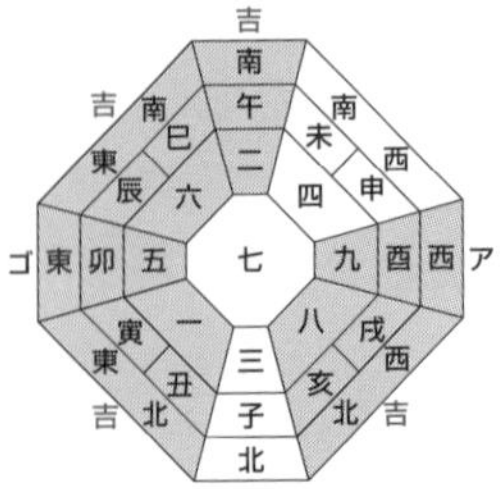

一白中宮の盤

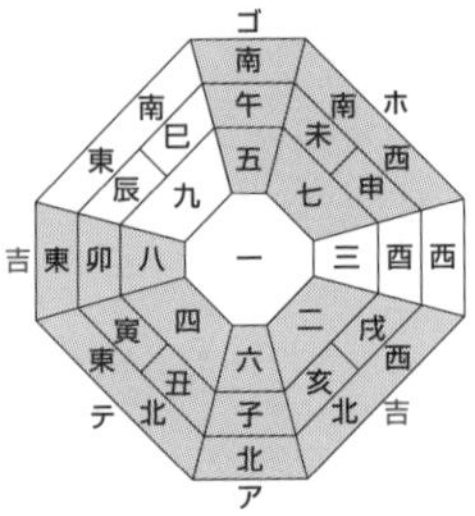

四緑中宮の盤

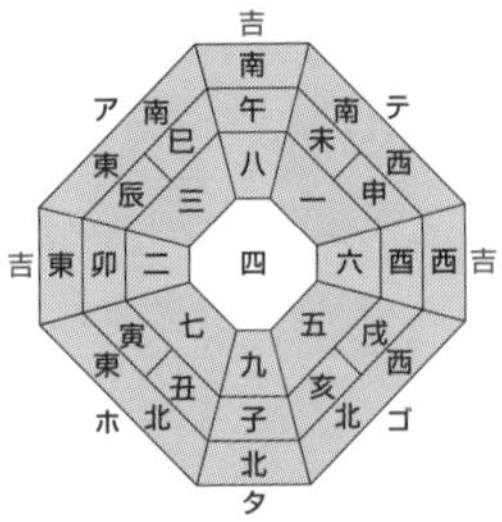

六白中宮の盤

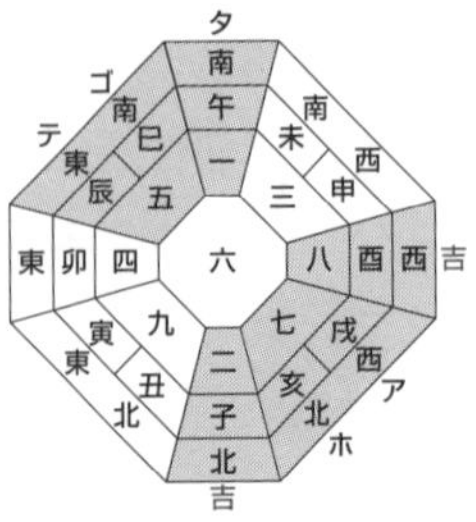

九紫中宮の盤

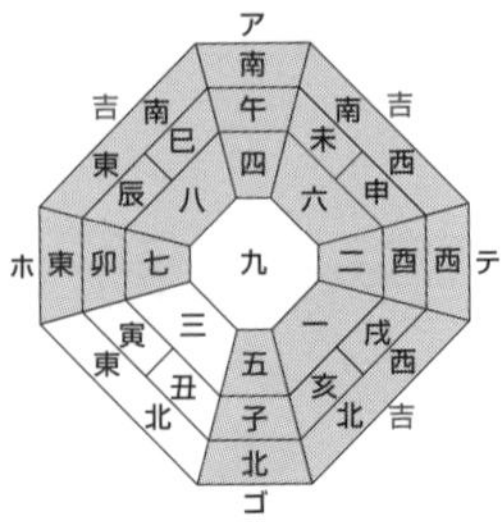

三碧中宮の盤

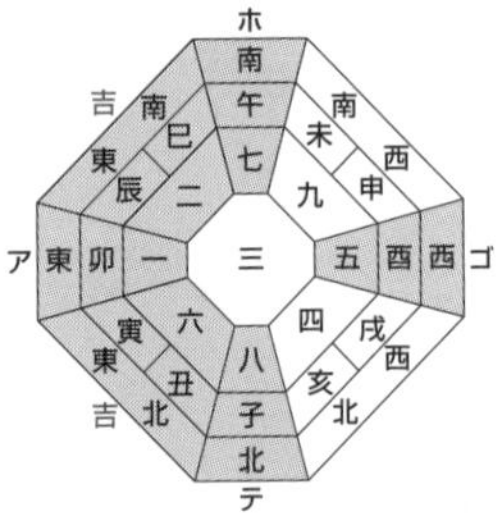

八白土星 生まれの 吉方位・凶方位

吉：吉方位　ゴ：五黄殺　ア：暗剣殺　ホ：本命殺　テ：本命的殺　タ：対冲殺

八白中宮の盤

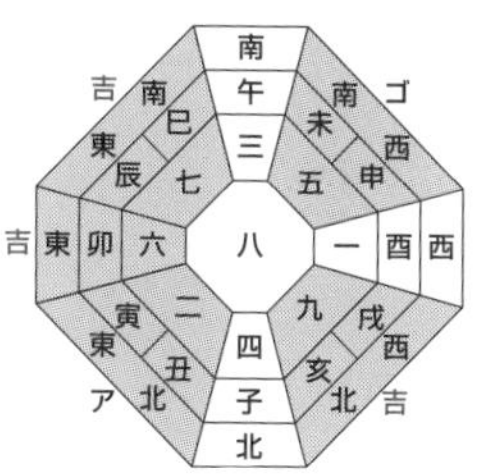

二黒中宮の盤

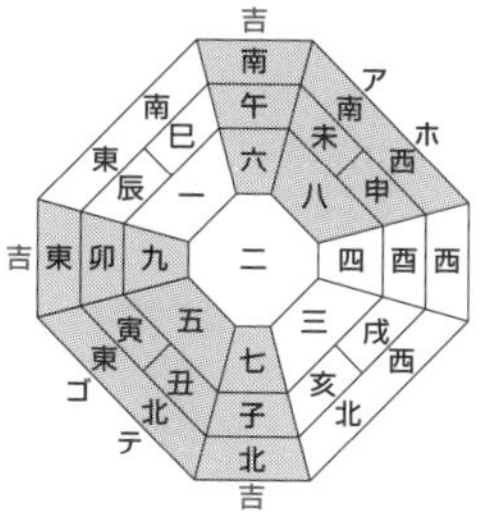

五黄中宮の盤

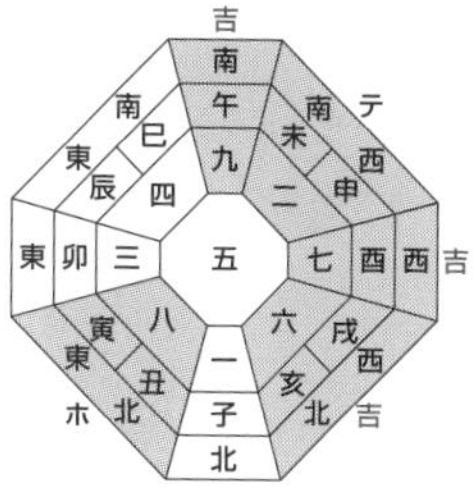

七赤中宮の盤

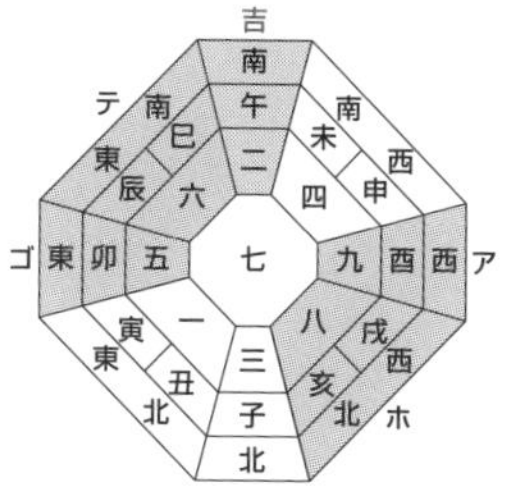

一白中宮の盤

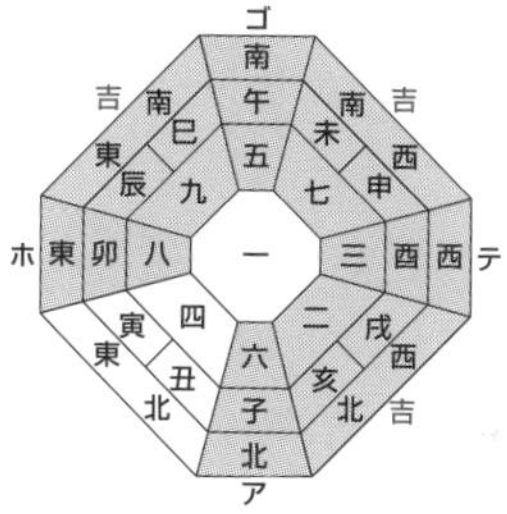

四緑中宮の盤

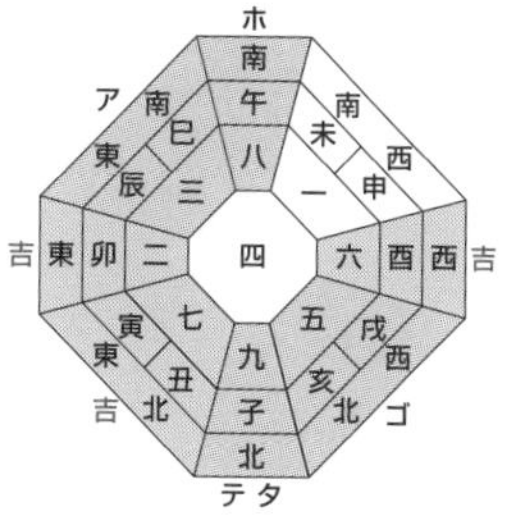

六白中宮の盤

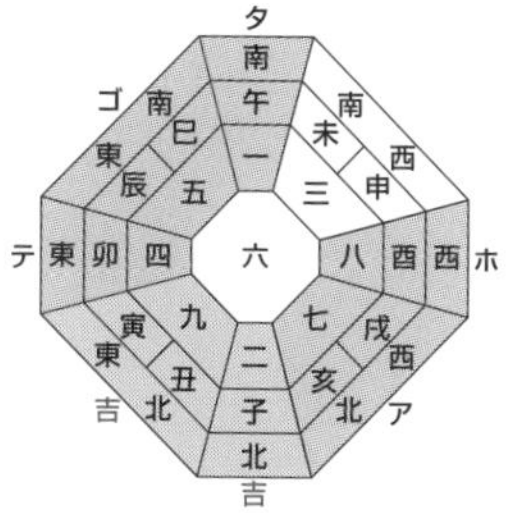

九紫中宮の盤

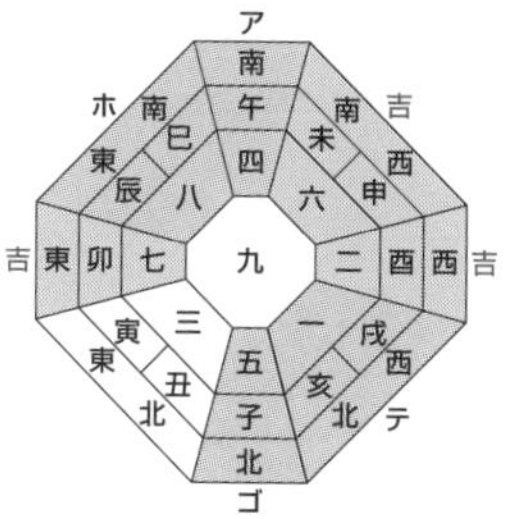

三碧中宮の盤

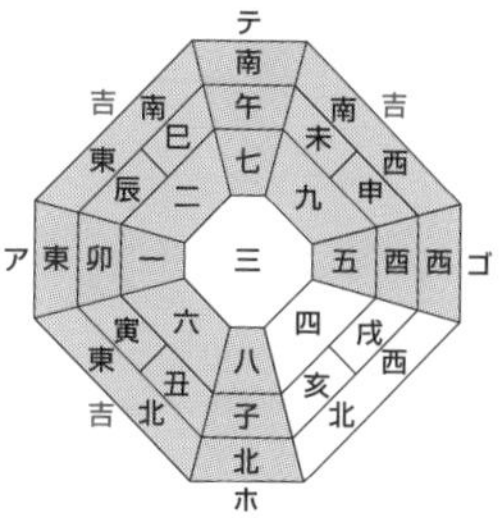

九紫火星 生まれの 吉方位・凶方位

吉：吉方位　ゴ：五黄殺　ア：暗剣殺　ホ：本命殺　テ：本命的殺　タ：対冲殺

八白中宮の盤

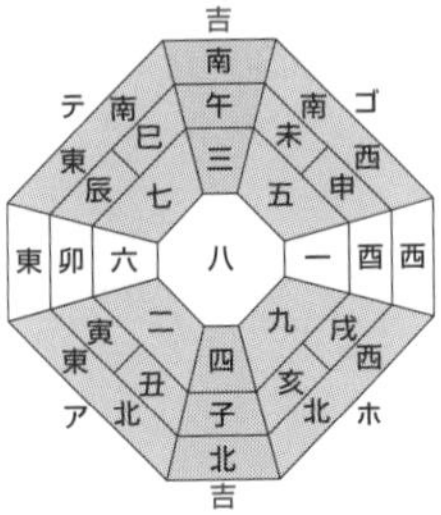

二黒中宮の盤

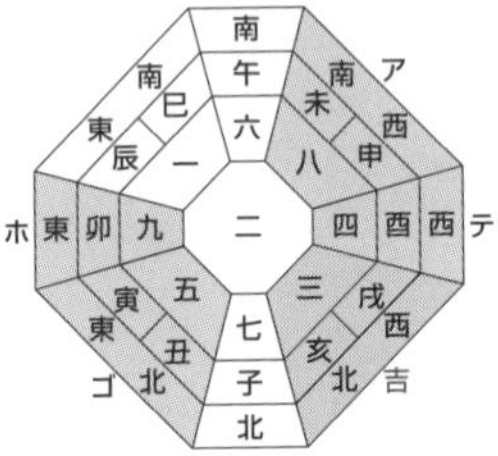

五黄中宮の盤

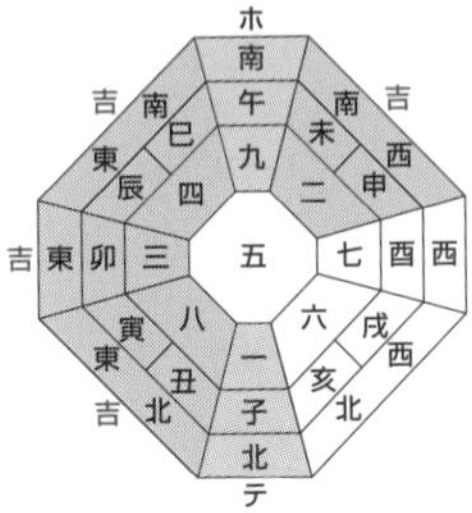

七赤中宮の盤

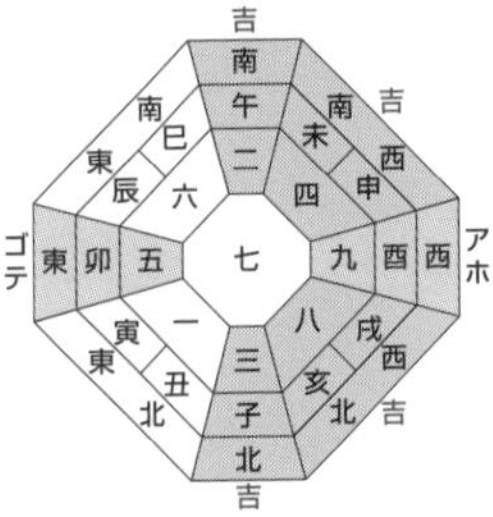

一白中宮の盤

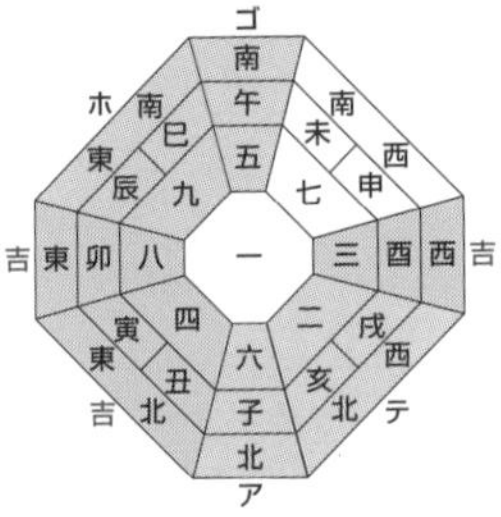

四緑中宮の盤

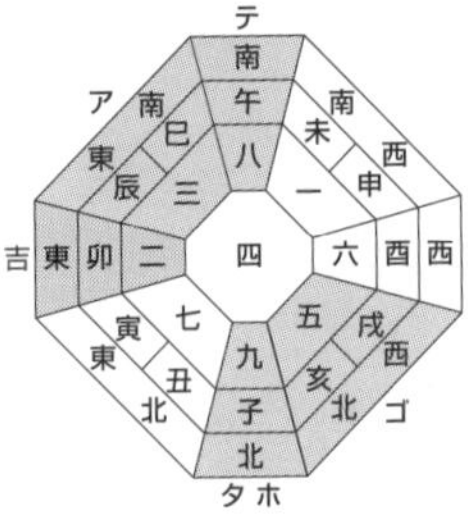

六白中宮の盤

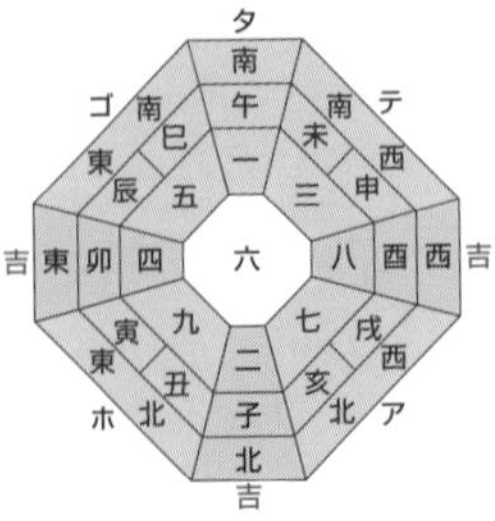

九紫中宮の盤

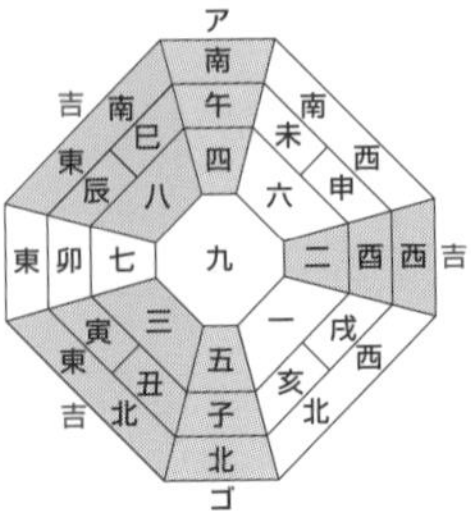

三碧中宮の盤

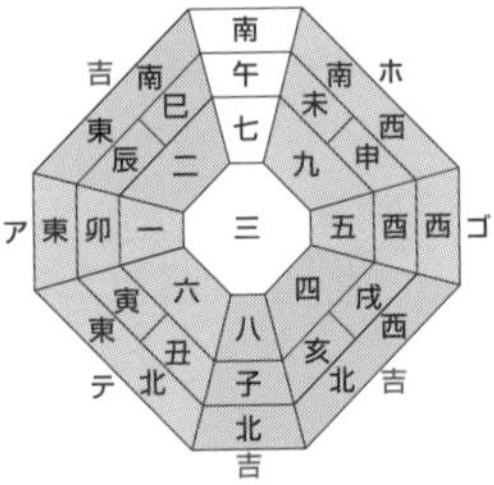

時刻十二支表／時盤九星早見表

時刻十二支表

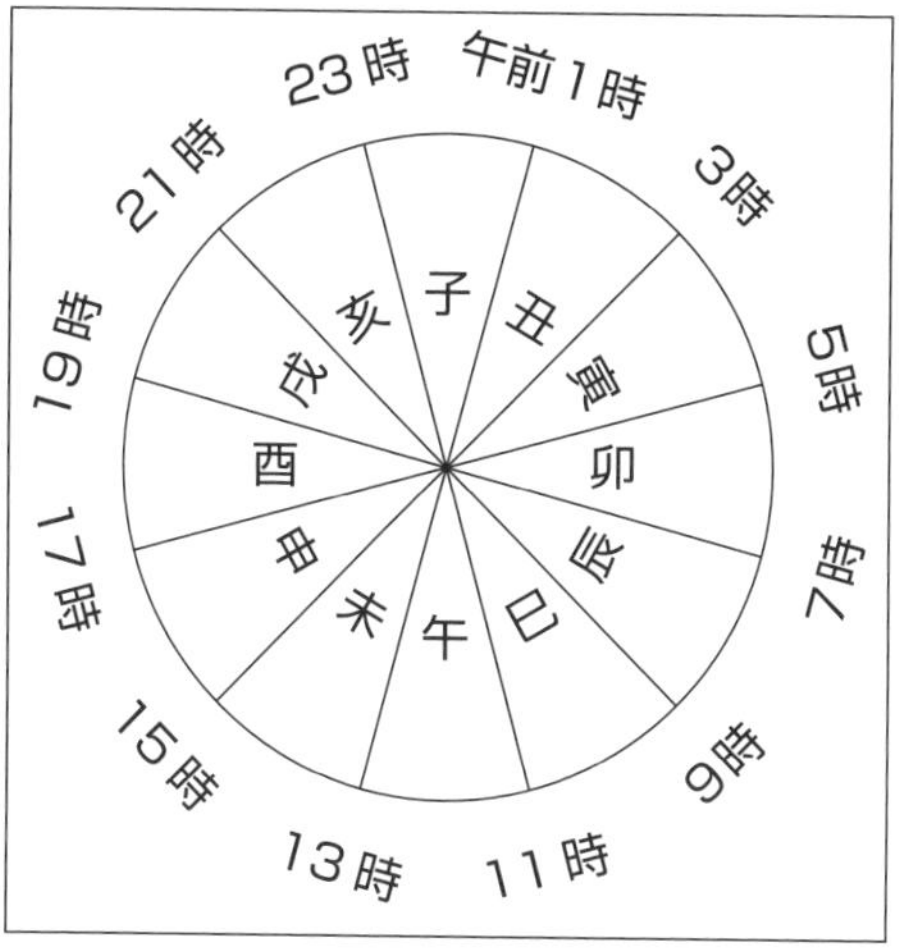

23:00～00:59　子の刻
01:00～02:59　丑の刻
03:00～04:59　寅の刻
05:00～06:59　卯の刻
07:00～08:59　辰の刻
09:00～10:59　巳の刻
11:00～12:59　午の刻
13:00～14:59　未の刻
15:00～16:59　申の刻
17:00～18:59　酉の刻
19:00～20:59　戌の刻
21:00～22:59　亥の刻

時盤九星早見表

		陽遁			陰遁		
		日の十二支			日の十二支		
時の十二支	時間	子·卯·午·酉	丑·辰·未·戌	寅·巳·申·亥	子·卯·午·酉	丑·辰·未·戌	寅·巳·申·亥
子	前日23:00～00:59	一白水星	四緑木星	七赤金星	九紫火星	六白金星	三碧木星
丑	01:00～02:59	二黒土星	五黄土星	八白土星	八白土星	五黄土星	二黒土星
寅	03:00～04:59	三碧木星	六白金星	九紫火星	七赤金星	四緑木星	一白水星
卯	05:00～06:59	四緑木星	七赤金星	一白水星	六白金星	三碧木星	九紫火星
辰	07:00～08:59	五黄土星	八白土星	二黒土星	五黄土星	二黒土星	八白土星
巳	09:00～10:59	六白金星	九紫火星	三碧木星	四緑木星	一白水星	七赤金星
午	11:00～12:59	七赤金星	一白水星	四緑木星	三碧木星	九紫火星	六白金星
未	13:00～14:59	八白土星	二黒土星	五黄土星	二黒土星	八白土星	五黄土星
申	15:00～16:59	九紫火星	三碧木星	六白金星	一白水星	七赤金星	四緑木星
酉	17:00～18:59	一白水星	四緑木星	七赤金星	九紫火星	六白金星	三碧木星
戌	19:00～20:59	二黒土星	五黄土星	八白土星	八白土星	五黄土星	二黒土星
亥	21:00～22:59	三碧木星	六白金星	九紫火星	七赤金星	四緑木星	一白水星

時差表

＊日本標準時との時差を示しています。出生地の時差を調べましょう。

都　市	時差	都　市	時差	都　市	時差
札幌市	＋25分	金沢市	＋7分	松江市	－8分
青森市	＋23分	福井市	＋5分	岡山市	－4分
盛岡市	＋25分	甲府市	＋14分	広島市	－10分
仙台市	＋23分	長野市	＋13分	山口市	－14分
秋田市	＋20分	岐阜市	＋7分	徳島市	－2分
山形市	＋21分	静岡市	＋14分	高松市	－4分
福島市	＋22分	名古屋市	＋8分	松山市	－9分
水戸市	＋22分	津市	＋6分	高知市	－4分
宇都宮市	＋20分	大津市	＋3分	福岡市	－18分
前橋市	＋16分	京都市	＋3分	佐賀市	－19分
さいたま市	＋19分	大阪市	＋2分	長崎市	－21分
千葉市	＋20分	神戸市	＋1分	熊本市	－17分
東京（新宿区）	＋19分	明石市	0分	大分市	－14分
横浜市	＋19分	奈良市	＋3分	宮崎市	－14分
新潟市	＋16分	和歌山市	＋2分	鹿児島市	－18分
富山市	＋9分	鳥取市	－3分	那覇市	－29分

◆一白水星の象意

【五行】水 【方位・季節】北 冬至 冬 【定位】坎宮

現象	思考 策謀 秘密 苦労 悲しみ 孤独 おちいる 流れる 創造 交わる セックス 妊娠 裏
天候	雨 雪 霜 露 冷気 寒気 水害 冷害 月 深夜 闇
場所	海 湖 沼 川 滝 池 窪地 湿地 水辺 地下 洞窟 水族館 温泉 銭湯 洗面所 寝室 刑務所 冷暗所 葬儀場 漁場 酒場 飲食店 裏口
人物	中年の人 部下 苦労人 病人 知恵者 哲学者 求道者 書家 画家 妊婦 水商売の人 水に関係する人 犯罪者 悪人 死者
品物	万年筆 ペン 液体の入った筆記具 墨 インク 印刷機 塗料 油類全般 液体全般 針 帯 下着 スカート 手ぬぐい 雑巾 釣り具 船舶
食物	酒類全般 飲み物全般 牛乳 醤油 塩辛 塩 漬物 スープ 汁 魚肉
身体	腎臓 耳 血液 ぼうこう 泌尿器 生殖器 子宮 肛門 リンパ ホルモン
病気	腎臓病 糖尿病 婦人科系の病気 痔 難聴 性病 白血病 アルコール中毒
動植物	ねずみ 狐 豚 馬 こうもり もぐら みみず なめくじ 夜行性の動物 水中生物 光をきらう生き物 ネコ科の動物 からす 水草 冬の花・植物

◆二黒土星の象意

【五行】土 【方位・季節】西南 晩夏 初秋 【定位】坤宮

現象	育成 従順 温厚 滋養 寛容 勤勉 忍耐 世話 平均 平凡 地味 質素 大衆的 集合 平坦 労働 勤務 古い 旧式 遅い 鈍い 四角い
天候	曇天 霧 霜 穏やかな日 大地
場所	田畑 野原 平原 農村 郊外 田舎 郷里 下町 横丁 小路 仕事場 物置 倉庫 押入れ 質屋 団地 定食屋 空地 史跡 古い家
人物	母 妻 婦人 老婆 従業員 補佐役 世話人 旧知の人 大衆 団体 農業従事者 副社長 次長 助役 迷子 のんびりした人
品物	木綿の布や製品全般 袋類 バッグ 包装 畳 座布団 じゅうたん 空箱 柔らかいもの 土器 骨とう品 四角いもの 将棋盤 土砂 中古品 木炭 黒板
食物	玄米 麦 雑穀 そば 甘味料 粉類 大豆 豆腐 こんさい類 芋類 せんべい 粉で作られた物 庶民的な菓子や食べ物 豚肉 羊肉
身体	消化器 ひ臓 腹 胃腸 食道 右手
病気	消化器系の病気 下痢 便秘 胃下垂 胃かいよう 食欲不振 不眠症
動植物	牝馬 牛 羊 山羊 猿 あり 蜂 苔 きのこ類

◆三碧木星の象意

【五行】木　【方位・季節】東　春分　春　【定位】震宮

現象	現れる　伸長　成長　発展　新規　新しい　震動　驚く　活発　活動　進出　速い　スピード　早熟　発明　発見　決断　明朗　音声　広告　賑やか　焦り　口論　論争　短気　変動　爆発
天候	雷　雷鳴　雷雨　地震　地鳴り　噴火　晴天
場所	森林　春の田畑　並木道　生垣　コンサート会場　ゲームセンター　放送局　電気店　クラブ（音楽やダンスを楽しむ店）　パチンコ店　発電・変電所　電話局　楽器店　火薬庫　震源地　原野
人物	長男　若者　青年　学生　有名人　アナウンサー　司会者　音楽家　声楽家　噺家　騒がしい人　短気な人　嘘つき　詐欺師　電気技師　造園業
品物	テレビ　ラジオ　音楽プレーヤー　DVD・CD　楽器　電話　パソコン　電気機器　音が鳴るもの　火薬　花火　銃器　ブラシ　歯ブラシ　祭り
食物	酸味のある物　酢　酢の物　かんきつ類　梅干し　野菜類　茶葉　海藻類　寿司　木の芽
身体	肝臓　胆のう　舌　声帯　のど　爪　筋肉　皮膚　手
病気	肝臓・胆のうの病気　筋肉の病気　ぜんそく　けいれん　神経痛　アレルギー　じんましん　精神疾患　感電　水虫
動植物	馬　さぎ　鷹　つばめ　うさぎ　うぐいすや蝉など声や音を奏でる動物　蛍　蜂　くも　春の花

◆四緑木星の象意

【五行】木　【方位・季節】東南　晩春　初夏　【定位】巽宮

現象	整う　信用　外交　友情　営業　縁談　旅行　遠方　取引　商売　進退　迷い　結婚　依頼　世話　仲介　交通　宣伝　評判　通勤　通学　伝染　連絡　誤解　長い
天候	晴れたり曇ったりする天気　風　突風
場所	材木置場　風致林　道路　港　空港　飛行場　旅行代理店　結婚相談所　郵便局　市場　スーパー　インフォメーションセンター
人物	長女　旅行者　仲介者　ガイド　商人　尼僧　来客　外交官　セールスマン　宣伝・PRをする人　主婦　花嫁　集配する人　あれこれと迷う人　迷子
品物	エアコン　扇風機　空気清浄機　うちわ　風に関するもの　電線　針金　紐　縄　糸　木材　郵便物　電車　飛行機　気球　ブランコ　煙　線香　ガス
食物	麺類全般　穴子　鰻　どじょう　ねぎ　にら　にんにく　たち魚　繊維質の野菜　長芋　ごぼう
身体	消化器　呼吸器　大腸　小腸　股　左手
病気	かぜ　インフルエンザ　感染症　花粉症　ぜんそく　ガス中毒　小腸・大腸の病気
動植物	鰻　穴子　へび　かげろう　蝶　とんぼ　きりん　にわとり　鳥類全般　葡萄　へちま　つた性の植物全般　柳　竹　葦　晩春・初夏の花

◆五黄土星の象意

【五行】土　【方位・季節】中央　四季の土用　【定位】中宮

現象	中央　核　支配力　権力　災害　腐敗　崩壊　破壊　暴力　凶暴　反乱　闘争　強奪　荒れる　高熱　戦争　テロ　被害　疾病　古い　汚れ　廃棄物　汚染　損害　強欲　失業　ケガ　残忍
天候	地震　台風　津波　洪水　自然災害　荒天
場所	事故や災害の現場　火葬場　墓地　焼け跡　戦場　廃棄物処理場　汚れた・荒れた場所　刑場跡　トイレ　食肉処理場　ゴミ屋敷　中心地
人物	帝王　首相　大統領　支配人　親分　重病人　強盗　犯人　死刑囚　自殺者　死人　テロリスト　反乱分子　居候　高利貸し　暴力団　ホームレス
品物	古道具　アンティーク　先祖伝来の品・宝　傷もの　粗悪品　売れ残り　安物　いわくつきの物　腐敗物　さびた物　老朽化した建物　ゴミ　汚物　古着
食物	納豆、こうじ、チーズなどかびを付けた食品　腐った物　粗末な物　安価な物　まずい料理　劣化した食材
身体	腹部　ごぞうろっぷ　身体全体
病気	ガン　腫瘍　脳溢血　高熱　黄だん　かいよう　下痢　便秘　下血　心臓病
動植物	ごきぶり　だに　はえ　蚊　うじ虫　害虫や毒虫　毒蛇　猛獣　毒きのこ類　うるし　かび　毒性やとげのある植物

◆六白金星の象意

【五行】金　【方位・季節】西北　晩秋　初冬　【定位】乾宮

現象	天　宇宙　高貴　威厳　完全　完成　充実　統率力　権力　財産　資本　投機　健全　強固　広大　決断　丸い　高い　飛ぶ　戦い　活動　活躍　覆う　過分
天候	氷　ひょう　みぞれ　霜　晴天　青空　太陽　寒気　冷気
場所	広大な土地　高所　宮殿　神社　仏閣　教会　首都　都会　官庁　議事堂　高台　メインストリート　運動場　ジム　貴金属店　高級ホテル　高級住宅街
人物	父　国王　天皇　大統領　首相　高貴な人　大臣　高官　政治家　先生　会長　社長　トップの座にいる人　神官　高僧　牧師　軍人　資本家　外国人
品物	宝石　貴金属　鏡　ガラス　時計　歯車　水車　神棚・仏壇　宗教関係のもの　航空機　乗り物全般　人工衛星　宇宙関連のもの　軍艦　ブランド品　手袋　帽子　傘　ボール　スポーツ用品　有価証券　高級品　兵器全般
食物	米　豆類　木の実　餅類　海苔　卵　果実　天ぷら　アイスクリーム　高級料理　乾燥肉・魚　かつお節　個別包装された菓子　精進料理
身体	頭　首筋　背骨　ろっ骨　ろく膜　皮膚　左肺　右足
病気	高血圧　のぼせ　めまい　骨折　頭痛　胸部疾患　頭部疾患　皮膚病　筋肉痛　過労
動植物	ライオン　虎　馬　象　犬　猪　竜　神木　さかき　菊　秋の花　果樹

◆七赤金星の象意

【五行】金　【方位・季節】西　秋分　【定位】兌宮

現象	悦ぶ　あいきょう　娯楽　ぜいたく　趣味　恋愛　色情　笑う　しゃべる　社交　歌や舞踏　金融　経済　金銭　飲食　酒食　祝典　祝宴　誘惑　傷　不足　欠ける　弁舌　口論
天候	日没　夕方　新月　星　西風　小雨　曇り
場所	沢　谷　盆地　窪地　低地　溝　井戸　水溜まり　沼地　結婚式場　銀行　祝賀会場　遊園地　夜の歓楽街　風俗店　サウナ　ラブホテル　喫茶店　鶏小屋　キッチン
人物	少女　巫女　愛人　後妻　芸者　歌手　ダンサー　ホステス　弁護士　金融業者　銀行員　勧誘員　通訳　歯医者　外科医　パティシエ　客室乗務員　家政婦　遊び人
品物	現金や通貨全般　クレジットカード類　剣　刃物　ナイフやフォーク類　金物　鍋釜　工具　ヒーター　ストーブ　アイロン　冷蔵庫　トランプや花札　ゲーム・玩具類　商品券　欠けた物やへこんだ物
食物	鶏肉　卵　焼鳥・チキンスープなど鶏・卵料理全般　ワイン　コーヒー　紅茶　牛乳　甘酒　ケーキ・羊羹・餅などの和洋菓子　菓子パン　ファストフード
身体	舌　口　右肺　歯　乳房　唾液　右脇腹　胸部
病気	口腔疾患　歯痛　肺炎　結核　胸部疾患　打撲　切り傷　手術を要する病気　生理不順
動植物	にわとり　水鳥　羊　猿　赤とんぼ・萩・紅葉・秋の七草など秋の動植物

◆八白土星の象意

【五行】土　【方位・季節】東北　晩冬　初春　立春　季節の変わり目

【定位】艮宮

現象	変化　革新　改革　継承　相続　終わりと始まり　交代　再起　閉鎖　止まる　休息　泊まる　曲がり角　断絶　終点　廃業　貯蓄　欲張る　組み立てる　協会　組合　高さ
天候	曇天　変わりやすい天気　天候の変化
場所	山　山岳　丘陵　堤防　石段　石垣　橋　交差点　駅　駐車場　バス停　家屋　高い建物　倉庫　門　玄関　ホテル　旅館　スーパー　断崖　突き当たりの場所　曲がり角
人物	年少者　幼児　子供　親類縁者　知人　古い友人　養子　養女　相続人　背の高い人　体格の良い人　管理人　同業・同郷の人　不動産関係者　土木業者　柔道整復師
品物	組立・組合せた物　連結・重なった物　チェーン　積み木　ブロック　重箱　貯金箱　財布　机　椅子　たんす　本棚　建具　ドア　ついたて　踏み台　れんが　エレベーター　旅行用バッグ　びょうぶ
食物	牛肉　牛肉料理全般　ステーキ　ハンバーガー　挽肉　数の子　すじこ　魚卵　団子　さつま揚げ　山で採れる食材　山芋　山菜　貯蔵できる物　非常食
身体	背中　腰　鼻　関節　指　盲腸　こぶ
病気	骨折　脱臼など骨に関する病気　神経麻痺　鼻炎など鼻の病気　関節の病気　肩こり　肥満
動植物	牛　虎　ねずみ　群れで生息する動物　くじらなど大型の動物　竹や筍など節のある植物　象やさいなど大きな牙の動物

◆九紫火星の象意

【五行】火　【方位・季節】南　夏至　夏　【定位】離宮

現象	明るい　光　熱　火　火災　名誉　最高　学問　文明　文化　知識　芸術　教育　精神　理想　先見　露見　相場　派手　化粧　表面　別れ　裁判　けんか　辞退　診察　鑑定
天候	晴天　太陽　日中　虹　暑気　熱気
場所	南国　熱帯地方　火山　火山口　裁判所　警察署　消防署　試験場　役所　検査場　学校　学術機関　美術館　博物館　美容院　エステ　劇場　撮影所　写真館　灯台　窓
人物	美人　中年女性　裁判官　作家　文化人　学者　博士　警察官　消防士　教育関係者　検査技師　記者　測量士　写真家　美容・理容師　俳優　眼科医　薬剤師
品物	証書　手形　免許証　免状　契約書　領収書　証書や書類全般　賞状　勲章　印章　書籍　美術品　看板　名刺　表札　カメラ　装飾品　照明器具　ライター　マッチ　文房具　化粧品　ロウソク　眼鏡　礼服
食物	干物　くんせい　馬肉　かに　すっぽん　海苔　カラフルな料理や食材　洋酒　洋食　貝類　揚物　スパイス全般　エスニック料理　南国の食材や料理
身体	頭　顔　目　耳　心臓　血液　乳房　精神
病気	頭痛　高熱　日射病　熱中症　やけど　白髪　眼の病気　近視や老眼　心臓の病気　心筋こうそく　高血圧　精神疾患　乳がん　薬害　薬の副作用
動植物	孔雀　きじ　おうむ　金魚　熱帯魚　色の美しい動植物　かに　えび　貝殻　南天　くすのき　南方の動植物

◆万年暦の見方

①その年の九星と干支

万年暦　2020年(令和2年)　子　七赤金星中宮

10月		9月		8月		7月		6月		5月		4月		3月		2月		1月		月
戌		酉		申		未		午		巳		辰		卯		寅		丑		
九紫		一白		二黒		三碧		四緑		五黄		六白		七赤		八白		九紫		九星
8日 4:54		7日 13:08		7日 10:07		7日 0:14		5日 13:57		5日 9:50		4日 16:37		5日 11:57		4日 18:04		6日 6:30		節入
八	丑	二	未	六	子	九	巳	六	亥	二	辰	八	戌	四	卯	一	戌	七	卯	1
七	寅	一	申	五	丑	一	午	七	子	三	巳	九	亥	五	辰	三	亥	八	辰	2
六	卯	九	酉	四	寅	二	未	八	丑	四	午	一	子	六	巳	四	子	九	巳	3
五	辰	八	戌	三	卯	三	申	九	寅	五	未	二	丑	七	午	五	丑	一	午	4
四	巳	七	亥	二	辰	四	酉	一	卯	六	申	三	寅	八	未	六	寅	二	未	5
三	午	六	子	一	巳	五	戌	二	辰	七	酉	四	卯	九	申	七	卯	三	申	6
二	未	五	丑	九	午	六	亥	三	巳	八	戌	五	辰	一	酉	八	辰	四	酉	7
一	申	四	寅	八	未	七	子	四	午	九	亥	六	巳	二	戌	九	巳	五	戌	8
九	酉	三	卯	七	申	八	丑	五	未	一	子	七	午	三	亥	一	午	六	亥	9
八	戌	二	辰	六	酉	九	寅	六	申	二	丑	八	未	四	子	二	未	七	子	10

②その月の十二支

③その月の九星

節入

日付

ピンク：陰遁

無地：陽遁

その日の十二支

その日の九星

その年の九星と干支《えと》を知りたいなら①をみる。

その月の十二支を知りたいなら②を見る。

その月の九星を知りたいなら③をみる。

例えば10月10日の九星は、八白土星（戌・陰遁）となる。

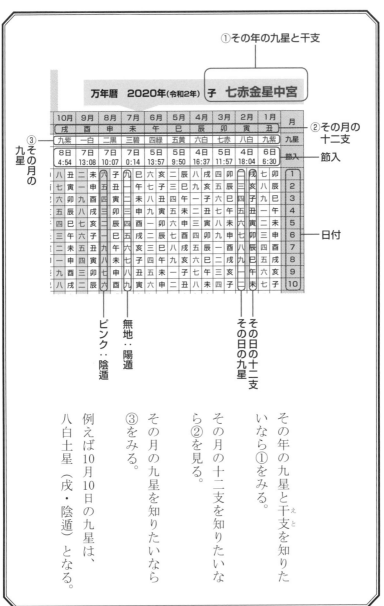

万年暦　2020年(令和2年)　子　七赤金星中宮

12月		11月		10月		9月		8月		7月		6月		5月		4月		3月		2月		1月		月
子		亥		戌		酉		申		未		午		巳		辰		卯		寅		丑		
七赤		八白		九紫		一白		二黒		三碧		四緑		五黄		六白		七赤		八白		九紫		九星
7日 1:09		7日 8:13		8日 4:54		7日 13:08		7日 10:07		7日 0:14		5日 13:57		5日 9:50		4日 16:37		5日 11:57		4日 18:04		6日 6:30		節入
一	寅	四	申	八	丑	二	未	六	子	九	巳	六	亥	二	辰	八	戌	四	卯	二	戌	七	卯	1
九	卯	三	酉	七	寅	一	申	五	丑	一	午	七	子	三	巳	九	亥	五	辰	三	亥	八	辰	2
八	辰	二	戌	六	卯	九	酉	四	寅	二	未	八	丑	四	午	一	子	六	巳	四	子	九	巳	3
七	巳	一	亥	五	辰	八	戌	三	卯	三	申	九	寅	五	未	二	丑	七	午	五	丑	一	午	4
六	午	九	子	四	巳	七	亥	二	辰	四	酉	一	卯	六	申	三	寅	八	未	六	寅	二	未	5
五	未	八	丑	三	午	六	子	一	巳	五	戌	二	辰	七	酉	四	卯	九	申	七	卯	三	申	6
四	申	七	寅	二	未	五	丑	九	午	六	亥	三	巳	八	戌	五	辰	一	酉	八	辰	四	酉	7
三	酉	六	卯	一	申	四	寅	八	未	七	子	四	午	九	亥	六	巳	二	戌	九	巳	五	戌	8
二	戌	五	辰	九	酉	三	卯	七	申	八	丑	五	未	一	子	七	午	三	亥	一	午	六	亥	9
一	亥	四	巳	八	戌	二	辰	六	酉	九	寅	六	申	二	丑	八	未	四	子	二	未	七	子	10
九	子	三	午	七	亥	一	巳	五	戌	一	卯	七	酉	三	寅	九	申	五	丑	三	申	八	丑	11
八	丑	二	未	六	子	九	午	四	亥	二	辰	八	戌	四	卯	一	酉	六	寅	四	酉	九	寅	12
七	寅	一	申	五	丑	八	未	三	子	三	巳	九	亥	五	辰	二	戌	七	卯	五	戌	一	卯	13
六	卯	九	酉	四	寅	七	申	二	丑	四	午	一	子	六	巳	三	亥	八	辰	六	亥	二	辰	14
五	辰	八	戌	三	卯	六	酉	一	寅	五	未	二	丑	七	午	四	子	九	巳	七	子	三	巳	15
四	巳	七	亥	二	辰	五	戌	九	卯	六	申	三	寅	八	未	五	丑	一	午	八	丑	四	午	16
三	午	六	子	一	巳	四	亥	八	辰	七	酉	四	卯	九	申	六	寅	二	未	九	寅	五	未	17
二	未	五	丑	九	午	三	子	七	巳	八	戌	五	辰	一	酉	七	卯	三	申	一	卯	六	申	18
一	申	四	寅	八	未	二	丑	六	午	九	亥	六	巳	二	戌	八	辰	四	酉	二	辰	七	酉	19
九	酉	三	卯	七	申	一	寅	五	未	九	子	七	午	三	亥	九	巳	五	戌	三	巳	八	戌	20
八	戌	二	辰	六	酉	九	卯	四	申	八	丑	八	未	四	子	一	午	六	亥	四	午	九	亥	21
七	亥	一	巳	五	戌	八	辰	三	酉	七	寅	九	申	五	丑	二	未	七	子	五	未	一	子	22
六	子	九	午	四	亥	七	巳	二	戌	六	卯	一	酉	六	寅	三	申	八	丑	六	申	二	丑	23
五	丑	八	未	三	子	六	午	一	亥	五	辰	二	戌	七	卯	四	酉	九	寅	七	酉	三	寅	24
四	寅	七	申	二	丑	五	未	九	子	四	巳	三	亥	八	辰	五	戌	一	卯	八	戌	四	卯	25
三	卯	六	酉	一	寅	四	申	八	丑	三	午	四	子	九	巳	六	亥	二	辰	九	亥	五	辰	26
二	辰	五	戌	九	卯	三	酉	七	寅	二	未	五	丑	一	午	七	子	三	巳	一	子	六	巳	27
一	巳	四	亥	八	辰	二	戌	六	卯	一	申	六	寅	二	未	八	丑	四	午	二	丑	七	午	28
九	午	三	子	七	巳	一	亥	五	辰	九	酉	七	卯	三	申	九	寅	五	未	三	寅	八	未	29
八	未	二	丑	六	午	九	子	四	巳	八	戌	八	辰	四	酉	一	卯	六	申			九	申	30
七	申			五	未			三	午	七	亥			五	戌			七	酉			一	酉	31

万年暦　2021年(令和3年)　丑　六白金星中宮

12月		11月		10月		9月		8月		7月		6月		5月		4月		3月		2月		1月		月
子		亥		戌		酉		申		未		午		巳		辰		卯		寅		丑		
四緑		五黄		六白		七赤		八白		九紫		一白		二黒		三碧		四緑		五黄		六白		九星
7日 6:57		7日 13:58		8日 10:38		7日 18:52		7日 15:54		7日 6:06		5日 19:51		5日 15:46		4日 22:34		5日 17:53		3日 23:59		5日 12:24		節入
五	未	八	丑	三	午	六	子	一	巳	五	戌	二	辰	七	酉	四	卯	九	申	八	辰	六	酉	1
四	申	七	寅	二	未	五	丑	九	午	六	亥	三	巳	八	戌	五	辰	一	酉	九	巳	五	戌	2
三	酉	六	卯	一	申	四	寅	八	未	七	子	四	午	九	亥	六	巳	二	戌	一	午	四	亥	3
二	戌	五	辰	九	酉	三	卯	七	申	八	丑	五	未	一	子	七	午	三	亥	二	未	三	子	4
一	亥	四	巳	八	戌	二	辰	六	酉	九	寅	六	申	二	丑	八	未	四	子	三	申	二	丑	5
九	子	三	午	七	亥	一	巳	五	戌	一	卯	七	酉	三	寅	九	申	五	丑	四	酉	一	寅	6
八	丑	二	未	六	子	九	午	四	亥	二	辰	八	戌	四	卯	一	酉	六	寅	五	戌	九	卯	7
七	寅	一	申	五	丑	八	未	三	子	三	巳	九	亥	五	辰	二	戌	七	卯	六	亥	八	辰	8
六	卯	九	酉	四	寅	七	申	二	丑	四	午	一	子	六	巳	三	亥	八	辰	七	子	七	巳	9
五	辰	八	戌	三	卯	六	酉	一	寅	五	未	二	丑	七	午	四	子	九	巳	八	丑	六	午	10
四	巳	七	亥	二	辰	五	戌	九	卯	六	申	三	寅	八	未	五	丑	一	午	九	寅	五	未	11
三	午	六	子	一	巳	四	亥	八	辰	七	酉	四	卯	九	申	六	寅	二	未	一	卯	四	申	12
二	未	五	丑	九	午	三	子	七	巳	八	戌	五	辰	一	酉	七	卯	三	申	二	辰	三	酉	13
一	申	四	寅	八	未	二	丑	六	午	九	亥	六	巳	二	戌	八	辰	四	酉	三	巳	二	戌	14
九	酉	三	卯	七	申	一	寅	五	未	九	子	七	午	三	亥	九	巳	五	戌	四	午	一	亥	15
八	戌	二	辰	六	酉	九	卯	四	申	八	丑	八	未	四	子	一	午	六	亥	五	未	一	子	16
七	亥	一	巳	五	戌	八	辰	三	酉	七	寅	九	申	五	丑	二	未	七	子	六	申	二	丑	17
六	子	九	午	四	亥	七	巳	二	戌	六	卯	一	酉	六	寅	三	申	八	丑	七	酉	三	寅	18
五	丑	八	未	三	子	六	午	一	亥	五	辰	二	戌	七	卯	四	酉	九	寅	八	戌	四	卯	19
四	寅	七	申	二	丑	五	未	九	子	四	巳	三	亥	八	辰	五	戌	一	卯	九	亥	五	辰	20
三	卯	六	酉	一	寅	四	申	八	丑	三	午	四	子	九	巳	六	亥	二	辰	一	子	六	巳	21
二	辰	五	戌	九	卯	三	酉	七	寅	二	未	五	丑	一	午	七	子	三	巳	二	丑	七	午	22
一	巳	四	亥	八	辰	二	戌	六	卯	一	申	六	寅	二	未	八	丑	四	午	三	寅	八	未	23
九	午	三	子	七	巳	一	亥	五	辰	九	酉	七	卯	三	申	九	寅	五	未	四	卯	九	申	24
八	未	二	丑	六	午	九	子	四	巳	八	戌	八	辰	四	酉	一	卯	六	申	五	辰	一	酉	25
七	申	一	寅	五	未	八	丑	三	午	七	亥	九	巳	五	戌	二	辰	七	酉	六	巳	二	戌	26
六	酉	九	卯	四	申	七	寅	二	未	六	子	一	午	六	亥	三	巳	八	戌	七	午	三	亥	27
五	戌	八	辰	三	酉	六	卯	一	申	五	丑	二	未	七	子	四	午	九	亥	八	未	四	子	28
四	亥	七	巳	二	戌	五	辰	九	酉	四	寅	三	申	八	丑	五	未	一	子			五	丑	29
三	子	六	午	一	亥	四	巳	八	戌	三	卯	四	酉	九	寅	六	申	二	丑			六	寅	30
二	丑			九	子			七	亥	二	辰			一	卯			三	寅			七	卯	31

万年暦　2022年(令和4年)　寅　五黄土星中宮

12月		11月		10月		9月		8月		7月		6月		5月		4月		3月		2月		1月		月
子		亥		戌		酉		申		未		午		巳		辰		卯		寅		丑		
一白		二黒		三碧		四緑		五黄		六白		七赤		八白		九紫		一白		二黒		三碧		九星
7日 12:46		7日 19:45		8日 16:21		8日 0:32		7日 21:29		7日 11:38		6日 1:25		5日 21:25		5日 4:19		5日 23:43		4日 5:51		5日 18:15		節入
九	子	三	午	七	亥	一	巳	五	戌	一	卯	七	酉	三	寅	九	申	五	丑	四	酉	一	寅	1
八	丑	二	未	六	子	九	午	四	亥	二	辰	八	戌	四	卯	一	酉	六	寅	五	戌	九	卯	2
七	寅	一	申	五	丑	八	未	三	子	三	巳	九	亥	五	辰	二	戌	七	卯	六	亥	八	辰	3
六	卯	九	酉	四	寅	七	申	二	丑	四	午	一	子	六	巳	三	亥	八	辰	七	子	七	巳	4
五	辰	八	戌	三	卯	六	酉	一	寅	五	未	二	丑	七	午	四	子	九	巳	八	丑	六	午	5
四	巳	七	亥	二	辰	五	戌	九	卯	六	申	三	寅	八	未	五	丑	一	午	九	寅	五	未	6
三	午	六	子	一	巳	四	亥	八	辰	七	酉	四	卯	九	申	六	寅	二	未	一	卯	四	申	7
二	未	五	丑	九	午	三	子	七	巳	八	戌	五	辰	一	酉	七	卯	三	申	二	辰	三	酉	8
一	申	四	寅	八	未	二	丑	六	午	九	亥	六	巳	二	戌	八	辰	四	酉	三	巳	二	戌	9
九	酉	三	卯	七	申	一	寅	五	未	九	子	七	午	三	亥	九	巳	五	戌	四	午	一	亥	10
八	戌	二	辰	六	酉	九	卯	四	申	八	丑	八	未	四	子	一	午	六	亥	五	未	一	子	11
七	亥	一	巳	五	戌	八	辰	三	酉	七	寅	九	申	五	丑	二	未	七	子	六	申	二	丑	12
六	子	九	午	四	亥	七	巳	二	戌	六	卯	一	酉	六	寅	三	申	八	丑	七	酉	三	寅	13
五	丑	八	未	三	子	六	午	一	亥	五	辰	二	戌	七	卯	四	酉	九	寅	八	戌	四	卯	14
四	寅	七	申	二	丑	五	未	九	子	四	巳	三	亥	八	辰	五	戌	一	卯	九	亥	五	辰	15
三	卯	六	酉	一	寅	四	申	八	丑	三	午	四	子	九	巳	六	亥	二	辰	一	子	六	巳	16
二	辰	五	戌	九	卯	三	酉	七	寅	二	未	五	丑	一	午	七	子	三	巳	二	丑	七	午	17
一	巳	四	亥	八	辰	二	戌	六	卯	一	申	六	寅	二	未	八	丑	四	午	三	寅	八	未	18
九	午	三	子	七	巳	一	亥	五	辰	九	酉	七	卯	三	申	九	寅	五	未	四	卯	九	申	19
八	未	二	丑	六	午	九	子	四	巳	八	戌	八	辰	四	酉	一	卯	六	申	五	辰	一	酉	20
七	申	一	寅	五	未	八	丑	三	午	七	亥	九	巳	五	戌	二	辰	七	酉	六	巳	二	戌	21
六	酉	九	卯	四	申	七	寅	二	未	六	子	一	午	六	亥	三	巳	八	戌	七	午	三	亥	22
五	戌	八	辰	三	酉	六	卯	一	申	五	丑	二	未	七	子	四	午	九	亥	八	未	四	子	23
四	亥	七	巳	二	戌	五	辰	九	酉	四	寅	三	申	八	丑	五	未	一	子	九	申	五	丑	24
三	子	六	午	一	亥	四	巳	八	戌	三	卯	四	酉	九	寅	六	申	二	丑	一	酉	六	寅	25
二	丑	五	未	九	子	三	午	七	亥	二	辰	五	戌	一	卯	七	酉	三	寅	二	戌	七	卯	26
一	寅	四	申	八	丑	二	未	六	子	一	巳	六	亥	二	辰	八	戌	四	卯	三	亥	八	辰	27
九	卯	三	酉	七	寅	一	申	五	丑	九	午	七	子	三	巳	九	亥	五	辰	四	子	九	巳	28
八	辰	二	戌	六	卯	九	酉	四	寅	八	未	八	丑	四	午	一	子	六	巳			一	午	29
七	巳	一	亥	五	辰	八	戌	三	卯	七	申	九	寅	五	未	二	丑	七	午			二	未	30
六	午			四	巳			二	辰	六	酉			六	申			八	未			三	申	31

万年暦　2023年(令和5年)　卯　四緑木星中宮

12月		11月		10月		9月		8月		7月		6月		5月		4月		3月		2月		1月		月
子		亥		戌		酉		申		未		午		巳		辰		卯		寅		丑		
七赤		八白		九紫		一白		二黒		三碧		四緑		五黄		六白		七赤		八白		九紫		九星
7日 18:33		8日 1:35		8日 22:15		8日 6:26		8日 3:22		7日 17:30		6日 7:18		6日 3:18		5日 10:12		6日 5:35		4日 11:43		6日 0:05		節入
四	巳	七	亥	二	辰	五	戌	九	卯	六	申	三	寅	八	未	五	丑	一	午	九	寅	五	未	1
三	午	六	子	一	巳	四	亥	八	辰	七	酉	四	卯	九	申	六	寅	二	未	一	卯	四	申	2
二	未	五	丑	九	午	三	子	七	巳	八	戌	五	辰	一	酉	七	卯	三	申	二	辰	三	酉	3
一	申	四	寅	八	未	二	丑	六	午	九	亥	六	巳	二	戌	八	辰	四	酉	三	巳	二	戌	4
九	酉	三	卯	七	申	一	寅	五	未	九	子	七	午	三	亥	九	巳	五	戌	四	午	一	亥	5
八	戌	二	辰	六	酉	九	卯	四	申	八	丑	八	未	四	子	一	午	六	亥	五	未	一	子	6
七	亥	一	巳	五	戌	八	辰	三	酉	七	寅	九	申	五	丑	二	未	七	子	六	申	二	丑	7
六	子	九	午	四	亥	七	巳	二	戌	六	卯	一	酉	六	寅	三	申	八	丑	七	酉	三	寅	8
五	丑	八	未	三	子	六	午	一	亥	五	辰	二	戌	七	卯	四	酉	九	寅	八	戌	四	卯	9
四	寅	七	申	二	丑	五	未	九	子	四	巳	三	亥	八	辰	五	戌	一	卯	九	亥	五	辰	10
三	卯	六	酉	一	寅	四	申	八	丑	三	午	四	子	九	巳	六	亥	二	辰	一	子	六	巳	11
二	辰	五	戌	九	卯	三	酉	七	寅	二	未	五	丑	一	午	七	子	三	巳	二	丑	七	午	12
一	巳	四	亥	八	辰	二	戌	六	卯	一	申	六	寅	二	未	八	丑	四	午	三	寅	八	未	13
九	午	三	子	七	巳	一	亥	五	辰	九	酉	七	卯	三	申	九	寅	五	未	四	卯	九	申	14
八	未	二	丑	六	午	九	子	四	巳	八	戌	八	辰	四	酉	一	卯	六	申	五	辰	一	酉	15
七	申	一	寅	五	未	八	丑	三	午	七	亥	九	巳	五	戌	二	辰	七	酉	六	巳	二	戌	16
六	酉	九	卯	四	申	七	寅	二	未	六	子	一	午	六	亥	三	巳	八	戌	七	午	三	亥	17
五	戌	八	辰	三	酉	六	卯	一	申	五	丑	二	未	七	子	四	午	九	亥	八	未	四	子	18
四	亥	七	巳	二	戌	五	辰	九	酉	四	寅	三	申	八	丑	五	未	一	子	九	申	五	丑	19
三	子	六	午	一	亥	四	巳	八	戌	三	卯	四	酉	九	寅	六	申	二	丑	一	酉	六	寅	20
二	丑	五	未	九	子	三	午	七	亥	二	辰	五	戌	一	卯	七	酉	三	寅	二	戌	七	卯	21
一	寅	四	申	八	丑	二	未	六	子	一	巳	六	亥	二	辰	八	戌	四	卯	三	亥	八	辰	22
九	卯	三	酉	七	寅	一	申	五	丑	九	午	七	子	三	巳	九	亥	五	辰	四	子	九	巳	23
八	辰	二	戌	六	卯	九	酉	四	寅	八	未	八	丑	四	午	一	子	六	巳	五	丑	一	午	24
七	巳	一	亥	五	辰	八	戌	三	卯	七	申	九	寅	五	未	二	丑	七	午	六	寅	二	未	25
六	午	九	子	四	巳	七	亥	二	辰	六	酉	一	卯	六	申	三	寅	八	未	七	卯	三	申	26
五	未	八	丑	三	午	六	子	一	巳	五	戌	二	辰	七	酉	四	卯	九	申	八	辰	四	酉	27
四	申	七	寅	二	未	五	丑	九	午	四	亥	三	巳	八	戌	五	辰	一	酉	九	巳	五	戌	28
三	酉	六	卯	一	申	四	寅	八	未	三	子	四	午	九	亥	六	巳	二	戌			六	亥	29
二	戌	五	辰	九	酉	三	卯	七	申	二	丑	五	未	一	子	七	午	三	亥			七	子	30
一	亥			八	戌			六	酉	一	寅			二	丑			四	子			八	丑	31

万年暦　2024年(令和6年)　辰　三碧木星中宮

12月		11月		10月		9月		8月		7月		6月		5月		4月		3月		2月		1月		月
子		亥		戌		酉		申		未		午		巳		辰		卯		寅		丑		
四緑		五黄		六白		七赤		八白		九紫		一白		二黒		三碧		四緑		五黄		六白		九星
7日 0:17		7日 7:20		8日 3:59		7日 12:11		7日 9:09		6日 23:19		5日 13:09		5日 9:09		4日 16:01		5日 11:22		4日 17:27		6日 5:49		節入
七	亥	一	巳	五	戌	八	辰	三	酉	七	寅	九	申	五	丑	二	未	七	子	五	未	一	子	1
六	子	九	午	四	亥	七	巳	二	戌	六	卯	一	酉	六	寅	三	申	八	丑	六	申	二	丑	2
五	丑	八	未	三	子	六	午	一	亥	五	辰	二	戌	七	卯	四	酉	九	寅	七	酉	三	寅	3
四	寅	七	申	二	丑	五	未	九	子	四	巳	三	亥	八	辰	五	戌	一	卯	八	戌	四	卯	4
三	卯	六	酉	一	寅	四	申	八	丑	三	午	四	子	九	巳	六	亥	二	辰	九	亥	五	辰	5
二	辰	五	戌	九	卯	三	酉	七	寅	二	未	五	丑	一	午	七	子	三	巳	一	子	六	巳	6
一	巳	四	亥	八	辰	二	戌	六	卯	一	申	六	寅	二	未	八	丑	四	午	二	丑	七	午	7
九	午	三	子	七	巳	一	亥	五	辰	九	酉	七	卯	三	申	九	寅	五	未	三	寅	八	未	8
八	未	二	丑	六	午	九	子	四	巳	八	戌	八	辰	四	酉	一	卯	六	申	四	卯	九	申	9
七	申	一	寅	五	未	八	丑	三	午	七	亥	九	巳	五	戌	二	辰	七	酉	五	辰	一	酉	10
六	酉	九	卯	四	申	七	寅	二	未	六	子	一	午	六	亥	三	巳	八	戌	六	巳	二	戌	11
五	戌	八	辰	三	酉	六	卯	一	申	五	丑	二	未	七	子	四	午	九	亥	七	午	三	亥	12
四	亥	七	巳	二	戌	五	辰	九	酉	四	寅	三	申	八	丑	五	未	一	子	八	未	四	子	13
三	子	六	午	一	亥	四	巳	八	戌	三	卯	四	酉	九	寅	六	申	二	丑	九	申	五	丑	14
二	丑	五	未	九	子	三	午	七	亥	二	辰	五	戌	一	卯	七	酉	三	寅	一	酉	六	寅	15
一	寅	四	申	八	丑	二	未	六	子	一	巳	六	亥	二	辰	八	戌	四	卯	二	戌	七	卯	16
九	卯	三	酉	七	寅	一	申	五	丑	九	午	七	子	三	巳	九	亥	五	辰	三	亥	八	辰	17
八	辰	二	戌	六	卯	九	酉	四	寅	八	未	八	丑	四	午	一	子	六	巳	四	子	九	巳	18
七	巳	一	亥	五	辰	八	戌	三	卯	七	申	九	寅	五	未	二	丑	七	午	五	丑	一	午	19
六	午	九	子	四	巳	七	亥	二	辰	六	酉	一	卯	六	申	三	寅	八	未	六	寅	二	未	20
五	未	八	丑	三	午	六	子	一	巳	五	戌	二	辰	七	酉	四	卯	九	申	七	卯	三	申	21
四	申	七	寅	二	未	五	丑	九	午	四	亥	三	巳	八	戌	五	辰	一	酉	八	辰	四	酉	22
三	酉	六	卯	一	申	四	寅	八	未	三	子	四	午	九	亥	六	巳	二	戌	九	巳	五	戌	23
二	戌	五	辰	九	酉	三	卯	七	申	二	丑	五	未	一	子	七	午	三	亥	一	午	六	亥	24
一	亥	四	巳	八	戌	二	辰	六	酉	一	寅	六	申	二	丑	八	未	四	子	二	未	七	子	25
一	子	三	午	七	亥	一	巳	五	戌	九	卯	七	酉	三	寅	九	申	五	丑	三	申	八	丑	26
二	丑	二	未	六	子	九	午	四	亥	八	辰	八	戌	四	卯	一	酉	六	寅	四	酉	九	寅	27
三	寅	一	申	五	丑	八	未	三	子	七	巳	九	亥	五	辰	二	戌	七	卯	五	戌	一	卯	28
四	卯	九	酉	四	寅	七	申	二	丑	六	午	九	子	六	巳	三	亥	八	辰	六	亥	二	辰	29
五	辰	八	戌	三	卯	六	酉	一	寅	五	未	八	丑	七	午	四	子	九	巳			三	巳	30
六	巳			二	辰			九	卯	四	申			八	未			一	午			四	午	31

万年暦　2025年(令和7年)　巳　二黒土星中宮

12月		11月		10月		9月		8月		7月		6月		5月		4月		3月		2月		1月		月
子		亥		戌		酉		申		未		午		巳		辰		卯		寅		丑		
一白		二黒		三碧		四緑		五黄		六白		七赤		八白		九紫		一白		二黒		三碧		九星
7日 6:04		7日 13:04		8日 9:41		7日 17:52		7日 14:51		7日 5:04		5日 18:56		5日 14:56		4日 21:48		5日 17:07		3日 23:10		5日 11:32		節入
二	辰	五	戌	九	卯	三	酉	七	寅	二	未	五	丑	一	午	七	子	三	巳	二	丑	七	午	1
一	巳	四	亥	八	辰	二	戌	六	卯	一	申	六	寅	二	未	八	丑	四	午	三	寅	八	未	2
九	午	三	子	七	巳	一	亥	五	辰	九	酉	七	卯	三	申	九	寅	五	未	四	卯	九	申	3
八	未	二	丑	六	午	九	子	四	巳	八	戌	八	辰	四	酉	一	卯	六	申	五	辰	一	酉	4
七	申	一	寅	五	未	八	丑	三	午	七	亥	九	巳	五	戌	二	辰	七	酉	六	巳	二	戌	5
六	酉	九	卯	四	申	七	寅	二	未	六	子	一	午	六	亥	三	巳	八	戌	七	午	三	亥	6
五	戌	八	辰	三	酉	六	卯	一	申	五	丑	二	未	七	子	四	午	九	亥	八	未	四	子	7
四	亥	七	巳	二	戌	五	辰	九	酉	四	寅	三	申	八	丑	五	未	一	子	九	申	五	丑	8
三	子	六	午	一	亥	四	巳	八	戌	三	卯	四	酉	九	寅	六	申	二	丑	一	酉	六	寅	9
二	丑	五	未	九	子	三	午	七	亥	二	辰	五	戌	一	卯	七	酉	三	寅	二	戌	七	卯	10
一	寅	四	申	八	丑	二	未	六	子	一	巳	六	亥	二	辰	八	戌	四	卯	三	亥	八	辰	11
九	卯	三	酉	七	寅	一	申	五	丑	九	午	七	子	三	巳	九	亥	五	辰	四	子	九	巳	12
八	辰	二	戌	六	卯	九	酉	四	寅	八	未	八	丑	四	午	一	子	六	巳	五	丑	一	午	13
七	巳	一	亥	五	辰	八	戌	三	卯	七	申	九	寅	五	未	二	丑	七	午	六	寅	二	未	14
六	午	九	子	四	巳	七	亥	二	辰	六	酉	一	卯	六	申	三	寅	八	未	七	卯	三	申	15
五	未	八	丑	三	午	六	子	一	巳	五	戌	二	辰	七	酉	四	卯	九	申	八	辰	四	酉	16
四	申	七	寅	二	未	五	丑	九	午	四	亥	三	巳	八	戌	五	辰	一	酉	九	巳	五	戌	17
三	酉	六	卯	一	申	四	寅	八	未	三	子	四	午	九	亥	六	巳	二	戌	一	午	六	亥	18
二	戌	五	辰	九	酉	三	卯	七	申	二	丑	五	未	一	子	七	午	三	亥	二	未	七	子	19
一	亥	四	巳	八	戌	二	辰	六	酉	一	寅	六	申	二	丑	八	未	四	子	三	申	八	丑	20
一	子	三	午	七	亥	一	巳	五	戌	九	卯	七	酉	三	寅	九	申	五	丑	四	酉	九	寅	21
二	丑	二	未	六	子	九	午	四	亥	八	辰	八	戌	四	卯	一	酉	六	寅	五	戌	一	卯	22
三	寅	一	申	五	丑	八	未	三	子	七	巳	九	亥	五	辰	二	戌	七	卯	六	亥	二	辰	23
四	卯	九	酉	四	寅	七	申	二	丑	六	午	九	子	六	巳	三	亥	八	辰	七	子	三	巳	24
五	辰	八	戌	三	卯	六	酉	一	寅	五	未	八	丑	七	午	四	子	九	巳	八	丑	四	午	25
六	巳	七	亥	二	辰	五	戌	九	卯	四	申	七	寅	八	未	五	丑	一	午	九	寅	五	未	26
七	午	六	子	一	巳	四	亥	八	辰	三	酉	六	卯	九	申	六	寅	二	未	一	卯	六	申	27
八	未	五	丑	九	午	三	子	七	巳	二	戌	五	辰	一	酉	七	卯	三	申	二	辰	七	酉	28
九	申	四	寅	八	未	二	丑	六	午	一	亥	四	巳	二	戌	八	辰	四	酉			八	戌	29
一	酉	三	卯	七	申	一	寅	五	未	九	子	三	午	三	亥	九	巳	五	戌			九	亥	30
二	戌			六	酉			四	申	八	丑			四	子			六	亥			一	子	31

万年暦　2026年(令和8年)　午　一白水星中宮

12月		11月		10月		9月		8月		7月		6月		5月		4月		3月		2月		1月		月
子		亥		戌		酉		申		未		午		巳		辰		卯		寅		丑		
七赤		八白		九紫		一白		二黒		三碧		四緑		五黄		六白		七赤		八白		九紫		九星
7日 11:52		7日 18:51		8日 15:29		7日 23:41		7日 20:42		7日 10:56		6日 0:47		5日 20:48		5日 3:40		5日 22:59		4日 5:02		5日 17:23		節入
六	酉	九	卯	四	申	七	寅	二	未	六	子	一	午	六	亥	三	巳	八	戌	七	午	三	亥	1
五	戌	八	辰	三	酉	六	卯	一	申	五	丑	二	未	七	子	四	午	九	亥	八	未	四	子	2
四	亥	七	巳	二	戌	五	辰	九	酉	四	寅	三	申	八	丑	五	未	一	子	九	申	五	丑	3
三	子	六	午	一	亥	四	巳	八	戌	三	卯	四	酉	九	寅	六	申	二	丑	一	酉	六	寅	4
二	丑	五	未	九	子	三	午	七	亥	二	辰	五	戌	一	卯	七	酉	三	寅	二	戌	七	卯	5
一	寅	四	申	八	丑	二	未	六	子	一	巳	六	亥	二	辰	八	戌	四	卯	三	亥	八	辰	6
九	卯	三	酉	七	寅	一	申	五	丑	九	午	七	子	三	巳	九	亥	五	辰	四	子	九	巳	7
八	辰	二	戌	六	卯	九	酉	四	寅	八	未	八	丑	四	午	一	子	六	巳	五	丑	一	午	8
七	巳	一	亥	五	辰	八	戌	三	卯	七	申	九	寅	五	未	二	丑	七	午	六	寅	二	未	9
六	午	九	子	四	巳	七	亥	二	辰	六	酉	一	卯	六	申	三	寅	八	未	七	卯	三	申	10
五	未	八	丑	三	午	六	子	一	巳	五	戌	二	辰	七	酉	四	卯	九	申	八	辰	四	酉	11
四	申	七	寅	二	未	五	丑	九	午	四	亥	三	巳	八	戌	五	辰	一	酉	九	巳	五	戌	12
三	酉	六	卯	一	申	四	寅	八	未	三	子	四	午	九	亥	六	巳	二	戌	一	午	六	亥	13
二	戌	五	辰	九	酉	三	卯	七	申	二	丑	五	未	一	子	七	午	三	亥	二	未	七	子	14
一	亥	四	巳	八	戌	二	辰	六	酉	一	寅	六	申	二	丑	八	未	四	子	三	申	八	丑	15
一	子	三	午	七	亥	一	巳	五	戌	九	卯	七	酉	三	寅	九	申	五	丑	四	酉	九	寅	16
二	丑	二	未	六	子	九	午	四	亥	八	辰	八	戌	四	卯	一	酉	六	寅	五	戌	一	卯	17
三	寅	一	申	五	丑	八	未	三	子	七	巳	九	亥	五	辰	二	戌	七	卯	六	亥	二	辰	18
四	卯	九	酉	四	寅	七	申	二	丑	六	午	九	子	六	巳	三	亥	八	辰	七	子	三	巳	19
五	辰	八	戌	三	卯	六	酉	一	寅	五	未	八	丑	七	午	四	子	九	巳	八	丑	四	午	20
六	巳	七	亥	二	辰	五	戌	九	卯	四	申	七	寅	八	未	五	丑	一	午	九	寅	五	未	21
七	午	六	子	一	巳	四	亥	八	辰	三	酉	六	卯	九	申	六	寅	二	未	一	卯	六	申	22
八	未	五	丑	九	午	三	子	七	巳	二	戌	五	辰	一	酉	七	卯	三	申	二	辰	七	酉	23
九	申	四	寅	八	未	二	丑	六	午	一	亥	四	巳	二	戌	八	辰	四	酉	三	巳	八	戌	24
一	酉	三	卯	七	申	一	寅	五	未	九	子	三	午	三	亥	九	巳	五	戌	四	午	九	亥	25
二	戌	二	辰	六	酉	九	卯	四	申	八	丑	二	未	四	子	一	午	六	亥	五	未	一	子	26
三	亥	一	巳	五	戌	八	辰	三	酉	七	寅	一	申	五	丑	二	未	七	子	六	申	二	丑	27
四	子	九	午	四	亥	七	巳	二	戌	六	卯	九	酉	六	寅	三	申	八	丑	七	酉	三	寅	28
五	丑	八	未	三	子	六	午	一	亥	五	辰	八	戌	七	卯	四	酉	九	寅			四	卯	29
六	寅	七	申	二	丑	五	未	九	子	四	巳	七	亥	八	辰	五	戌	一	卯			五	辰	30
七	卯			一	寅			八	丑	三	午			九	巳			二	辰			六	巳	31

万年暦　2027年(令和9年)　未　九紫火星中宮

12月		11月		10月		9月		8月		7月		6月		5月		4月		3月		2月		1月		月
子		亥		戌		酉		申		未		午		巳		辰		卯		寅		丑		
四緑		五黄		六白		七赤		八白		九紫		一白		二黒		三碧		四緑		五黄		六白		九星
7日 17:37		8日 0:37		8日 21:17		8日 5:29		8日 2:27		7日 16:36		6日 6:24		6日 2:24		5日 9:17		6日 4:40		4日 10:46		5日 23:09		節入
一	寅	四	申	八	丑	二	未	六	子	一	巳	六	亥	二	辰	八	戌	四	卯	三	亥	八	辰	1
九	卯	三	酉	七	寅	一	申	五	丑	九	午	七	子	三	巳	九	亥	五	辰	四	子	九	巳	2
八	辰	二	戌	六	卯	九	酉	四	寅	八	未	八	丑	四	午	一	子	六	巳	五	丑	一	午	3
七	巳	一	亥	五	辰	八	戌	三	卯	七	申	九	寅	五	未	二	丑	七	午	六	寅	二	未	4
六	午	九	子	四	巳	七	亥	二	辰	六	酉	一	卯	六	申	三	寅	八	未	七	卯	三	申	5
五	未	八	丑	三	午	六	子	一	巳	五	戌	二	辰	七	酉	四	卯	九	申	八	辰	四	酉	6
四	申	七	寅	二	未	五	丑	九	午	四	亥	三	巳	八	戌	五	辰	一	酉	九	巳	五	戌	7
三	酉	六	卯	一	申	四	寅	八	未	三	子	四	午	九	亥	六	巳	二	戌	一	午	六	亥	8
二	戌	五	辰	九	酉	三	卯	七	申	二	丑	五	未	一	子	七	午	三	亥	二	未	七	子	9
一	亥	四	巳	八	戌	二	辰	六	酉	一	寅	六	申	二	丑	八	未	四	子	三	申	八	丑	10
一	子	三	午	七	亥	一	巳	五	戌	九	卯	七	酉	三	寅	九	申	五	丑	四	酉	九	寅	11
二	丑	二	未	六	子	九	午	四	亥	八	辰	八	戌	四	卯	一	酉	六	寅	五	戌	一	卯	12
三	寅	一	申	五	丑	八	未	三	子	七	巳	九	亥	五	辰	二	戌	七	卯	六	亥	二	辰	13
四	卯	九	酉	四	寅	七	申	二	丑	六	午	九	子	六	巳	三	亥	八	辰	七	子	三	巳	14
五	辰	八	戌	三	卯	六	酉	一	寅	五	未	八	丑	七	午	四	子	九	巳	八	丑	四	午	15
六	巳	七	亥	二	辰	五	戌	九	卯	四	申	七	寅	八	未	五	丑	一	午	九	寅	五	未	16
七	午	六	子	一	巳	四	亥	八	辰	三	酉	六	卯	九	申	六	寅	二	未	一	卯	六	申	17
八	未	五	丑	九	午	三	子	七	巳	二	戌	五	辰	一	酉	七	卯	三	申	二	辰	七	酉	18
九	申	四	寅	八	未	二	丑	六	午	一	亥	四	巳	二	戌	八	辰	四	酉	三	巳	八	戌	19
一	酉	三	卯	七	申	一	寅	五	未	九	子	三	午	三	亥	九	巳	五	戌	四	午	九	亥	20
二	戌	二	辰	六	酉	九	卯	四	申	八	丑	二	未	四	子	一	午	六	亥	五	未	一	子	21
三	亥	一	巳	五	戌	八	辰	三	酉	七	寅	一	申	五	丑	二	未	七	子	六	申	二	丑	22
四	子	九	午	四	亥	七	巳	二	戌	六	卯	九	酉	六	寅	三	申	八	丑	七	酉	三	寅	23
五	丑	八	未	三	子	六	午	一	亥	五	辰	八	戌	七	卯	四	酉	九	寅	八	戌	四	卯	24
六	寅	七	申	二	丑	五	未	九	子	四	巳	七	亥	八	辰	五	戌	一	卯	九	亥	五	辰	25
七	卯	六	酉	一	寅	四	申	八	丑	三	午	六	子	九	巳	六	亥	二	辰	一	子	六	巳	26
八	辰	五	戌	九	卯	三	酉	七	寅	二	未	五	丑	一	午	七	子	三	巳	二	丑	七	午	27
九	巳	四	亥	八	辰	二	戌	六	卯	一	申	四	寅	二	未	八	丑	四	午	三	寅	八	未	28
一	午	三	子	七	巳	一	亥	五	辰	九	酉	三	卯	三	申	九	寅	五	未			九	申	29
二	未	二	丑	六	午	九	子	四	巳	八	戌	二	辰	四	酉	一	卯	六	申			一	酉	30
三	申			五	未			三	午	七	亥			五	戌			七	酉			二	戌	31

万年暦　2028年(令和10年)　申　八白土星中宮

12月		11月		10月		9月		8月		7月		6月		5月		4月		3月		2月		1月		月
子		亥		戌		酉		申		未		午		巳		辰		卯		寅		丑		
一白		二黒		三碧		四緑		五黄		六白		七赤		八白		九紫		一白		二黒		三碧		九星
6日 23:24		7日 6:26		8日 3:08		7日 11:22		7日 8:21		6日 22:30		5日 12:14		5日 8:10		4日 15:02		5日 10:25		4日 16:31		6日 4:54		節入
四	申	七	寅	二	未	五	丑	九	午	四	亥	三	巳	八	戌	五	辰	一	酉	八	辰	四	酉	1
三	酉	六	卯	一	申	四	寅	八	未	三	子	四	午	九	亥	六	巳	二	戌	九	巳	五	戌	2
二	戌	五	辰	九	酉	三	卯	七	申	二	丑	五	未	一	子	七	午	三	亥	一	午	六	亥	3
一	亥	四	巳	八	戌	二	辰	六	酉	一	寅	六	申	二	丑	八	未	四	子	二	未	七	子	4
一	子	三	午	七	亥	一	巳	五	戌	九	卯	七	酉	三	寅	九	申	五	丑	三	申	八	丑	5
二	丑	二	未	六	子	九	午	四	亥	八	辰	八	戌	四	卯	一	酉	六	寅	四	酉	九	寅	6
三	寅	一	申	五	丑	八	未	三	子	七	巳	九	亥	五	辰	二	戌	七	卯	五	戌	一	卯	7
四	卯	九	酉	四	寅	七	申	二	丑	六	午	九	子	六	巳	三	亥	八	辰	六	亥	二	辰	8
五	辰	八	戌	三	卯	六	酉	一	寅	五	未	八	丑	七	午	四	子	九	巳	七	子	三	巳	9
六	巳	七	亥	二	辰	五	戌	九	卯	四	申	七	寅	八	未	五	丑	一	午	八	丑	四	午	10
七	午	六	子	一	巳	四	亥	八	辰	三	酉	六	卯	九	申	六	寅	二	未	九	寅	五	未	11
八	未	五	丑	九	午	三	子	七	巳	二	戌	五	辰	一	酉	七	卯	三	申	一	卯	六	申	12
九	申	四	寅	八	未	二	丑	六	午	一	亥	四	巳	二	戌	八	辰	四	酉	二	辰	七	酉	13
一	酉	三	卯	七	申	一	寅	五	未	九	子	三	午	三	亥	九	巳	五	戌	三	巳	八	戌	14
二	戌	二	辰	六	酉	九	卯	四	申	八	丑	二	未	四	子	一	午	六	亥	四	午	九	亥	15
三	亥	一	巳	五	戌	八	辰	三	酉	七	寅	一	申	五	丑	二	未	七	子	五	未	一	子	16
四	子	九	午	四	亥	七	巳	二	戌	六	卯	九	酉	六	寅	三	申	八	丑	六	申	二	丑	17
五	丑	八	未	三	子	六	午	一	亥	五	辰	八	戌	七	卯	四	酉	九	寅	七	酉	三	寅	18
六	寅	七	申	二	丑	五	未	九	子	四	巳	七	亥	八	辰	五	戌	一	卯	八	戌	四	卯	19
七	卯	六	酉	一	寅	四	申	八	丑	三	午	六	子	九	巳	六	亥	二	辰	九	亥	五	辰	20
八	辰	五	戌	九	卯	三	酉	七	寅	二	未	五	丑	一	午	七	子	三	巳	一	子	六	巳	21
九	巳	四	亥	八	辰	二	戌	六	卯	一	申	四	寅	二	未	八	丑	四	午	二	丑	七	午	22
一	午	三	子	七	巳	一	亥	五	辰	九	酉	三	卯	三	申	九	寅	五	未	三	寅	八	未	23
二	未	二	丑	六	午	九	子	四	巳	八	戌	二	辰	四	酉	一	卯	六	申	四	卯	九	申	24
三	申	一	寅	五	未	八	丑	三	午	七	亥	一	巳	五	戌	二	辰	七	酉	五	辰	一	酉	25
四	酉	九	卯	四	申	七	寅	二	未	六	子	九	午	六	亥	三	巳	八	戌	六	巳	二	戌	26
五	戌	八	辰	三	酉	六	卯	一	申	五	丑	八	未	七	子	四	午	九	亥	七	午	三	亥	27
六	亥	七	巳	二	戌	五	辰	九	酉	四	寅	七	申	八	丑	五	未	一	子	八	未	四	子	28
七	子	六	午	一	亥	四	巳	八	戌	三	卯	六	酉	九	寅	六	申	二	丑	九	申	五	丑	29
八	丑	五	未	九	子	三	午	七	亥	二	辰	五	戌	一	卯	七	酉	三	寅			六	寅	30
九	寅			八	丑			六	子	一	巳			二	辰			四	卯			七	卯	31

万年暦　2029年(令和11年)　酉　七赤金星中宮

12月		11月		10月		9月		8月		7月		6月		5月		4月		3月		2月		1月		月
子		亥		戌		酉		申		未		午		巳		辰		卯		寅		丑		
七赤		八白		九紫		一白		二黒		三碧		四緑		五黄		六白		七赤		八白		九紫		九星
7日 5:13		7日 12:15		8日 8:57		7日 17:12		7日 14:12		7日 4:22		5日 18:08		5日 14:06		4日 20:57		5日 16:18		3日 22:21		5日 10:42		節入
二	丑	二	未	六	子	九	午	四	亥	八	辰	八	戌	四	卯	一	酉	六	寅	五	戌	一	卯	1
三	寅	一	申	五	丑	八	未	三	子	七	巳	九	亥	五	辰	二	戌	七	卯	六	亥	二	辰	2
四	卯	九	酉	四	寅	七	申	二	丑	六	午	九	子	六	巳	三	亥	八	辰	七	子	三	巳	3
五	辰	八	戌	三	卯	六	酉	一	寅	五	未	八	丑	七	午	四	子	九	巳	八	丑	四	午	4
六	巳	七	亥	二	辰	五	戌	九	卯	四	申	七	寅	八	未	五	丑	一	午	九	寅	五	未	5
七	午	六	子	一	巳	四	亥	八	辰	三	酉	六	卯	九	申	六	寅	二	未	一	卯	六	申	6
八	未	五	丑	九	午	三	子	七	巳	二	戌	五	辰	一	酉	七	卯	三	申	二	辰	七	酉	7
九	申	四	寅	八	未	二	丑	六	午	一	亥	四	巳	二	戌	八	辰	四	酉	三	巳	八	戌	8
一	酉	三	卯	七	申	一	寅	五	未	九	子	三	午	三	亥	九	巳	五	戌	四	午	九	亥	9
二	戌	二	辰	六	酉	九	卯	四	申	八	丑	二	未	四	子	一	午	六	亥	五	未	一	子	10
三	亥	一	巳	五	戌	八	辰	三	酉	七	寅	一	申	五	丑	二	未	七	子	六	申	二	丑	11
四	子	九	午	四	亥	七	巳	二	戌	六	卯	九	酉	六	寅	三	申	八	丑	七	酉	三	寅	12
五	丑	八	未	三	子	六	午	一	亥	五	辰	八	戌	七	卯	四	酉	九	寅	八	戌	四	卯	13
六	寅	七	申	二	丑	五	未	九	子	四	巳	七	亥	八	辰	五	戌	一	卯	九	亥	五	辰	14
七	卯	六	酉	一	寅	四	申	八	丑	三	午	六	子	九	巳	六	亥	二	辰	一	子	六	巳	15
八	辰	五	戌	九	卯	三	酉	七	寅	二	未	五	丑	一	午	七	子	三	巳	二	丑	七	午	16
九	巳	四	亥	八	辰	二	戌	六	卯	一	申	四	寅	二	未	八	丑	四	午	三	寅	八	未	17
一	午	三	子	七	巳	一	亥	五	辰	九	酉	三	卯	三	申	九	寅	五	未	四	卯	九	申	18
二	未	二	丑	六	午	九	子	四	巳	八	戌	二	辰	四	酉	一	卯	六	申	五	辰	一	酉	19
三	申	一	寅	五	未	八	丑	三	午	七	亥	一	巳	五	戌	二	辰	七	酉	六	巳	二	戌	20
四	酉	九	卯	四	申	七	寅	二	未	六	子	九	午	六	亥	三	巳	八	戌	七	午	三	亥	21
五	戌	八	辰	三	酉	六	卯	一	申	五	丑	八	未	七	子	四	午	九	亥	八	未	四	子	22
六	亥	七	巳	二	戌	五	辰	九	酉	四	寅	七	申	八	丑	五	未	一	子	九	申	五	丑	23
七	子	六	午	一	亥	四	巳	八	戌	三	卯	六	酉	九	寅	六	申	二	丑	一	酉	六	寅	24
八	丑	五	未	九	子	三	午	七	亥	二	辰	五	戌	一	卯	七	酉	三	寅	二	戌	七	卯	25
九	寅	四	申	八	丑	二	未	六	子	一	巳	四	亥	二	辰	八	戌	四	卯	三	亥	八	辰	26
一	卯	三	酉	七	寅	一	申	五	丑	九	午	三	子	三	巳	九	亥	五	辰	四	子	九	巳	27
二	辰	二	戌	六	卯	九	酉	四	寅	八	未	二	丑	四	午	一	子	六	巳	五	丑	一	午	28
三	巳	一	亥	五	辰	八	戌	三	卯	七	申	一	寅	五	未	二	丑	七	午			二	未	29
四	午	一	子	四	巳	七	亥	二	辰	六	酉	九	卯	六	申	三	寅	八	未			三	申	30
五	未			三	午			一	巳	五	戌			七	酉			九	申			四	酉	31

気学方位測定盤

コピーしてお使いください

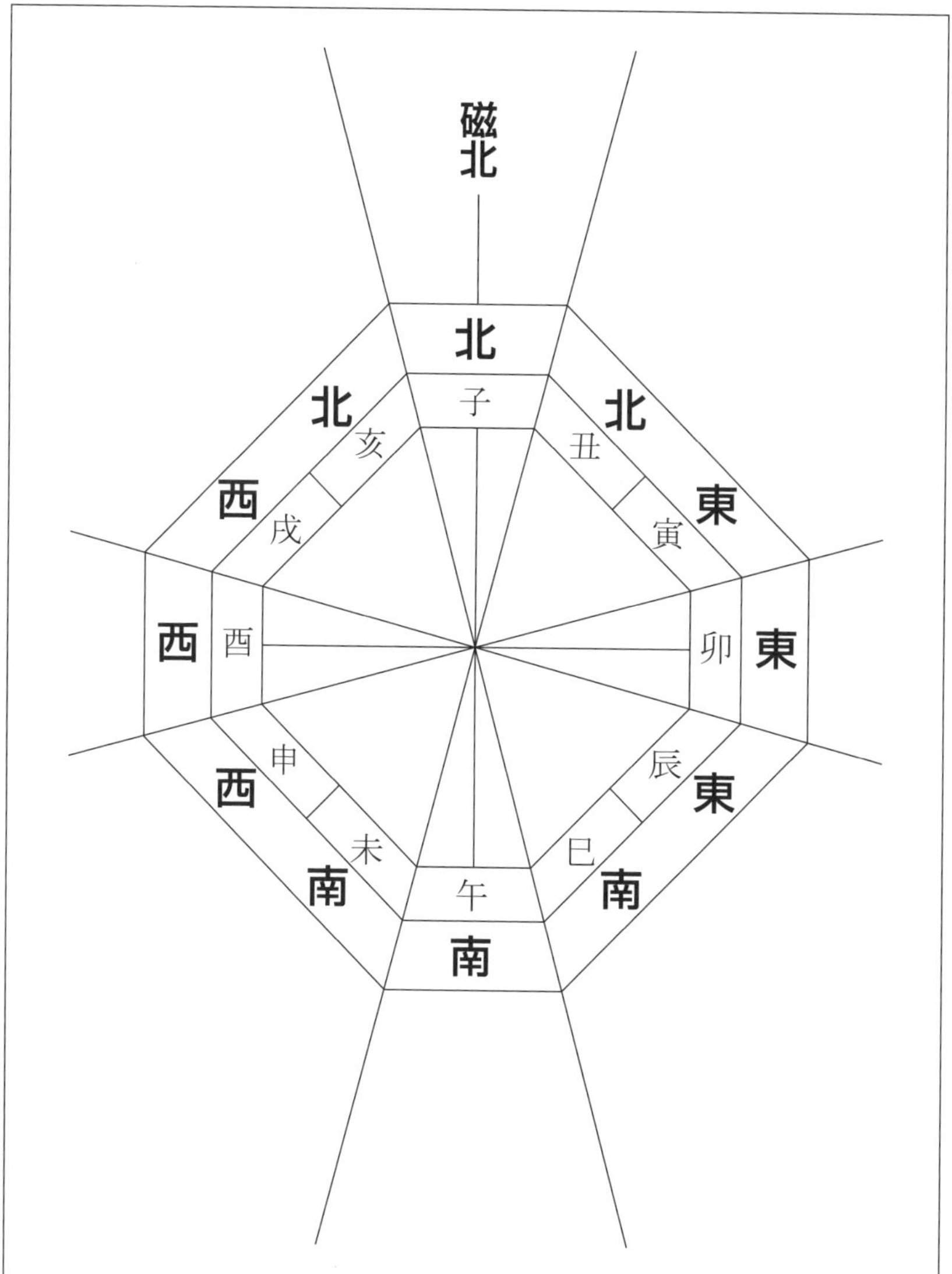

◆著者プロフィール

神野　さち

1970年代に神秘学の門をたたき、以来50年、西洋占星術、東洋占星術、心理学、カウンセリング技法を学び、中華民国星相学会「永久名誉会員」としても公式認定を受ける。50年にわたるキャリアを持ち、現在、執筆、講演、教育、カウンセリングなど幅広い分野で活躍している。2018年から一般社団法人日本占術協会副会長に就任。主な著書に「もっともわかりやすい九星気学」(説話社)、「いちばんやさしい四柱推命入門」(ナツメ社)、「星のカルテ」(集英社) などがある。

浜田　優子

タロットをきっかけに占いの奥深さを知り、奇門遁甲、気学、断易、四柱推命、西洋占星術など幅広く東西の占術を研究し、鑑定を行う。高度な占術をわかりやすく教え、広めるのをモットーとしている。著書に「タロットカードレッスンプログラム」(株式会社フェリシモ)、「新釈マルセイユタロット詳解」(東洋書院)、「すべてのカードで占う一番やさしいタロット」(日本文芸社)、「今日からはじめるタロット占い」(日本文芸社) 等。

星野　燿

昭和63年ルネ・ヴァン・ダール・ワタナベ氏に入門し、西洋占星術、タロットを学ぶ。同時に同門の神野さち氏より東洋占術、九星気学を伝授される。平成3年星野燿を襲名し、神野さち氏著書の執筆協力、雑誌の占いページ執筆等で活動中。「占いは知識を得て満足するのではなく、日々の生活に活かしてこそ、その真価を発揮する」を信条に、生きたデータを収集し、整理することに努めている。日本占術協会会員、認定占術士。

森山　樹里

西洋占星術のみならず、東洋占星術さらに易など、東洋思想の分野も研究課題としている。カルチャースクール修行中に故ルネ・ヴァン・ダール・ワタナベと出会い、現在に至る。扶桑社にて「お風呂で読める占い本」を上梓。集英社女性誌「コスモポリタン」ではユニークな文章を披露して話題となる。占いに真摯な姿勢を持ち、占い界に、新しい道を切り開くべく研鑽を続けている。

開運 九星気学入門

ISBN 978-4-434-27647-7 C2011
2020年6月20日初版第1刷

監　修　　神野さち
著　者　　浜田優子・星野燿・森山樹里
発行人　　岩切謙蔵

発行所　有限会社 フリースペース
〒169-0075　東京都新宿区高田馬場4-22-46
TEL／FAX：03-3360-6473
mail　free5kk@nifty.com

発売　株式会社 星雲社（共同出版社・流通責任出版社）
〒112-0005　東京都文京区水道1-3-30
TEL：03-3868-3275　FAX：03-3868-6588

印刷・製本　株式会社 シナノ パブリッシング プレス
イラスト　大志
DTP　有限会社 天龍社

好評発売中

A5版336頁
定価2500円＋税

A5版216頁
定価1800円＋税

B5版176頁
定価4200円＋税

★信頼の占い通信講座★

30年の実績。ホロスコープを作り、ホロスコープを読む
実践・西洋占星学初級講座
http://astrology-school.jp

カードを覚え、カードをリーディングする
初めてのタロットカウンセリング講座
http://rene-freespace-tarot.com

九星気学で開運し、プロとなる基礎を身につける
九星気学入門講座
お問い合せ　free5kk@nifty.com